权威·前沿·原创

皮书系列为
"十二五""十三五""十四五"时期国家重点出版物出版专项规划项目

BLUE BOOK

智 库 成 果 出 版 与 传 播 平 台

医疗器械蓝皮书

BLUE BOOK OF MEDICAL DEVICE INDUSTRY

中国医疗器械行业发展报告（2022）

ANNUAL REPORT ON THE DEVELOPMENT OF MEDICAL
DEVICE INDUSTRY IN CHINA (2022)

中国药品监督管理研究会 / 研创

主　编 / 王宝亭　耿鸿武
副主编 / 于清明　蒋海洪　李　强

社会科学文献出版社
SOCIAL SCIENCES ACADEMIC PRESS (CHINA)

图书在版编目(CIP)数据

中国医疗器械行业发展报告.2022/王宝亭,耿鸿武主编.--北京:社会科学文献出版社,2022.7
(医疗器械蓝皮书)
ISBN 978-7-5228-0172-8

Ⅰ.①中… Ⅱ.①王…②耿… Ⅲ.①医疗器械-制造工业-经济发展-研究报告-中国-2022 Ⅳ.
①F426.7

中国版本图书馆CIP数据核字(2022)第090365号

医疗器械蓝皮书
中国医疗器械行业发展报告(2022)

主　　编 / 王宝亭　耿鸿武
副 主 编 / 于清明　蒋海洪　李　强

出 版 人 / 王利民
组稿编辑 / 任文武
责任编辑 / 张丽丽
责任印制 / 王京美

出　　版 / 社会科学文献出版社·城市和绿色发展分社(010)59367143
地址:北京市北三环中路甲29号院华龙大厦 邮编:100029
网址:www.ssap.com.cn

发　　行 / 社会科学文献出版社(010)59367028
印　　装 / 天津千鹤文化传播有限公司
规　　格 / 开 本:787mm×1092mm 1/16
　　　　　 印 张:23.25　字 数:345千字
版　　次 / 2022年7月第1版　2022年7月第1次印刷
书　　号 / ISBN 978-7-5228-0172-8
定　　价 / 128.00元

读者服务电话:4008918866

▲ 版权所有 翻印必究

这是一本写给医疗器械人"自己"的书。

这也是一本写给关心医疗器械行业"大家"的书。

——医疗器械蓝皮书编委会

医疗器械蓝皮书编委会

编委会顾问　邵明立　中国药品监督管理研究会首任会长
　　　　　　　张兴栋　中国工程院院士，四川大学教授
　　　　　　　戴尅戎　中国工程院院士，上海交通大学医学院附属第九人民医院主任医师

主　　编　王宝亭　中国药品监督管理研究会副会长，中国药品监督管理研究会医疗器械监管研究专业委员会主任委员
　　　　　　　耿鸿武　清华大学老科协医疗健康研究中心执行副主任，九州通医药集团营销总顾问（原业务总裁）

副 主 编　于清明　国药控股股份有限公司党委书记、董事长
　　　　　　　蒋海洪　上海健康医学院医疗器械学院医疗产品管理系主任
　　　　　　　李　强　广州九泰药械技术有限公司总经理

编委会成员　（按姓氏拼音首字母排序）
　　　　　　　陈　敏　河南省医疗器械商会秘书长
　　　　　　　陈　思　佛山原子医疗设备有限公司总经理
　　　　　　　陈　涛　江苏东劢医疗科技有限公司董事长

崔 嵛	国药集团健康实业（海南）有限公司总经理
戴 斌	江苏华招网信息技术有限公司总经理
邃亚林	瓦里安医疗（西门子医疗一员）亚太区医学及临床事务总监
龚翼华	九州通医疗器械集团有限公司董事长兼总经理
郭学平	华熙生物科技股份有限公司首席科学家
韩广源	广州维力医疗器械股份有限公司总经理
嵇 磊	医伴金服集团董事长
蓝翁驰	国家药品监督管理局医疗器械技术审评中心办公室主任，吉林省药品监督管理局党组成员、副局长（挂职）
李 浩	清华大学老科协医疗健康研究中心特聘专家
李俊耀	西安大医集团股份有限公司大医研究院研究员
李 萍	泰州市市场监督管理局副局长
李 杨	国药集团中国医疗器械有限公司党委书记、董事长
李雪宁	复旦大学附属中山医院临床试验机构副主任兼办公室主任，博士生导师
李朝晖	北京国医械华光认证有限公司总经理
马忠明	国家药品监督管理局医疗器械监督管理司综合处处长
孟冬平	中国医药保健品进出口商会党委书记、副会长
孟 坚	北京迈迪顶峰医疗科技股份有限公司总裁

彭雄俊	中南大学湘雅二医院医疗装备部副主任
齐　敏	宁波梅山保税港区经济发展局原二级调研员
田　玲	中国医学装备协会采购与管理分会秘书长
许　剑	航天新长征医疗器械（北京）有限公司总经理
宋广征	湖南省医疗器械行业协会会长，海凭集团董事长
孙晓安	浙江诺尔康神经电子科技股份有限公司企业研究院院长
王　赫	上海明舟医疗科技有限公司董事长、总经理
吴世福	山东省药品监督管理局医疗器械监督管理处处长
袁　鹏	国家药品监督管理局医疗器械注册管理司注册一处处长
岳相辉	国家药品监督管理局器械监管司监测抽验处二级调研员
张　华	国家药品监督管理局医疗器械注册管理司副司长
赵自林	中国医学装备协会理事长
赵毅武	北京纳通科技集团有限公司董事长
周　勇	广州众成大数据科技有限公司董事长
周　岩	宁波市医疗器械行业协会秘书长
朱子寒	江苏省人民医院招标管理办公室主任

参与撰写者（按姓氏拼音首字母排序）

常　佳　陈　磊　陈　敏　陈　思　陈　涛

程文虎　崔　崙　崔书玉　戴　斌　邓　晓
房良辰　付　杰　耿鸿武　龚翼华　郭　武
郭　媛　郭学平　韩　彦　韩广源　黄　穗
嵇　磊　江卫华　蒋海洪　蓝翁驰　李　萍
李　强　李　杨　李宝生　李朝晖　李俊耀
李仁耀　李雪宁　梁文瑜　刘　强　刘　翔
刘松陵　马志伟　马忠明　孟　坚　孟冬平
彭雄俊　祁建伟　任　霞　邵明立　宋广征
孙晓安　邃亚林　王　赫　王宝亭　王俊杰
王美英　王在存　吴世福　吴宇佳　徐　勍
许　剑　许书富　杨　波　叶小芳　余　洋
袁　鹏　岳　存　岳海龙　岳相辉　张　斌
张　浩　张　敏　张　平　张　钊　张福泉
赵丽娜　郑　珂　周　岩　周庆亮　朱尘琪
朱子寒

主要编撰者简介

王宝亭 中国药品监督管理研究会副会长,中国药品监督管理研究会医疗器械监管研究专业委员会主任委员,医疗器械蓝皮书主编。曾先后担任山东肥城矿务局中心医院党委书记、山东省卫生厅副厅长、国家食品药品监督管理局国家食品安全监察专员、国家食品药品监督管理局医疗器械监管司司长、国家食品药品监督管理总局医疗器械监管司巡视员。2008~2011年兼任亚洲医疗器械法规协调组织主席。主编2017~2021年《中国医疗器械行业发展报告》。

耿鸿武 清华大学老科协医疗健康研究中心执行副主任,九州通医药集团营销总顾问(原业务总裁),医疗器械蓝皮书主编,输血服务蓝皮书执行主编,北大继教《医疗渠道管理》授课老师,中国药招联盟发起人,广州2017国际康复论坛特约专家,中药协会药物经济学评审委员会委员,社会科学文献出版社皮书研究院高级研究员。著作有《渠道管理就这么简单》《新电商:做剩下的3%》。主编2016~2021年《中国输血行业发展报告》、2017~2021年《中国医疗器械行业发展报告》和《中国医疗器械行业数据报告(2019)》。

摘 要

中国医疗器械行业面对近年来的疫情冲击,在国家政策的引导下,持续保持着健康高速发展的良好态势,面临的机遇依然大于挑战,仍然处在"黄金发展期"内。未来十年之内,我国医疗器械行业将继续保持健康快速发展的良好势头。2021年行业规模破万亿元,增长率约为17%,成绩骄人。

本书用翔实的资料、数据阐述了2021年我国医疗器械行业发展状况,指出了行业发展中存在的不足及挑战,对我国医疗器械行业发展的未来进行了预判,并给出了建议或相关解决方案。报告共分6个部分,33篇报告和1个附录。总报告,对我国医疗器械行业2021年的政策法规、审评审批、生产经营、进出口等方面的情况进行了总结,分析了我国医疗器械行业面临的挑战,指出未来两年我国医疗器械行业面临的机遇远大于挑战,市场规模将进一步扩大,继续保持较高速度的发展;创新医疗器械将加速涌现;企业的兼并联合重组将增多,我国医疗器械行业仍然处于"黄金发展期"。政策篇,包括9篇报告,针对2021年我国医疗器械审评审批制度改革进展、医疗器械注册自检管理、医疗器械上市后监管、医疗器械不良事件监测、医用耗材集中采购、医疗机构大型医用设备配置管理、医疗器械风险管理标准、医疗器械临床试验及整体行业政策文件出台的情况进行了分析和阐述。行业篇,包括9篇报告,多维度、有选择性地针对医疗器械行业的部分细分领域,如国际贸易、投融资及骨科耗材、体外膜肺氧合(人工膜肺)、气管导管、房颤与卒中相关医疗器械、质子放射治疗装置、人工耳蜗、透明质酸医疗器械等,从行业发展、市场现状、存在的问题、发展趋势等方面进行了全

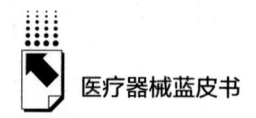

面的概述，部分报告还介绍了其他国家和地区相关医疗器械行业的发展状况。区域篇，包括7篇报告，选择了河南、湖南、山东、吉林和海南5个省份及宁波市、泰州市2个城市，对这些地区的医疗器械产业发展现状、存在的问题和面临的挑战、未来发展趋势等进行了论述。实践篇，选取了7篇报告，介绍了医疗器械科技成果转化实践中的风险控制措施、医疗机构医疗器械招标评标信息化系统建设和医疗器械使用质量评价实践、医疗器械经营企业质量管理和医疗器械经营企业在注册人制度下的转型实践及核医学影像设备、放疗技术等方面的技术突破和临床应用情况。附录部分对2021年我国药监系统出台的医疗器械行业重要法规文件进行了汇总。

关键词： 医疗器械　行业监管　风险防控

目 录

序　言 …………………………………………………… 邵明立 / 001
前　言 …………………………………………… 王宝亭　耿鸿武 / 001

Ⅰ　总报告

B.1　2021年我国医疗器械行业发展状况分析及2022年展望
　　——我国医疗器械行业继续健康发展 ……… 王宝亭　耿鸿武 / 001
　　一　我国医疗器械行业继续有力支撑新冠肺炎疫情防控
　　　　工作 …………………………………………………… / 002
　　二　我国医疗器械行业继续健康快速发展 ………………… / 004
　　三　监管法规体系不断完善，科学监管能力显著提高 …… / 013
　　四　医疗器械日常监管不断加强，用械安全有效得到保障 …… / 015
　　五　2022年我国医疗器械行业将继续保持健康快速发展
　　　　势头 …………………………………………………… / 016

Ⅱ　政策篇

B.2　2021年我国医疗器械审评审批制度改革进展与展望 …… 张　浩 / 019

B.3　2021年我国医疗器械上市后监管现状及展望
　　…………………………………………… 马忠明　杨　波 / 028
B.4　2021年我国医疗器械不良事件监测报告 ………… 岳相辉 / 038
B.5　2021年我国医疗器械注册自检管理工作进展及展望
　　……………………………………………………… 袁　鹏 / 046
B.6　2021年我国医用耗材集中采购现状和趋势
　　………………………………… 耿鸿武　戴　斌　叶小芳 / 054
B.7　2021年我国医疗器械风险管理标准应用状况及实施评价
　　………………………………… 王美英　常　佳　李朝晖 / 067
B.8　2021年我国医疗器械临床试验状况和发展趋势
　　…………………………………………… 吴宇佳　李雪宁 / 076
B.9　2021年我国医疗器械行业政策文件发布情况分析 …… 刘　强 / 084
B.10　2021年我国医疗机构大型医用设备配置管理状况与未来
　　　展望 ……………………………………………… 彭雄俊 / 094

Ⅲ　行业篇

B.11　2021年我国医疗器械国际贸易状况及发展趋势……… 孟冬平 / 102
B.12　2021年我国骨科植入物市场状况和发展趋势
　　　……………………………………………… 许书富　李仁耀 / 112
B.13　2021年我国气管导管市场状况及发展趋势
　　　………………………………… 韩广源　张　钊　陈　磊 / 122
B.14　2021年我国体外膜肺氧合市场状况及发展趋势
　　　………………………………… 许　剑　朱尘琪　郭　媛 / 130
B.15　2021年我国透明质酸医疗器械市场状况及发展趋势
　　　………………………………… 郭学平　付　杰　任　霞 / 140
B.16　2021年我国人工耳蜗市场状况及发展趋势
　　　………………………………… 黄　穗　韩　彦　孙晓安 / 150

B.17 2021年我国房颤与卒中相关医疗器械市场状况及发展趋势
　　…………………………………… 马志伟　周庆亮　孟　坚 / 159

B.18 2021年我国质子放射治疗装置市场状况及发展趋势
　　………………………………………………………… 逯亚林 / 168

B.19 2021年我国医疗器械行业投融资状况与发展趋势
　　…………………………………… 刘松陵　嵇　磊　张　敏 / 179

Ⅳ 区域篇

B.20 2021年河南省医疗器械产业发展状况及趋势
　　…………………………………… 程文虎　崔书玉　陈　敏 / 188

B.21 2021年湖南省医疗器械产业发展状况及展望
　　…………………………………… 宋广征　刘　翔　郭　武 / 196

B.22 2021年山东省医疗器械产业发展状况和展望
　　………………………………………… 吴世福　张　斌 / 206

B.23 2021年吉林省医疗器械产业发展状况及展望………… 蓝翁驰 / 216

B.24 2021年海南省医疗器械产业发展状况及展望
　　………………………………………… 于清明　崔　崙 / 224

B.25 2021年江苏省泰州市医疗器械产业发展状况与展望
　　…………………………………… 李　萍　江卫华　岳　存 / 233

B.26 2021年浙江省宁波市医疗器械产业发展状况及展望
　　………………………………………… 周　岩　梁文瑜 / 241

Ⅴ 实践篇

B.27 医疗器械科技成果转化实践中的风险控制措施
　　…………………………………… 陈　涛　余　洋　蒋海洪 / 249

B.28 智能化多模态核医学影像设备的研究和发展
　　………………………………………… 陈　思　邓　晓 / 256

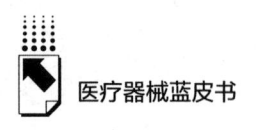

B.29 多模式一体化放疗技术的发展及临床应用
　　………………… 王俊杰　李宝生　张福泉　赵丽娜　李俊耀 / 263
B.30 医疗机构医疗器械使用质量评价实践与展望
　　………………………………………… 李　杨　祁建伟　徐　勍 / 269
B.31 医疗机构医疗器械招标评标信息化系统建设实践
　　与展望 ……………………………………… 朱子寒　张　平 / 278
B.32 医疗器械经营企业质量管理实践及举措 …… 龚翼华　岳海龙 / 286
B.33 注册人制度下医疗器械经营企业的转型探索 ………… 王　赫 / 295

Ⅵ 附　录

B.34 2021年我国发布的医疗器械行业重要法规文件 ……… / 301

后　记 …………………………………………………………… / 308
《中国医疗器械行业发展报告（2023）》征稿函 ……………… / 310
Abstract ………………………………………………………… / 312
Contents ………………………………………………………… / 314

序　言

在广大读者的关心支持和热切期盼下,《中国医疗器械行业发展报告（2022）》出版发行了。这是医疗器械蓝皮书的第六部。自2017年第一部医疗器械蓝皮书出版发行以来，编委会不断总结经验，注重听取读者的意见和建议，在各项研究课题立项和作者遴选邀约上下功夫，蓝皮书的质量不断提高，获得了有关领导的充分肯定和业内同行的高度评价。该蓝皮书已经成为我国医疗器械行业从业人员案头的重要参考书，也成了各级医疗器械监管人员开展工作的重要参考资料。

自2020年初新冠肺炎疫情暴发流行以来，我国医疗器械行业立即行动起来，加快研发生产新冠肺炎疫情防控所急需的有关诊断试剂、防护口罩、防护服、呼吸机等医疗器械和装备，不仅为我国新冠肺炎疫情防控工作提供了大量急需医疗器械和装备，而且将产品出口到100多个国家和地区，为全世界新冠肺炎疫情防控做出了重要贡献。我国医疗器械在总体质量以及安全有效性方面经受了新冠肺炎疫情防控实践的检验，成为包括欧美各国在内的许多国家和地区的抢手货，获得了业界的广泛认可与好评。

2021年，在新冠肺炎疫情防控需求的拉动下，我国医疗器械行业保持了快速发展的良好势头。有关调查统计资料显示，2021年我国医疗器械生产企业已达26570家，主营业务收入达到10200亿元左右，与上一年相比增加约17%；有35个创新医疗器械获得国家药品监督管理局批准上市，比上一年增加9个；特别是用于新冠肺炎疫情防控的医疗器械发展很快，截止到2021年底，累计已有68个新冠病毒核酸、抗体、抗原检测试剂，通过创新

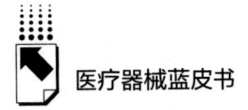

医疗器械审批途径或者应急医疗器械审批途径迅速获得国家药品监督管理部门的批准上市，有力地保障了新冠肺炎疫情防控工作开展。但是，2021年已是全球新冠肺炎疫情暴发流行的第二年，许多国家和地区用于新冠肺炎疫情防控的医疗器械研发生产加速，我国医疗器械出口额比上一年有所减少。我国医疗器械行业的健康快速发展，为新版医疗器械蓝皮书的编写提供了丰富的素材，奠定了良好基础。

《中国医疗器械行业发展报告（2022）》全面总结了2021年我国医疗器械行业的实践情况，重点研究、分析了我国医疗器械行业发展情况、政府监管部门开展监管工作情况、企业研发投入情况、进出口情况，以及有关省市医疗器械行业发展情况、医疗器械热点领域发展情况以及医疗器械市场变化情况等，对我国医疗器械行业未来发展做了分析与展望，并提出了有关意见和建议。这对政府监管部门开展科学监管、保障公众用械安全有效，以及医疗器械生产经营企业制定本企业的发展规划都大有裨益。

为了保障该书的编写工作，编委会邀请了近百位业内专家学者，他们或者参与定向专题调查，或者对有关调查资料进行分析评估，或者参与组稿审稿，他们为该书的编辑工作奉献了智慧和心血。借此机会，向全体参与该书研究、编审工作的同志们表示衷心感谢。

最后，衷心希望有关领导与广大读者继续关心该书的编辑出版工作，为推动我国医疗器械行业健康快速发展，保障人民群众用械安全有效做出新的贡献！

2022年6月7日

前　言

《中国医疗器械行业发展报告（2022）》是我们编撰的第六部医疗器械蓝皮书。医疗器械蓝皮书每年一部，全面、系统、连续地报告了我国医疗器械行业的发展状况。这些年，医疗器械蓝皮书得到了行业内外越来越多的关注和引用，记录了我国医疗器械行业发展的历史，对政府监管部门实施科学监管、企业制定发展规划而言是一份非常有价值的参考资料。

每一部医疗器械蓝皮书的出版，大体都要经历以下环节。第一个环节是编委会对前期的工作进行总结，确定当年蓝皮书的选题方向，编委会成员针对选题与有关专家学者进行定向沟通，确定本年的报告主题。第二个环节是编委会召开会议进行研究筛选，确定选题和领衔专家，这个过程一般会经过两到三次的讨论。第三个环节是发出约稿函，与领衔专家进行一对一的沟通，确定写作大纲和内容。经过领衔专家积极认真的准备和撰写，提交报告后，就进入第四个环节编审环节。这个环节的工作是最艰苦和烦琐的，要对每篇报告进行内容和格式的修改、查重、再修改，直至定稿。这一环节通常会持续两个多月的时间，个别报告甚至需要作者修改7~8次。第五个环节就是出版社的审核编辑出版。医疗器械蓝皮书是由社会科学文献出版社出版发行的，编辑们通常要完成3~4轮的审校，大到全书的结构、报告的内容，小到标点符号和数据，最快也需要三个月的时间。之后，一本新鲜、带着所有编委和作者以及出版社温度的蓝皮书就与您见面了。

医疗器械蓝皮书之前通常经过半年多的准备，会在每年9月或10月出版发行。2022年，应读者的要求，编委会决定把出版时间提前到7月，这样可以让读者更早地了解当年行业的发展情况。这对整体的编撰工作带来了巨大的挑战。一是时间紧，每一个环节都不能耽搁，所有意外情况都需要提前想好备选方案。二是各项数据收集变得非常困难。因为很多统计数据在4~6月才会发布，而2022版医疗器械蓝皮书各篇报告必须在3月底前完成。三是受新冠肺炎疫情的影响，2022版医疗器械蓝皮书编撰审校中的所有讨论及与作者的沟通都只能通过网络进行，这也增加了难度。总之，在大家的共同努力下，编委会保证了整体进度，确保了新版医疗器械蓝皮书顺利出版。

  2022年医疗器械蓝皮书精选了33篇报告。总报告，对我国医疗器械行业2021年的政策法规、审评审批、生产经营、进出口等方面的情况进行了总结；分析了我国医疗器械行业面临的挑战，指出未来两年我国医疗器械行业面临的机遇远大于挑战；市场规模将进一步扩大，继续保持较高速度的发展；创新医疗器械将加速涌现；企业的兼并联合重组将增多；我国医疗器械行业仍然处于"黄金发展期"。政策篇，包括9篇报告，针对2021年我国医疗器械审评审批制度改革进展、医疗器械注册自检管理、医疗器械上市后监管、医疗器械不良事件监测、医用耗材集中采购、医疗机构大型医用设备配置管理、医疗器械风险管理标准、医疗器械临床试验及整体行业政策文件出台的情况进行了分析和阐述。行业篇，包括9篇报告，针对医疗器械行业的部分细分领域，如国际贸易、投融资及骨科耗材、体外膜肺氧合（人工膜肺）、气管导管、房颤与卒中相关医疗器械、质子放射治疗装置、人工耳蜗、透明质酸医疗器械等，从行业发展、市场现状、存在的问题、发展趋势等方面进行了全面的分析，部分报告还介绍了其他国家和地区相关医疗器械行业的发展状况，对我国医疗器械行业发展具有借鉴意义。区域篇，包括7篇报告，选择了河南、湖南、山东、吉林和海南5个省份及宁波市、泰州市2个城市，对这些地区的医疗器械产业发展现状、存在的问题和面临的挑战、未来发展趋势等进行了论述。实践篇，选取了7篇报告，介绍了医疗器械科技成果转化实践中的风险控制措施、医疗机构医疗器械招标评标信息化系统建设和医疗器械使用质量评价实践、医疗器械经营企业质量管理和医疗

前言

器械经营企业在注册人制度下的转型实践及核医学影像设备、放疗技术等方面的技术突破和临床应用情况。附录部分对2021年我国药监系统出台的医疗器械行业重要法规文件进行了汇总。希望本书能成为医疗器械行业成长的真实记录者，能够对医疗器械安全监管、产业升级、行业发展、企业进步起到参考和指引作用。

在2022版医疗器械蓝皮书编撰过程中，我们继续得到了国家药品监督管理局焦红局长、徐景和副局长和有关司局领导的关心、指导与大力支持；得到了中国药品监督管理研究会张伟会长的支持和帮助。每一位编委和作者都付出了辛勤劳动。

在这里，我们对大家一并表示深切的谢意。

王宝亭　耿鸿武
2022年6月1日于北京

总 报 告
General Report

B.1
2021年我国医疗器械行业发展状况分析及2022年展望

——我国医疗器械行业继续健康发展

王宝亭 耿鸿武[*]

摘 要： 2021年，新冠肺炎疫情继续流行，给公众身体健康与生命安全造成严重威胁。面对新冠肺炎疫情防控严峻形势，我国医疗器械行业面临重大发展机遇，同时也面临保障医疗器械质量安全有效，特别是新冠肺炎疫情防控所需医疗器械质量安全有效的严峻挑战。在党中央国务院的领导下，全国各级药品监督管理部门大力开展科学监管，推动医疗器械生产经营企业加强内部管理，在保障医疗器械质量安全有效的前提下，很好地满足了市场需要，为新冠肺炎疫情防控、病人治疗做出了重大贡献。2021年我国医疗器械行业创新发展

---

[*] 王宝亭，中国药品监督管理研究会副会长、中国药品监督管理研究会医疗器械监管研究专业委员会主任委员；耿鸿武，清华大学老科协医疗健康研究中心执行副主任、九州通医药集团营销总顾问（原业务总裁）。

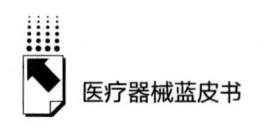

也取得了新的成就,国家药品监督管理局批准上市创新医疗器械35个,比上一年的26个增加了9个。我国医疗器械行业面临的机遇依然大于挑战,仍然处在"黄金发展期"。未来十年之内,我国医疗器械行业将继续保持健康快速发展的良好势头。

关键词： 医疗器械　监督管理　新冠肺炎疫情

2021年我国的医疗器械行业继续健康快速发展,医疗器械生产企业总数达到26570家;主营业务收入约达到10200亿元,比上一年增加约1475亿元,同比增长17%左右;进出口总额约1048亿美元,比上年增长大约1%。创新医疗器械加速涌现,特别是用于新冠肺炎疫情防控的诊断试剂、检查治疗器械、防护类器械不仅产量大幅增加,而且产品质量稳定可靠。这为开展新冠肺炎疫情防控工作提供了有力支撑。

国家药品监督管理局认真贯彻落实党中央国务院"四个最严"的要求,紧密结合我国医疗器械监管工作实际,大力推动监管科学研究,不断深化医疗器械审评审批制度改革,着力加强医疗器械风险排查防控,使得医疗器械特别是用于防控新冠肺炎疫情的医疗器械合格率稳定提高,有力保障了公众用械安全有效。

展望2022年,我国医疗器械行业将继续保持健康快速发展的良好势头,创新医疗器械将继续涌现,但新冠肺炎疫情防控所需医疗器械产量将随着疫情得到逐步控制有所下降,以医疗器械为主的生物医药园区建设发展步伐将明显放缓。各级药品监管部门对医疗器械的监管政策将更加科学、更加符合实际,监管措施将更具针对性,或者说更加精准。我国医疗器械产品总体质量将不断提高,公众用械安全有效将获得更好保障。

一　我国医疗器械行业继续有力支撑
　　新冠肺炎疫情防控工作

2021年,新冠肺炎疫情防控任务依然十分艰巨。我国具有新冠肺炎疫情防控所需医疗器械生产能力的企业，如生产新冠肺炎诊断试剂、各类医用防护口罩、医务人员防护服、呼吸机等产品的企业继续开足马力，而且生产能力和产品质量不断提高。据有关单位调查统计，2021年底我国新冠病毒检测试剂生产能力每天超过5130万人份，各类医用防护口罩生产能力达每天10亿只左右，医务人员防护服生产能力达每天百万件，呼吸机生产能力达每天千余台。这些产品有近一半出口到其他国家和地区，为新冠肺炎疫情防控工作提供了医疗器械支撑。

国家药品监督管理局和地方各级药品监督管理部门为配合新冠肺炎疫情防控工作，继续把防控新冠肺炎疫情所需医疗器械作为监督管理的重点。面对错综复杂的形势和急难险重任务，全国药品监督管理系统广大干部职工认真贯彻落实党中央国务院重大决策部署，严格落实"四个最严"要求，使得新冠肺炎疫情防控产品上市稳步推进，审评审批制度改革持续深化，全生命周期质量监管不断加强，监管体系和监管能力建设步伐明显加快。据了解，国家药品监督管理局及时组织研究制定了《新型冠状病毒核酸检测试剂盒质量评价要求》等5项国家标准，修订了《医疗器械应急审批程序》《医用防护服国家标准》，保障应急审批及时有序；全年应急审批新冠病毒检测试剂注册证14个、其他有关防控新冠肺炎疫情的医疗器械注册证16个。自新冠肺炎疫情出现至2021年底，国家药品监督管理局共批准新冠病毒核酸、抗体、抗原三类检测试剂注册证68个，应急审批其他防疫急需医疗器械注册证40个，有效满足了新冠肺炎疫情防控需要。我国主导制定的医疗器械国际标准《医用电气设备　第2~90部分：高流量呼吸治疗设备的基本安全和基本性能专用要求》获国际标准化组织（ISO）、国际电工组织（IEC）批准发布，《核酸扩增法检测新冠病毒质量规范》获批立项。各省级药品监督管理部门积极开展新冠病毒检测试剂检验能力建设，截至2021年10月，有关新冠病毒检测试剂生产企业所在省级局均已具备检验检测能力。在依法对新冠病毒检测试剂生产企业开展常态化检查的基础上，对新批准的新冠病毒检测试剂生产企业实行全覆盖飞行检查，对新冠病毒检测试剂产品先后开展了三轮全覆盖抽检，确保了产品质量安全。这为新冠肺炎病人的及

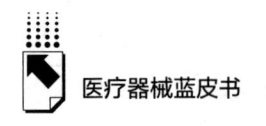

时确诊、及时隔离治疗发挥了不可替代的作用。

新冠肺炎疫情防控所需合格医疗器械，特别是高质量新冠病毒检测试剂、医用防护口罩、医用防护服、呼吸机的大量生产，不仅满足了我国疫情防控工作需要，也有力地支持了全球新冠肺炎疫情防控工作，为保护公众健康与生命安全做出了积极贡献。我国医疗器械行业特别是全国药品监督管理系统的扎实工作得到了党中央国务院领导的充分肯定，也得到了全社会的广泛好评。

二 我国医疗器械行业继续健康快速发展

在党中央国务院的坚强领导下，在新冠肺炎疫情防控工作强大需求的拉动下，全国医疗器械生产企业积极行动，根据市场需求，加大创新研发力度，不断推出更符合市场需求的新产品，争分夺秒地组织生产，我国医疗器械行业继续健康快速发展。

（一）生产经营企业

据国家药品监督管理局信息中心统计数据，截至2021年底，我国有医疗器械生产企业26570家，与2020年底的26465家相比，仅增加105家。初步分析表明，这与上一年我国医疗器械生产企业数量猛增46%有关。医疗器械经营企业从2020年底的898591家增加到2021年底的1005223家，同比增加了106632家，增幅为11.9%。分析显示，医疗器械经营企业增加，主要是市场需求增加所致。我国医疗器械生产、经营企业各地区分布情况见表1。

（二）医疗器械注册与新产品审批情况

2021年国家药品监督管理局继续深化医疗器械审评审批制度改革，不断完善各项政策，审评审批效率继续提高，医疗器械审结任务按时限完成率达到99%。国家药品监督管理局医疗器械技术审评中心持续加强质量管理体系建设，完善立卷审查要求，优化项目智能分配，科学调整审评资源和人

表1 2021年我国医疗器械生产、经营企业各地区分布情况

单位：家

地区	医疗器械生产企业	医疗器械经营企业	地区	医疗器械生产企业	医疗器械经营企业
广东	4457	162954	吉林	491	23242
江苏	3576	58932	重庆	345	11075
山东	3060	96943	黑龙江	293	24653
浙江	2075	52498	广西	281	24268
河北	1530	45136	山西	255	23736
河南	1083	53669	贵州	162	16114
湖北	1071	19373	甘肃	103	12675
上海	1001	37728	云南	80	12500
北京	933	33134	新疆	77	10567
湖南	908	23487	海南	61	8614
安徽	828	36590	内蒙古	59	5300
江西	795	31016	宁夏	28	3085
辽宁	767	41932	青海	21	1270
四川	573	71684	西藏	16	448
陕西	557	29256	新疆生产建设兵团	7	780
福建	543	22107	总计	26570	1005223
天津	534	10457			

资料来源：国家药品监督管理局信息中心。

员，统一规范审评尺度，推动案卷评查、内部审核、质量体系纠正与预防（CAPA）等机制有效运行，审评质量效率不断提高。各省级药品监督管理部门也加强了二类医疗器械技术审评工作，审评审批质量和效率继续提高。2021年，国家药品监督管理局批准医疗器械首次注册1710件，同比增长8.8%，其中国产三类医疗器械1131件，进口三类医疗器械298件，进口二类医疗器械281件；进口一类医疗器械备案1854件。各省级药品监督管理部门批准二类医疗器械首次注册13041件，同比增长6.3%。各市级药品监督管理部门办理一类医疗器械备案26773件。

据国家药品监督管理局信息中心有关资料，截至2021年底，我国境内

有效医疗器械注册证和备案凭证 203628 个，其中三类医疗器械注册证 11882 个、二类医疗器械注册证 75939 个、一类医疗器械备案证 115807 个；我国进口有效医疗器械注册证和备案证 27201 个，其中三类医疗器械注册证 7760 个、二类医疗器械注册证 9218 个、一类医疗器械备案证 10223 个。

2021 年，国家药品监督管理局共批准上市创新医疗器械 35 个、优先医疗器械 19 个，数量比上一年都有较大幅度增加。从 2014 年 3 月至 2021 年底，国家药品监督管理局共批准创新医疗器械 134 个、优先医疗器械 49 个。2021 年国家批准的创新医疗器械名单见表 2。

表 2　2021 年国家批准的创新医疗器械名单

序号	产品名称	生产企业	注册证号
1	髂动脉分叉支架系统	先健科技（深圳）有限公司	国械注准 20213130022
2	锚定球囊扩张导管	湖南埃普特医疗器械有限公司	国械注准 20213030023
3	一次性使用血管内成像导管	苏州阿格斯医疗技术有限公司	国械注准 20213060169
4	一次性使用电子输尿管肾盂内窥镜	北京北方腾达科技发展有限公司	国械注准 20213060175
5	幽门螺杆菌 23S rRNA 基因突变检测试剂盒（PCR-荧光探针法）	上海芯超生物科技有限公司	国械注准 20213400227
6	冠状动脉 CT 血流储备分数计算软件	深圳睿心智能医疗科技有限公司	国械注准 20213210270
7	经导管主动脉瓣系统	沛嘉医疗科技（苏州）有限公司	国械注准 20213130275
8	临时起搏器	深圳市先健心康医疗电子有限公司	国械注准 20213120299
9	紫杉醇洗脱 PTCA 球囊扩张导管	浙江巴泰医疗科技有限公司	国械注准 20213030297
10	周围神经套接管	北京汇福康医疗技术股份有限公司	国械注准 20213130298
11	三维电子腹腔内窥镜	微创（上海）医疗机器人有限公司	国械注准 20213060384
12	经导管主动脉瓣系统	沛嘉医疗科技（苏州）有限公司	国械注准 20213130464
13	自膨式动脉瘤瘤内栓塞系统	Sequent Medical Inc.	国械注进 20213130233
14	陡脉冲治疗仪	天津市鹰泰利安康医疗科技有限责任公司	国械注准 20213090497

续表

序号	产品名称	生产企业	注册证号
15	冠状动脉CT血流储备分数计算软件	北京心世纪医疗科技有限公司	国械注准20213210574
16	颅内药物洗脱支架系统	赛诺医疗科学技术股份有限公司	国械注准20213130575
17	腔静脉滤器	科塞尔医疗科技（苏州）有限公司	国械注准20213130594
18	单髁膝关节假体	北京市春立正达医疗器械股份有限公司	国械注准20213130600
19	内窥镜用超声诊断设备	深圳英美达医疗技术有限公司	国械注准20213060608
20	机械解脱弹簧圈	上海沃比医疗科技有限公司	国械注准20213130649
21	经导管主动脉瓣膜及可回收输送系统	上海微创心通医疗科技有限公司	国械注准20213130655
22	口腔种植手术导航定位设备	雅客智慧(北京)科技有限公司	国械注准20213010713
23	一次性使用清创水动力刀头	惠州海卓科赛医疗有限公司	国械注准20213010779
24	水动力治疗设备	惠州海卓科赛医疗有限公司	国械注准20213010780
25	医用电子直线加速器	苏州雷泰医疗科技有限公司	国械注准20213050789
26	球囊扩张血管内覆膜支架系统	W. L. Gore & Associates, Inc.	国械注进20213130411
27	腹腔内窥镜手术设备	山东威高手术机器人有限公司	国械注准20213010848
28	胚胎植入前染色体非整倍体检测试剂盒(可逆末端终止测序法)	北京中仪康卫医疗器械有限公司	国械注准20213400868
29	持续葡萄糖监测系统	深圳硅基传感科技有限公司	国械注准20213070871
30	持续葡萄糖监测系统	维泰医疗器械(杭州)股份有限公司	国械注准20213070872
31	生物疝修补补片	卓阮医疗科技（苏州）有限公司	国械注准20213130873
32	植入式左心室辅助系统	苏州同心医疗器械有限公司	国械注准20213120987
33	人工角膜	北京米赫医疗器械有限责任公司	国械注准20213161017
34	分支型术中支架系统	上海微创心脉医疗科技(集团)股份有限公司	国械注准20213131059
35	经导管主动脉瓣膜系统	Medtronic Inc.	国械注进20213130538

资料来源：国家药品监督管理局医疗器械注册管理司。

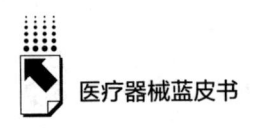

（三）医疗器械研发投入情况

2021年，中国医疗器械行业研发投入继续增加。据106家A股上市医疗器械公司有关数据，2021年研发投入总额为189.18亿元，比2020年增加50.72亿元，增幅为36.6%。但是从2021年研发投入总额占营业收入总额比例来看，只有6.72%（见表3），与跨国医疗器械公司相比，还有待进一步提高。

表3　2019~2021年我国106家A股上市医疗器械公司研发投入情况

单位：亿元，%

公司简称	营业收入			研发投入			研发投入占营业收入比例		
	2019年	2020年	2021年	2019年	2020年	2021年	2019年	2020年	2021年
迈瑞医疗	165.56	210.26	252.70	16.49	20.96	27.26	9.96	9.97	10.79
英科医疗	20.83	138.37	162.40	0.68	2.93	3.65	3.26	2.12	2.25
迪安诊断	84.53	106.49	130.83	2.13	3.19	4.25	2.52	3.00	3.25
金域医学	52.69	82.44	119.43	3.24	3.97	5.18	6.15	4.82	4.34
乐普医疗	77.96	80.39	106.60	6.31	8.06	11.12	8.09	10.03	10.43
东方生物	3.67	32.65	101.69	0.32	0.94	4.29	8.72	2.88	4.22
新华医疗	87.67	91.51	94.82	1.64	1.98	2.96	1.87	2.16	3.12
润达医疗	70.52	70.69	88.60	0.59	0.87	1.23	0.84	1.23	1.39
蓝帆医疗	34.76	78.69	81.09	2.97	3.47	5.18	8.54	4.41	6.39
奥佳华	52.76	70.49	79.27	2.27	2.69	2.89	4.30	3.82	3.65
达安基因	10.98	53.41	76.64	1.44	2.37	6.32	13.11	4.44	8.25
鱼跃医疗	46.36	67.26	68.94	2.35	4.02	4.26	5.07	5.98	6.18
华大基因	28.00	83.97	67.66	3.34	6.36	5.42	11.93	7.57	8.01
万泰生物	11.84	23.54	57.50	1.66	3.14	6.82	14.02	13.34	11.86
热景生物	2.10	5.14	53.69	0.29	0.48	1.32	13.81	9.34	2.46
振德医疗	18.68	103.99	50.92	0.51	2.60	1.53	2.73	2.50	3.00
中红医疗	11.71	47.78	49.09	0.40	0.12	1.78	3.42	0.25	3.63
圣湘生物	3.65	47.63	45.15	0.39	0.83	1.88	10.68	1.74	4.16
科华生物	24.14	41.55	42.68	1.24	1.73	1.63	5.14	4.16	3.82
迈克生物	32.23	37.04	39.81	1.89	2.35	2.64	5.86	6.34	6.63
安图生物	26.79	29.78	37.66	3.12	3.46	4.86	11.65	11.62	12.90
万孚生物	20.72	28.11	33.61	1.90	3.19	4.59	9.17	11.35	13.66

续表

公司简称	营业收入			研发投入			研发投入占营业收入比例		
	2019年	2020年	2021年	2019年	2020年	2021年	2019年	2020年	2021年
康德莱	18.17	26.45	30.97	0.89	1.26	1.85	4.90	4.76	5.97
奥美医疗	23.52	38.35	29.26	0.60	1.18	0.95	2.55	3.08	3.25
硕世生物	2.89	17.40	28.39	0.39	0.72	1.07	13.49	4.14	3.77
明德生物	1.81	9.59	28.30	0.37	0.70	1.33	20.44	7.30	4.70
健帆生物	14.32	19.51	26.75	0.68	0.81	1.74	4.75	4.15	6.50
凯普生物	7.29	13.55	26.73	0.62	0.82	1.25	8.50	6.05	4.68
荣泰健康	23.14	20.21	26.13	1.23	1.00	1.19	5.32	4.95	4.55
塞力斯	18.31	21.25	26.00	0.11	0.20	0.35	0.60	0.94	1.35
新产业	16.82	21.95	25.45	1.20	1.51	2.15	7.13	6.88	8.45
九安医疗	7.06	20.08	23.97	1.22	1.08	1.13	17.28	5.38	4.71
三诺生物	17.78	20.15	23.61	1.61	1.82	1.82	9.06	9.03	7.71
可孚医疗	14.62	23.75	22.76	0.16	0.44	0.71	1.09	1.85	3.12
美康生物	31.33	23.02	22.52	1.28	1.35	1.51	4.09	5.86	6.71
威高骨科	15.74	18.24	21.54	0.74	0.82	1.21	4.70	4.50	5.62
海尔生物	10.13	14.02	21.26	1.21	1.51	2.36	11.94	10.77	11.10
之江生物	2.59	20.52	20.19	0.23	0.52	1.09	8.88	2.53	5.40
大博医疗	12.57	15.87	19.94	1.00	1.28	1.67	7.96	8.07	8.38
南微医学	13.07	13.26	19.47	0.70	1.00	1.53	5.36	7.54	7.86
奥泰生物	2.41	11.36	18.73	0.36	0.55	0.95	14.94	4.84	5.07
诺唯赞	2.68	15.64	18.69	0.62	1.26	2.30	23.13	8.06	12.31
乐心医疗	8.84	13.37	18.21	0.71	1.14	1.62	8.03	8.53	8.90
博拓生物	2.09	8.65	18.18	0.17	0.41	0.62	8.13	4.74	3.41
尚荣医疗	15.31	22.67	17.90	0.48	0.61	0.52	3.14	2.69	2.91
昊海生科	16.04	13.32	17.67	1.16	1.26	1.68	7.23	9.46	9.51
理邦仪器	11.36	23.19	16.36	1.95	2.18	2.52	17.17	9.40	15.40
九强生物	8.41	8.48	15.99	0.70	0.79	1.27	8.32	9.32	7.94
安旭生物	2.10	12.00	15.89	0.16	0.58	0.70	7.62	4.83	4.41
开立医疗	12.54	11.63	14.45	2.55	2.37	2.63	20.33	20.38	18.20
贝瑞基因	16.18	15.40	14.22	1.24	1.29	1.33	7.66	8.38	9.35
基蛋生物	9.68	11.23	14.02	1.06	1.35	1.87	10.95	12.02	13.34
欧普康视	6.47	8.71	12.95	0.16	0.19	0.27	2.47	2.18	2.08
凯利泰	12.22	10.62	12.69	0.56	0.56	0.74	4.58	5.27	5.83

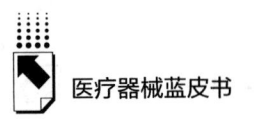

续表

公司简称	营业收入			研发投入			研发投入占营业收入比例		
	2019年	2020年	2021年	2019年	2020年	2021年	2019年	2020年	2021年
拱东医疗	5.53	8.30	11.94	0.22	0.37	0.58	3.98	4.46	4.86
奕瑞科技	5.46	7.84	11.87	0.88	0.96	1.46	16.12	12.24	12.30
亚辉龙	8.77	9.99	11.78	0.82	1.03	1.35	9.35	10.31	11.46
三鑫医疗	7.22	9.40	11.64	0.31	0.47	0.61	4.29	5.00	5.24
万东医疗	9.82	11.32	11.56	0.94	0.86	1.07	9.57	7.60	9.26
维力医疗	9.94	11.31	11.19	0.42	0.55	0.55	4.23	4.86	4.92
春立医疗	8.55	9.38	11.08	0.58	0.73	1.05	6.78	7.78	9.48
宝莱特	8.26	13.96	10.91	0.52	0.63	0.77	6.30	4.51	7.06
艾德生物	5.78	7.28	9.17	0.94	1.15	1.56	16.26	15.80	17.01
康泰医学	3.87	14.01	9.09	0.41	0.49	0.66	10.59	3.50	7.26
迪瑞医疗	10.09	9.37	9.06	1.25	1.08	0.99	12.39	11.53	10.93
福瑞股份	8.32	8.08	8.98	1.03	1.02	0.99	12.38	12.62	11.02
华康医疗	6.02	7.62	8.61	0.22	0.29	0.34	3.65	3.81	3.95
惠泰医疗	4.04	4.79	8.29	0.70	0.72	1.35	17.33	15.03	16.28
华兰股份	4.60	4.46	8.21	0.20	0.24	0.42	4.35	5.38	5.12
阳普医疗	5.75	9.19	8.00	0.38	0.51	0.44	6.61	5.55	5.50
普门科技	4.23	5.54	7.78	0.78	1.03	1.56	18.44	18.59	20.05
和佳股份	12.18	9.30	7.34	0.60	0.49	0.53	4.93	5.27	7.22
博晖创新	6.28	7.39	7.15	0.79	0.76	0.91	12.58	10.28	12.73
心脉医疗	3.34	4.70	6.85	0.61	0.83	1.23	18.26	17.66	17.96
透景生命	4.41	4.90	6.55	0.52	0.61	0.73	11.79	12.45	11.15
三友医疗	3.54	3.90	5.93	0.18	0.34	0.57	5.08	8.72	9.61
利德曼	5.15	4.72	5.64	0.48	0.38	0.33	9.32	8.05	5.85
南卫股份	4.92	10.72	5.27	0.22	0.34	0.31	4.47	3.17	5.88
翔宇医疗	4.27	4.96	5.23	0.41	0.52	0.69	9.60	10.48	13.19
冠昊生物	4.38	4.37	4.89	0.44	0.35	0.49	10.05	8.01	10.02
戴维医疗	3.56	4.60	4.74	0.40	0.40	0.50	11.24	8.70	10.55
科美诊断	4.55	4.18	4.71	0.56	0.56	0.67	12.31	13.40	14.23
爱朋医疗	3.80	4.43	4.61	0.24	0.24	0.44	6.32	5.42	9.54
采纳股份	1.81	5.05	4.42	0.11	0.19	0.18	6.08	3.76	4.07
安必平	3.55	3.75	4.39	0.22	0.28	0.46	6.20	7.47	10.48
爱博医疗	1.95	2.73	4.33	0.29	0.40	0.66	14.87	14.65	15.24

续表

公司简称	营业收入			研发投入			研发投入占营业收入比例		
	2019年	2020年	2021年	2019年	2020年	2021年	2019年	2020年	2021年
伟思医疗	3.19	3.78	4.30	0.27	0.34	0.64	8.46	8.99	14.88
天益医疗	3.16	3.79	4.15	0.16	0.16	0.20	5.06	4.22	4.82
正海生物	2.80	2.93	4.00	0.21	0.27	0.35	7.50	9.22	8.75
祥生医疗	3.70	3.33	3.98	0.52	0.56	0.72	14.05	16.82	18.09
澳华内镜	2.98	2.63	3.47	0.30	0.39	0.49	10.07	14.83	14.12
康众医疗	2.35	3.39	3.42	0.19	0.26	0.32	8.09	7.67	9.36
浩欧博	2.59	2.22	3.18	0.25	0.24	0.32	9.65	10.81	10.06
海泰新光	2.53	2.75	3.10	0.29	0.31	0.41	11.46	11.27	13.23
仁度生物	0.99	2.50	2.92	0.14	0.24	0.26	14.14	9.60	8.90
睿昂基因	2.55	2.85	2.91	0.67	0.74	0.69	26.27	25.96	23.71
佰仁医疗	1.46	1.82	2.52	0.15	0.29	0.59	10.27	15.93	23.41
赛科希德	2.30	2.22	2.40	0.14	0.13	0.15	6.09	5.86	6.25
奥精医疗	1.69	1.84	2.36	0.22	0.16	0.33	13.02	8.70	13.98
天臣医疗	1.73	1.63	2.14	0.14	0.15	0.29	8.09	9.20	13.55
康拓医疗	1.48	1.64	2.13	0.11	0.17	0.17	7.43	10.37	7.98
爱威科技	1.90	1.80	2.11	0.20	0.23	0.31	10.53	12.78	14.69
赛诺医疗	4.36	3.27	1.94	1.92	1.59	1.85	44.04	48.62	95.36
锦好医疗	1.49	2.11	1.92	0.08	0.11	0.12	5.37	5.21	6.25
天智航-U	2.30	1.36	1.56	0.77	0.74	1.10	33.48	54.41	70.51
迈普医学	1.13	1.24	1.54	0.32	0.28	0.42	28.32	22.58	27.27
合计	1496.29	2355.29	2817.20	105.08	138.46	189.18	7.02	5.88	6.72

注：数据因四舍五入原因略有误差，未做机械调整。
资料来源：Wind、中信建投证券。

（四）医疗器械进出口贸易情况

据众成数科公司依据海关总署数据（8位海关编码）统计：2021年我国医疗器械进出口总额达到1047.88亿美元，与2020年相比，增长约1%；其中进口415.01亿美元，同比增长36.0%；出口632.87亿美元，同比下降13.5%。1991~2021年我国医疗器械进出口数据见表4[①]。

---

① 因为海关总署公开的数据由原来的10位海关编码改为8位海关编码，数据存在一定的误差。

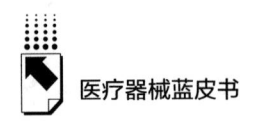

表4 1991~2021年我国医疗器械进出口统计

单位：亿美元

年份	进出口总额	进口额	出口额	贸易顺差
1991	3.92	3.00	0.92	-2.08
1992	6.94	4.15	2.79	-1.36
1993	8.23	4.90	3.33	-1.57
1994	8.01	4.28	3.73	-0.55
1995	10.64	5.42	5.22	-0.20
1996	11.44	5.78	5.66	-0.12
1997	6.40	3.34	3.03	-0.31
1998	7.28	4.02	3.26	-0.76
1999	12.38	8.15	4.23	-3.92
2000	17.47	11.21	6.26	-4.95
2001	24.21	16.39	7.82	-8.57
2002	25.82	16.14	9.68	-6.46
2003	16.30	11.09	5.21	-5.88
2004	33.08	21.81	11.27	-10.54
2005	54.53	30.45	24.08	-6.37
2006	105.52	36.81	68.71	31.90
2007	127.01	42.82	84.19	41.36
2008	162.83	52.16	110.67	58.51
2009	183.49	61.05	122.45	61.40
2010	226.56	79.57	146.99	67.42
2011	265.98	108.87	157.11	48.24
2012	300.62	124.72	175.90	51.17
2013	343.10	149.75	193.35	43.60
2014	357.94	157.71	200.23	42.52
2015	384.89	173.19	211.70	38.51
2016	398.11	184.05	205.05	21.00
2017	420.63	203.60	217.03	13.43
2018	457.96	221.65	236.30	14.65
2019	554.87	267.85	287.02	19.17
2020	1037.20	305.16	732.04	426.88
2021	1047.88	415.01	632.87	217.86

注：1991~1996年数据来源于1992~1997年《中国医药年鉴》；1997~2005年数据来源于国家统计局；2006~2020年数据来源于中国医保商会；2021年数据来源于众成数科公司。

三 监管法规体系不断完善，科学监管能力显著提高

（一）新版《医疗器械监督管理条例》颁布实施

2021年3月18日，国务院颁布了新修订的《医疗器械监督管理条例》（国务院令第739号）。这为我国医疗器械行业发展创造了更好的条件，也标志着我国医疗器械监管进入了依法监管新阶段。新版《医疗器械监督管理条例》全面贯彻落实习近平总书记"四个最严"的要求，坚持问题导向，坚持改革创新，巩固以往改革成果，建立了医疗器械注册人、备案人制度，完善了临床评价制度，增加了鼓励医疗器械创新的规定，确立了医疗器械职业化、专业化检查员队伍建设方向，强化了医疗器械全生命周期质量风险管理，加大了违法行为处罚力度。这对于进一步加强医疗器械监管、保障人民群众用械安全有效，特别是对于推动我国医疗器械行业健康快速发展提供了更有力的法律工具。

（二）配套规章文件修订发布

随着新版《医疗器械监督管理条例》的颁布实施，国家药品监督管理局加快了有关医疗器械配套规章、文件的修订工作。2021年以来，先后修订发布了《医疗器械注册与备案管理办法》《体外诊断试剂注册与备案管理办法》《医疗器械生产监督管理办法》《医疗器械经营监督管理办法》等配套规章文件。此外，还制定并发布了医疗器械技术审评指导原则73项。截至2021年底，国家药品监督管理局已经先后发布医疗器械技术审评指导原则466项，指导原则体系不断完善。

（三）加强医疗器械标准体系建设

国家药品监督管理局进一步加强医疗器械标准体系建设，会同国家标准化管理委员会印发了《关于进一步促进医疗器械标准化工作高质量发展的

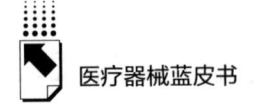

意见》；会同工信部筹建医疗装备产业与应用标准化工作组，批准成立了临床评价和医用高通量测序2个归口单位。2021年国家药品监督管理局审核发布146项行业标准，报送国家标准化管理委员会发布35项国家标准，对396项强制性标准和62个强制性标准项目组织了全面评估。截至2021年底，我国共有现行有效医疗器械标准1849项，其中国家标准235项，行业标准1614项。

医疗器械分类命名工作更加规范，制定并发布了《分类目录动态调整工作程序》，修订了《第一类医疗器械产品目录》，出台了《体外诊断试剂分类规则》，制定了重组胶原蛋白和人工智能类产品分类界定指导原则，组织开展了对可用于医疗美容的医疗器械等关注度高的热点产品、边缘产品和药械组合产品的属性研究。

（四）稳步推进医疗器械唯一标识工作

国家药品监督管理局会同国家卫健委、国家医保局推进高风险产品唯一标识实施，联合印发第二批实施公告，积极推进示范单位遴选工作，完善唯一标识数据库。截至2021年底，我国医疗器械唯一标识数据库已有121万条数据。医疗器械唯一标识工作于2022年6月1日起，在三类医疗器械中已全面推广实施。

（五）加强医疗器械监管队伍和机构建设

国家药品监督管理局在组织新版《医疗器械监督管理条例》宣讲团到各地宣讲的同时，先后举办了两期监管业务骨干培训班，共有1000余名监管人员接受培训。依托北京、上海、江苏、浙江、山东、广东等6省（市）药品监督管理局，按照各地专业特长建立二类医疗器械审评实训基地，培训近7000人次。国家医疗器械技术审评中心组织了10期审评技术人员培训，有9000余人次参加学习；器审云课堂在"学习强国"上线，提供法规和审评要点解读，收录课程145期，累计播放100万次。

国家药品监督管理局推进检查实训基地建设，打造集研究、培训、演练于一体的培训体系。先后组织两期99名国家级医疗器械检查员培训；聘任70名国家级医疗器械检查员；针对体外诊断试剂、植入性医疗器械生产控制等，举办9期专题培训，共培训6285人次，检查工作能力和水平持续提升。

在不断完善我国医疗器械监管体制机制的基础上，国家药品监督管理局医疗器械技术审评中心长三角分中心、大湾区分中心建设取得实质性进展，招聘了人员，建立了审评质量管理体系，实现了与国家药品监督管理局医疗器械技术审评中心审评任务的统一分配，加强了与申请人的沟通交流，有效推动了医疗器械产业创新发展。

四 医疗器械日常监管不断加强，用械安全有效得到保障

（一）切实加强日常监管

国家药品监督管理局始终紧盯高风险医疗器械监督，深入开展风险隐患排查，防患于未然。以防疫用械、集采中标医疗器械、网售医疗器械等九大类产品为重点开展全面排查，着力消除区域性、系统性风险隐患。全年先后召开3次风险会商会，查找风险与隐患，并果断进行处理；责令570家医疗器械企业停产整顿；责令网售企业和第三方平台整改3874家次；组织飞行检查89家次；查办各类医疗器械案件27336件，立案处罚854家，罚没款近5.5亿元。

（二）规范医疗器械抽验工作

国家药品监督管理局组织了涵盖63个品种的医疗器械质量抽检，覆盖全部品种的新冠病毒检测试剂和集采中标冠脉支架专项抽检，并及时发布抽检质量分析报告，公布抽检结果特别是不合格产品。各省级药品监督管理部门按照国家药品监督管理局要求，加大了日常监督检查力度，不断对辖区内的医疗器械产品组织质量抽检。

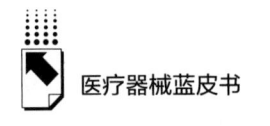

（三）提高医疗器械不良事件监测评价质量

各级药品监督管理部门切实加强医疗器械不良事件监测评价，不断完善不良事件监测体系，遴选确定105家监测哨点，提高风险预警和调查处置能力。2021年，全国共监测到不良事件65万余份，及时组织科学评估，发布警示信息，督促相关企业改进产品设计或者修改说明书，有效降低了产品质量风险。

2021年我国医疗器械总体质量稳步提高，公众用械安全有效得到了有力保障，特别是新冠肺炎疫情防控用医疗器械质量安全可靠，有力地保障了我国新冠肺炎疫情防控工作的开展，并支援了其他国家和地区的新冠肺炎疫情防控工作。

五　2022年我国医疗器械行业将继续保持健康快速发展势头

2022年，我国医疗器械行业面临的机遇依然大于挑战。主要机遇有：一是，2022年的政府工作报告提出了"稳就业保民生"、"保持宏观政策连续性"、"继续做好常态化疫情防控"、"减税与退税并举"、"对小规模纳税人阶段性免征增值税"、"加大企业创新激励力度"、"提高医疗卫生服务能力"以及继续提高"居民医保和基本公共卫生服务经费"等一系列政策，这为以小微企业占绝大多数的医疗器械行业送来了强劲的东风。二是，2021年12月，工信部等十部门联合发布了《"十四五"医疗装备产业发展规划》，明确了我国医疗装备产业发展的总体部署、重点发展领域、将要采取的有关政策和保障措施等，为我国医疗器械行业发展绘制了一张清晰的蓝图。三是，随着我国经济社会的发展和人民收入的不断提高，社会对医疗器械的需求日益旺盛，国内医疗器械市场规模将继续扩大，特别是家用医疗器械市场规模将保持强劲增长，这为我国医疗器械行业保持健康快速发展提供了政策条件。四是，我国的医保体系不断完善，医保目录不断扩大，医疗费用报销比例不断提高，为我国医疗器械市场扩大提供了空间。五是，我国医疗器械监管法规政策体系逐步完善，审评审批制度更加科学高效，监管工作日趋科学精准，为我国医疗器械行业健康快速发展提供了有力保障。六是，我国一大批骨干医疗器械公司，如迈瑞医疗、英科医疗、迪安诊断、金域医学、东方生物、新华医疗、乐普医疗、联影医疗、东软医疗、鱼跃医疗、纳通医疗等公司，研发实力迅速增强，创新能力迅速提高，规模迅速扩张，为我国医疗器械行业高质量发展发挥了示范引领作用。

同时，我国医疗器械行业发展也面临不少挑战。主要有：一是，我国医疗器械企业总体创新能力有待进一步提高，总的研发投入比例远低于美国、欧盟、日本等发达国家和地区，一些技术上"卡脖子"的问题仍然影响着我国高端医疗器械的发展。例如，2020年美敦力公司研发投入23.3亿美元，占其年销售收入的8.1%；飞利浦医疗公司研发投入21亿美元，占其年销售收入的9.7%；强生医疗公司研发投入20亿美元，占其年销售收入的7.8%；西门子医疗公司研发投入15亿美元，占其年销售收入的9.3%；雅培医疗公司研发投入12亿美元，占其年销售收入的9.8%；而2021年我国106家A股上市医疗器械公司的研发投入总额，占其营业收入总额的6.72%。二是，我国医疗器械生产经营企业平均规模偏小的问题短期内难以解决，市场竞争能力难与跨国公司抗衡。例如：2021年美敦力公司年销售收入317亿美元，强生医疗公司年销售收入271亿美元，而2021年我国A股上市医疗器械公司营业收入最大的，也仅达到252.7亿元人民币。三是，随着新冠肺炎疫情逐步得到控制，全球医疗器械需求不可避免地将有所下降，特别是新冠肺炎疫情防控类医疗器械产品需求可能会明显减少，全球医疗器械市场增长势头会有所放缓。四是，我国医疗器械园区（包括医药园区）建设过热，几乎全部省级城市和副省级城市、大部分地级城市、部分县级市建立了或者正在建设医疗器械（医药）园区[①]，且特色不够突出，生

---

① 据众成数科公司调查数据，全国以医疗器械园区或医药园区命名的园区有近2000个。

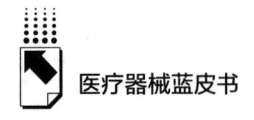

产厂房与设备利用率低，资源浪费比较严重，需要加强规划和管理。

总体上看，我国医疗器械行业面临的机遇依然大于挑战，仍然处在"黄金发展期"。未来十年之内，我国医疗器械行业将继续保持健康快速发展的良好势头。

政 策 篇
Policy Reports

B.2
2021年我国医疗器械审评审批制度改革进展与展望

张 浩*

摘　要： 2021年，在习近平新时代中国特色社会主义思想的引领下，国家药品监督管理局深入贯彻党中央、国务院的重大决策和系列部署，立足新发展阶段、贯彻新发展理念、构建新发展格局，遵循药品监管"四个最严"的根本要求，全方位落实《医疗器械监督管理条例》相关规定，一方面坚守底线保障安全，另一方面不断追求高线促进发展，持续深化医疗器械审评审批制度改革，全力保障疫情防控大局，不断提升医疗器械注册管理工作水平，保障人民用械安全有效，促进医疗器械产业高质量发展。2022年，医疗器械审批制度改革将向纵深推进，重点从落实国家重大发展战略、持续强化医疗器械注册基础能力建设、全力支持医疗器械产业高质量创新发展等方面展开。

关键词： 医疗器械　审批　注册　改革

---

* 张浩，国家药品监督管理局医疗器械注册管理司综合处四级调研员。

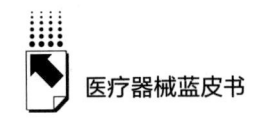

2021年，国家药品监督管理局（以下简称"国家药监局"）深入贯彻党中央、国务院的重大决策和系列部署，全方位落实《医疗器械监督管理条例》相关规定，全力保障疫情防控大局，持续深化医疗器械审评审批制度改革，不断强化医疗器械注册管理，加强注册管理队伍能力建设。本报告对2021年医疗器械审批制度改革进展进行了分析，对2022年医疗器械注册管理进行了展望。

一 2021年医疗器械审评审批制度改革进展

2021年初，国家药监局组织召开全国医疗器械监督管理工作电视电话会议，分析当前形势，研究和部署医疗器械监督管理工作。坚持立法先行，发布实施2021年新修订的《医疗器械监督管理条例》，同步启动修订相关配套规章制度，推动医疗器械法规体系建设取得新成绩；全力服务防疫大局，有序开展应急审评审批，加速推进防疫用械标准化建设；推出创新审批、智慧审评、注册人制度试点、先行区域改革政策试点、临床试验管理等一系列创新举措，助推产业向高质量发展迈出新步伐；夯实医疗器械管理的根基，进一步健全医疗器械标准体系，进一步完善医疗器械分类目录、命名规则，推动唯一标识应用，进一步提升信息化水平，推动国际交流合作进入新阶段，审评审批制度改革取得新进展。

（一）全力保障疫情防控大局

1. 紧抓新冠肺炎疫情防控急需产品的应急审批工作

修订《医疗器械应急审批程序》，保障应急审批及时有序。全年应急审批新冠病毒检测试剂14个、其他有关防控新冠肺炎疫情的医疗器械16个。自新冠肺炎疫情出现至2021年底，共批准68个新冠病毒检测试剂产品，涵盖核酸、抗体、抗原三个种类。注册人涉及14个省市，日产能超过5130万人份；应急审批其他防疫急需医疗器械40个，有效满足了疫情防控需要。

2. 开展新冠病毒变异株监测评估相关工作

面对新冠病毒持续变异的情况，及时建立周报制度、启动变异株监测、评估已批准新冠病毒检测试剂对变异株的检出能力，确保已批准试剂对新冠病毒突变株的检测质量。对 17 种全球主要突变株 380 多万条变异株序列进行监测评估，全力保证产品质量安全。做好新冠病毒抗原检测试剂适用范围研究以及相应试剂延续注册工作，修改产品说明书，确保抗原检测试剂的正确使用，以满足疫情防控工作需要。

3. 加速推动疫情防控产品相关标准制修订工作

相关国际标准组织批准发布由我国主导制定的国际标准《医用电气设备 第 2~90 部分：高流量呼吸治疗设备的基本安全和基本性能专用要求》，《核酸扩增法检测新冠病毒质量规范》获批立项。在国家药监局的推动下，我国新批准发布《新型冠状病毒核酸检测试剂盒质量评价要求》等 5 项国家标准。国家药监局及时组织开展《医用防护口罩》《一次性使用医用防护服》国家标准修订立项工作，回应了市场需求和监管需要。

（二）医疗器械审评审批制度改革持续深化

1. 新《医疗器械监督管理条例》发布实施

新《医疗器械监督管理条例》（以下简称《条例》）全面贯彻落实习近平总书记"四个最严"要求，秉持国际视野，聚焦改革创新，使得医疗器械审评审批制度改革成果进一步巩固，注册人制度正式确立，临床评价要求进一步完善，职业化专业化检查员队伍建设得到推进，全生命周期质量风险监管理念得以加强，违法行为处罚力度进一步加大，医疗器械监管法规完善迈入新阶段。

2. 完成《条例》配套相关注册管理规章和规范性文件制修订工作

截至 2021 年底，《医疗器械注册与备案管理办法》《体外诊断试剂注册与备案管理办法》两部部门规章已完成制修订并正式发布，《境内第三类和进口医疗器械注册审批操作规范》《境内第二类医疗器械注册审批操作规范》等两份操作规范已发布，各级药品监管部门注册审批工作得以进一步规范化。为细化医疗器械注册自检工作管理要求，制定发布《医疗器械注册自检管理规定》。在总结新冠肺炎疫情防控经验的基础上，进一步完善医疗器械应急审批要求，制定发布《医疗器械应急审批程序》。为指导体外诊断试剂分类工作，修订发布《体外诊断试剂分类规则》。在临床试验管理方面，组织开展《医疗器械临床试验质量管理规范》的修订和《医疗器械临床试验机构监督检查要点》的起草工作。

2021年共发布17份规范性文件，搭建起了新的注册管理法规体系。相关文件充分落实中共中央办公厅、国务院办公厅《关于深化审评审批制度改革鼓励医疗器械创新的意见》，明确了具体申报资料要求、工作程序、操作规范、临床评价要求、注册自检等多方面细则。新搭建的注册管理法规体系，充分吸纳了审评审批制度改革成果，全面落实了注册人制度，科学设置了评价要求，立足鼓励创新发展，逐一落实新《条例》注册管理要求，使得改革成果在法规层面得到固化。

3. 加快创新和临床急需医疗器械上市

在《医疗器械注册与备案管理办法》等规章中增加特殊程序章节，纳入创新医疗器械特别审查、医疗器械优先审批要求，提升相应工作法规层级。推动审评前移，加大高端产品研发支持力度。为加速推进新材料、新技术、新产品上市，助力产业高质量创新发展，推动成立了生物材料创新合作平台，配合有关部门启动人工智能医疗器械创新任务揭榜挂帅工作，建立了主文档登记制度。国家药监局与工信部等部门联合印发《"十四五"医疗装备产业发展规划》。2021全年批准上市持续葡萄糖监测系统等35个创新医疗器械，儿童手部X射线影像骨龄辅助评估软件等19个优先医疗器械。截至2021年底，国家药监局累计批准创新医疗器械134个，优先医疗器械49个。创新和临床急需医疗器械的加快审批，有利于满足患者使用高水平医疗器械的需要，提升患者诊疗水平，鼓励和推动产业创新发展。

4. 持续健全医疗器械标准体系

为促进医疗器械标准化工作的高质量发展，国家药监局联合国家标准化管理委员会印发《关于进一步促进医疗器械标准化工作高质量发展的意见》。

为促进交叉领域高起点快速发展，国家药监局会同工信部等建医疗装备产业与应用标准化工作组；批准成立临床评价和医用高通量测序两个归口单位。为鼓励新型生物材料研发创新，印发《关于〈重组胶原蛋白〉等 2 项医疗器械行业标准立项的通知》。为进一步宣传医疗器械标准化理念，组织 2021 年"世界标准日"医疗器械标准化主题活动。毫不松懈持续实施医疗器械标准提高行动计划，2021 年共对 79 项行业标准制修订项目予以批准，对 146 项行业标准予以审核发布，将 35 项国家标准报送国家标准化管理委员会发布，对 396 项强制性标准和 62 个强制性标准项目开展系统评估。截至 2021 年底，我国共有现行有效医疗器械标准 1849 项，其中国家标准 235 项，行业标准 1614 项，医疗器械标准的覆盖面、系统性得到进一步提升。

5. 指导原则体系不断完善

通过制定并发布医疗器械和体外诊断试剂临床试验、临床评价等多个指导原则（涉及医疗器械临床评价、决定是否开展医疗器械临床试验、医疗器械临床评价等同性论证、医疗器械注册申报临床评价报告、列入免于临床评价医疗器械目录产品对比说明、医疗器械临床试验数据递交要求等），进一步促进了医疗器械临床评价要求的科学设置。

通过制定并发布免于临床试验体外诊断试剂目录和免于临床评价医疗器械目录，使得 423 个体外诊断试剂产品、1010 个医疗器械产品分别免于临床试验、临床评价。

2021 年全年发布了指导原则 73 项，截至 2021 年底，共发布 466 项指导原则。

6. 完善医疗器械分类和命名管理体系

为明确医疗器械分类目录调整原则、调整情形、资料要求和相关工作程序，制定了《分类目录动态调整工作程序》。为加强第一类医疗器械管理，修订了《第一类医疗器械产品目录》，首次以单独文件形式发布了《体外诊断试剂分类规则》。为进一步加强重组胶原蛋白类医疗产品和人工智能医用软件产品监督管理，推动产业高质量发展，制定了重组胶原蛋白和人工智能医用软件产品分类界定指导原则。同时，聚焦舆论热点和产业痛点，积极推

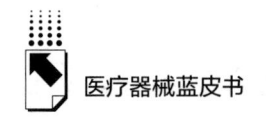

进可用于医美的医疗器械等高关注度热点产品、边缘产品和药械组合产品的属性研究。2021年全年发布了9项命名指导原则。

7. 分步推进医疗器械唯一标识实施落地

为推动高风险医疗器械产品唯一标识实施落地，国家药监局会同国家卫健委、国家医保局联合印发了《关于做好第二批实施医疗器械唯一标识工作的公告》。该公告明确了第二批实施唯一标识的医疗器械品种和相关建设要求。为进一步做好唯一标识示范推广工作，组织相关领域专家遴选首批医疗器械唯一标识示范单位。医疗器械唯一标识数据库是医疗器械唯一标识系统的重要组成部分，国家药监局组织相关方持续建设并完善数据库，目前数据库已有数据121万条。深入推动天津、上海、福建、海南4省（市）继续扎实推进全域试点，扩大试点品种范围，探索唯一标识实施应用，为唯一标识制度实施积累经验。

8. 全面推动实施医疗器械注册人制度

通过全面总结、提炼注册人制度试点地区做法，进一步强化顶层设计，优化跨区域资源配置，释放了产业创新活力。为推动医疗器械注册人制度实施，上海、江苏、浙江、安徽三省一市建立了长三角一体化跨区域监管协作联动机制。2021年全年已有约22个省（市）共计227个注册人的1377个医疗器械产品通过医疗器械注册人制度审核，以委托生产方式获准上市，数量较2020年底增长近2.5倍。

9. 实质性推进重点区域改革试点

持续支持乐城先行区、粤港澳大湾区等重点区域在医疗器械审评审批方面的探索实践。指导海南科学合理地用好特许医疗器械急需进口政策，相关产品在特定医疗机构的使用量明显提高。为积极探索将真实世界数据用于产品注册，鼓励重点区域稳步推进临床真实世界数据应用试点工作。开展了第二批试点产品审评审批工作，第2个采用临床真实世界数据的"飞秒激光眼科治疗系统"获批上市。

10. 稳步提升审评审批信息化水平

国家药监局医疗器械审评审批信息化水平进一步提升，审评审批系统一体化建设完成。国家药监局医疗器械政务服务系统全部并入网上办事大厅，为下一步全面实施"一网通办"提供了重要基础支撑。截至2021年底，国家药监局共发放医疗器械电子证照8010张。相关医疗器械品种档案系统初步建成，将为推动大数据汇聚、关联融通，以及药监系统上市后监管提供强有力支撑。

（三）不断强化医疗器械注册管理

1. 组织开展境内第一类医疗器械产品备案清理规范工作

紧盯医用冷敷贴等重点产品，全面清理规范第一类医疗器械产品备案。通过市局自查、省局检查、国家局抽查、年终考核等方式，持续加大清理规范力度。取消第一类医疗器械产品备案9335个，规范第一类医疗器械产品备案8862个，占第一类医疗器械产品总数的16.5%，有效净化了市场环境。

2. 扎实推进医疗器械监管科学相关研究

加强医疗器械监管科学研究基地和国家药监局重点实验室建设，在国家药监局医疗器械技术审评中心和相关监管科学研究基地、重点实验室的配合和努力下，第一批4个监管科学研究项目已完成，相关研究成果转化为医疗器械监管领域的新工具、新方法、新标准及相关报告共35项。完成遴选并确定了第二批7个监管科学重点项目。两批共认定了29家国家药监局医疗器械重点实验室。

3. 高度重视医疗器械相关国际交流合作工作

我国是国际医疗器械监管者论坛（IMDRF）和全球医疗器械法规协调会（GHWP）两个医疗器械国际监管者组织的正式成员。2021年，在IMDRF管委会会议上，由我国担任工作组组长并组织起草的"上市后临床随访研究"文件获批发布。我国积极参加并承担GHWP的管理委员会和技术委员会有关工作，在做好年会举办及换届筹备工作的同时牵头制定医疗器械唯一标识指南，开展面向业界的医疗器械唯一标识能力建设培训，获得好评。成功举办第十二届中国医疗器械监督管理国际会议（CIMDR），得到了有关国际监管部门和国际组织的大力支持，以及中外企业代表的高度关注。

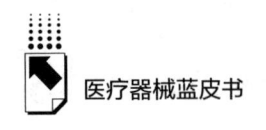

二 2022年医疗器械注册管理工作展望

（一）做好创新优先和应急审批工作

加大对"全球新"产品和重大科技专项相关创新产品的支持力度。依托创新合作平台，加速融合政产学研用进程，加快创新和成果转化。遴选国产高端、拥有核心技术的自主研发产品，在产品设计开发阶段，提前介入，对相关临床试验设计予以指导，提升其临床评价科学水平，助力产业高质量发展。

（二）推动《条例》其他配套文件制修订工作开展

组织研究医疗机构自制试剂、医疗器械紧急使用中的医疗机构需求、卫生健康主管部门要求以及有关程序设计等，积极与相关部委沟通，共同推动相应工作开展。做好重点规范性文件执行情况监测，及时研判解决有关问题，确保法规顺利实施。继续配合做好有关法规宣贯等工作。

（三）持续做好变异株相关监测评估工作

持续做好新冠病毒变异株监测和试剂检测能力评估。督促省级药监局指导和监督注册人认真履行法律责任和社会责任，持续做好检测能力验证，提高验证评估工作质量和效率。根据监测评估情况，及时做好相关工作。与此同时，根据疫情防控需要，继续做好防疫用械审评审批。

（四）落实国家重大发展战略

指导海南自贸港、粤港澳大湾区等区域，加强临床急需进口医疗器械审批与管理，确保产品质量，更好地满足临床急需用械需求。持续推进海南临床真实世界数据应用研究，力争批准更多采用临床真实世界证据的产品上市。加快形成真实世界数据应用指导原则体系框架。

（五）强化标准相关工作

积极落实《关于进一步促进医疗器械标准化工作高质量发展的意见》要求，做好医疗器械标准"十四五"发展规划的组织制定工作。推动强制性标准优化评估后续工作落实，构建严守安全底线和助推质量发展高线新要求的标准体系；组织制修订组织工程、人工智能、胶原蛋白等新兴领域标准；推动监管急需、新兴产业和"卡脖子"关键领域标准化组织筹建，进一步完善标准组织体系。

（六）持续做好医疗器械分类管理、命名原则和唯一标识工作

为进一步完善医疗器械分类管理，组织制定加强医疗器械分类管理工作的意见；为强化分类技术委员会的技术支撑，按计划开展分类技术委员会执委会换届和专业组委员调整工作；科学评估产品风险，根据监管实际，动态调整分类目录；发布有源手术器械等领域通用名称命名指导原则，有序推进医疗器械规范命名工作；全面推进三类医疗器械唯一标识实施，深化唯一标识在医药、医疗、医保等领域的关联应用。

（七）加强医疗器械临床试验管理

加大《医疗器械临床试验质量管理规范》宣贯力度，加强临床试验机构和临床试验监管。督促申办者落实主体责任，建立健全覆盖临床试验全流程的质量管理体系。为指导监管部门开展监督检查工作，制定临床试验机构检查要点。坚决严肃查处临床试验过程中的造假行为，持续开展临床试验项目监督抽查。涉嫌犯罪的，及时移送司法机关追究刑事责任。

B.3
2021年我国医疗器械上市后监管现状及展望

马忠明 杨 波*

摘 要： 2021年，全国药监系统齐心协力，坚决落实习近平总书记"四个最严"要求和鼓励药械创新政策，多措并举，全力保障医疗器械质量安全。国家药品监督管理局持续加强医疗器械上市后监管，如持续加强法规制度体系建设、持续深入开展风险隐患排查治理、以问题为导向加强医疗器械安全监管、加强医疗器械安全监管能力建设等，取得了显著成效。但新发展阶段、新发展理念、新发展格局都给医疗器械监管工作提出了新的要求，带来了新的挑战和风险。2022年，要在生产环节、经营使用环节持续加强疫情防控医疗器械监管；加强行业整治规范，持续开展风险隐患排查治理；强化企业主体责任落实，加强监督检查检验和监测评价；健全监管体系，提升监管能力。

关键词： 医疗器械 上市后监管 器械安全

2021年，面对疫情严峻考验和"十四五"开局之年急难险重任务，药监系统认真落实习近平总书记"四个最严"要求，以习近平新时代中国特色社会主义思想为指导，认真学习贯彻党的十九届历次全会精神，积极贯彻

---

* 马忠明，国家药品监督管理局医疗器械监督管理司综合处处长、二级巡视员，主任药师；杨波，陕西省药品和疫苗检查中心专职检查员。

全国药品监督管理暨党风廉政建设工作会议精神,深入推进全国医疗器械监督管理工作会议确定的重点工作,积极服务常态化形势下疫情防控大局,全面加强医疗器械质量安全监管。本报告简要介绍了2021年医疗器械上市后监管相关工作的开展情况,对医疗器械行业面临的形势进行分析,对医疗器械行业发展和上市后监管工作进行展望。

一 2021年医疗器械上市后监管工作状况

(一)持续加强法规制度体系建设

一是新《医疗器械监督管理条例》(下文简称《条例》)发布实施。国家药品监督管理局(下文简称"国家药监局")积极组织开展《条例》宣贯工作,全国迅速形成学用《条例》的浓厚氛围。二是全力推进《医疗器械生产监督管理办法》《医疗器械经营监督管理办法》等配套规章制修订工作。医疗器械监管规章和规范性文件的制修订工作,在充分汲取地方监管工作实践经验和社会各界意见建议的基础上,多角度全方位夯实医疗器械风险防范的法制基础。三是发挥医疗器械监管法规制度研究组织的积极作用,围绕监管实践中的热点、难点、重点问题开展专题研究。

(二)全力服务疫情防控工作大局

针对新冠病毒检测试剂、呼吸机、医用口罩、医用防护服和红外线人体测温计以及一次性使用无菌注射器等疫情防控医疗器械,部署开展专项检查、飞行检查、督导检查等,督促指导各省药监部门加强巡查检查,消除安全风险,全力保障疫情防控需要。对新冠病毒检测试剂生产企业开展常态化监督检查,组织三轮次产品质量监督检验。新冠病毒检测试剂生产企业所在地的省局均已具备相应检验能力。

(三)持续深入开展风险隐患排查治理

组织全系统开展了医疗器械安全风险隐患排查治理。以防疫用械、集采产品、网络销售产品等九大类产品为重点开展全面排查,着力消除区域性、系统性隐患。国家药监局召开3次风险会商会,坚持问题导向,从8个维度中发现风险信号,及时处置风险隐患;会同相关部门开展医美相关医疗器械整治,梳理投诉举报,逐一调查处置。

(四)以问题为导向加强医疗器械安全监管

一是加强集中带量采购中选医疗器械、医美产品等重点产品质量监管。国家药监局要求各地药监局将国家和省级组织的高值医用耗材集中带量采购中选品种纳入重点监管,全面精准防范集采医疗器械安全风险;落实党中央、国务院领导批示精神,积极会同相关部门开展可用于医疗美容的医疗器械专项整治,全面梳理相关产品的投诉举报情况,逐一调查处置,跟踪督办,切实排除产品质量安全隐患。

二是深入开展医疗器械飞行检查。坚持有的放矢,精心组织开展国家医疗器械飞行检查。2021年共组织飞行检查89家次。建立属地省级药监局、现场检查组、国家药监局核查中心和器械监管司共同参与的现场发现严重缺陷问题快报工作机制,对检查发现的问题及时开展风险评估,主动公开检查结果,接受社会监督。3家企业已被责令停产整改。

三是加强案件督办指导。从各地2018年以来查办的案件中遴选典型案例,形成《医疗器械典型案例汇编手册(2021)》并印发各地,指导医疗器械案件查办工作。

(五)强化医疗器械质量抽检工作

始终坚持以风险为导向的抽检工作原则。深入研究,选取综合风险较高的企业和产品进行抽检,充分发挥国家级抽检和地方抽检的协同作用,国家级抽检以高风险产品为主,地方抽检以辖区内生产的产品为主,各有侧重、分工协作,在扩大抽检覆盖面的同时突出重点产品监管;对于抽检中发现的不合格产品,督促地方监管部门严格依照法规要求及时查处并督促企业控制问题产品,分析不合格产品产生的原因并整改到位。国家级抽检涵盖63个品种，新冠病毒检测试剂和集采中标冠脉支架专项抽检覆盖全部品种。发布国抽质量公告 5 期和 2020 年国抽质量分析报告。抽检结果显示，产品质量稳定。集采中标冠脉支架产品未发现不合格产品，新冠病毒检测试剂产品质量良好。

（六）加强医疗器械安全监管能力建设

一是及时改进优化医疗器械生产监管平台。着力提升监管部门科学监管水平和智慧监管能力，研究在新的法规体系和监管形势下充分运用信息化监管手段实现有效跨区域监管的新方法和措施。

二是网络平台销售监测处置工作持续发力。加强网络销售监测平台建设，实现对网络销售违法行为的监测、研判、移送等。大力开展"清网"行动，组织开展网络销售企业和第三方平台检查，并增强源头整改。

三是建立完善国家不良事件监测平台，强化企业全生命周期安全责任。实现了医疗器械不良事件的在线直报和在线评价及对风险信号的实时预警和调查处置。强化企业全生命周期责任，要求企业主动开展医疗器械不良事件监测工作。遴选 105 家监测哨点，提高风险预警能力，有效采取针对性措施，降低风险。指导注册人评价 52 个风险信号，督促采取 277 项防控措施。组织对 14 个省份的 36 家企业开展医疗器械不良事件专项检查，对存在的问题，督导企业整改到位。

四是检查员能力建设持续加强。推进检查员实训基地建设。组织了两期 99 名国家级医疗器械检查员培训；聘任了 70 名国家级医疗器械检查员；重点针对体外诊断试剂、植入性医疗器械生产控制等，举办了 9 期专题培训，有 6285 人次参训，检查工作能力和水平持续提升。

（七）加强宣传营造社会共治新格局

国家药监局器械监管司牵头组织了"全国医疗器械安全宣传周"活动，围绕展示建党百年医疗器械发展成果、促进行业创新与高质量发展等进行科普宣传。国家药监局举办 15 场主题活动，有 7.7 万人参加《条例》公益培

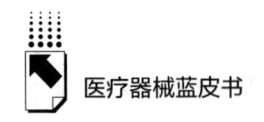

训，4.4万人参加注册管理办法公益培训。各省份举办了形式多样的宣传活动，营造了浓厚的宣传氛围，产生了良好的宣传效果，推动形成社会共治新格局。中国健康传媒集团编制全国医疗器械舆情监测日报250期、月报12期、年报1期，及时反馈各地医疗器械舆情。

二 上市后监管面临的形势和存在的问题

（一）新发展阶段对医疗器械监管工作提出新的时代要求

医疗器械与人民群众生命健康息息相关，党中央国务院高度重视医疗器械质量安全，人民群众对高质量医疗器械在新的发展阶段有新的期盼，医疗器械产业在新发展阶段也有新的发展诉求。近年来，我国医疗器械产业发展迅速，年均复合增长率保持在15%以上，医疗器械生产企业已达到2.8万家，医疗器械经营企业已达120多万家。党中央国务院的要求、人民群众的期盼、产业的发展诉求都促使监管工作必须把握好监管与发展的关系，既要严监管，又要促发展，在监管中为企业营造良好的发展环境。在保质量安全底线的基础上，引导企业优化质量管理体系，提升质量效益，鼓励企业进行质量竞争，引导全行业形成重管理、重安全、重信用的质量文化氛围，促进高质量发展，增强人民群众的获得感。

（二）新发展理念给医疗器械监管工作带来新的挑战与机遇

新发展理念，是以习近平同志为核心的党中央对经济社会全面发展规律认识的深化，是针对我国发展面临的突出问题及挑战提出的战略指引，是管根本、管全局、管长远的指导理论和实践指南，必须贯穿医疗器械监管的全过程和各领域。新《医疗器械监督管理条例》提出的全面实施医疗器械注册人制度，是贯彻新发展理念的重要举措。医疗器械注册人制度的全面实施，带来了注册人委托生产、跨省委托、多点委托等新的生产模式，进一步释放了生产力，同时涉及注册人质量管理体系的建立和完善、属地监管部门生产监管与产品注册的衔接以及跨区域监管的信息互通和协同合作等，对全系统监管部门的监管能力和水平带来挑战。为保障注册人制度的全面实施，既要通过在法规政策方面出台相关文件对省级药监局的监管工作进行指导，也要在监管实际工作中同步调整监管重点，加强对注册人的监管，规范各类委托生产，堵漏洞，强弱项，保障产品质量安全。

（三）新发展格局要求准确厘清医疗器械监管中存在的风险和问题

在新发展格局下，医疗器械监管肩负着新的使命任务，需要不断分析研究新形势下的风险和问题，持之以恒地提升监管有效性。面对行业的快速发展，新材料、新产品、新技术、新业态和新的生产方式层出不穷，监管部门和监管人员的科学监管能力和智慧监管水平需要进一步提高，工作方式方法需要不断创新。同时医疗器械行业发展不平衡不充分，虽然涌现出一批创新企业，但整体仍呈现"多、小、散、低"的特点，企业存在主动报告不良事件率偏低、质量管理体系管理能力不足等问题，制售假冒伪劣产品、虚假宣传等问题也时有发生，企业的合规意识、责任意识和风险管理意识仍待加强。要坚持把防范医疗器械质量安全风险作为首要目标，审慎把握风险本质，及时预防和处置医疗器械质量风险，实现风险全覆盖监管，牢牢守住不发生系统性风险的底线。监管部门要加快监管体系和能力建设，充分运用好监管科学成果，推动智慧监管，提升监管效能。

三 医疗器械上市后监管展望

2022年将召开党的二十大，这是党和国家政治生活中的一件大事。在全国药品监督管理暨党风廉政建设工作会议上，国家药监局李利书记和焦红局长对做好当前医疗器械监管工作提出了明确而具体的要求，我们要认真贯彻落实，全力加快推进。

（一）医疗器械产业竞争日趋激烈，但前景仍好

从国际看，当前外部环境更趋复杂，经济全球化遭遇逆流。我国高端医疗器械面临关键核心技术和关键原材料"卡脖子"的突出问题，发达国家争夺医疗器械高地的竞争日趋激烈，致使我国医疗器械产业发展面临的阻力明显加大。从国内看，我国经济下行压力较大，发展不平衡不充分问题持续显现。我国医疗器械产业发展还存在一些不容忽视的短板弱项，产业结构和产业集中度仍需进一步优化，创新引领力、国际竞争力与世界一流水平还有较大差距。

但近年来，尤其是在抗击新冠肺炎疫情时期，我国医疗器械产业发展仍然较快，产品研发投入、创新产品上市数量、企业数量与主营业务收入均呈上升趋势。根据《中华人民共和国国民经济和社会发展第十四个五年规划和2035年远景目标纲要》《"十四五"医疗装备产业发展规划》，到2035年，我国医疗装备的研发、制造、应用水平将提升至世界先进水平，形成对公共卫生和医疗健康需求的全面支撑，这构建了我国医疗器械产业发展的美好蓝图，也形成了良好的市场预期。我国医疗装备创新水平将迈入国际前列，为人民提供全生命周期健康服务形成有力支撑。可以预计，"十四五"乃至更长时期，我国医疗器械产业发展前景持续向好。

（二）服务大局，要持续加强疫情防控医疗器械监管

1. 加强生产环节监管

对新冠病毒检测试剂、医用防护服和医用口罩生产企业及疫情以来跨界转产、监督检查和抽检发现问题较多、有投诉举报的企业，加大监督检查力度，对不符合生产质量管理规范要求的限期整改，存在严重缺陷的立即责令停产。国家药监局应对部分企业组织开展飞行检查，对存在的问题及时处置。

2. 加强经营使用环节监管

各级监管部门要加强疫情防控医疗器械经营使用环节监管，特别是对承担防疫物资储备职责的经营企业要加强监管。重点关注体外诊断试剂储存和

冷链运输管理，对网络销售的疫情防控医疗器械相关产品，必要时开展飞行检查。

3. 加强产品抽检

继续加大对新冠病毒检测试剂的抽检力度，对疫情防控医疗器械抽检不合格的产品要及时予以控制，并督促企业分析原因、切实整改到位，跟踪抽检合格后产品方可上市。

（三）加强行业整治规范，持续开展风险隐患排查治理

1. 聚焦重点产品、重点企业和重点环节，深入开展风险隐患排查

以疫情防控医疗器械、国家集采中选医疗器械、无菌和植入性医疗器械、创新医疗器械等为重点产品，以新的注册人、新建企业（车间、生产线）、注册人跨省委托、多点委托，以及既往监督检查、抽检、监测、投诉举报等发现问题较多的企业为重点，以网络销售及第三方交易服务为重点环节，深入开展风险隐患排查治理，确保取得实效。对监督检查、抽检监测、舆情反映和投诉举报发现的问题和风险，实行清单销号制，并每季度通报一次。

2. 深入开展医疗器械"线上清网线下规范"治理

以社会关注度高、舆情反映较多的贴敷类等医疗器械为重点，以违法违规行为频发的注册人、备案人以及违规从事网络销售的经营者为重点，开展线上清网线下规范治理。

3. 加大网络销售监测力度，及时移送相关线索

对监测发现和移送的违法违规线索，要立即开展调查处置；对涉及虚假宣传的，移送广告监管部门查处；对无法查实违法主体的，要通报相关部门并将其列入经营异常名录，依法责成平台企业对违法企业停止服务。加强对平台企业履责情况的检查，督促其持续合规。

（四）强化企业主体责任落实，加强监督检查检验和监测评价

1. 持续开展飞行检查，保持高压态势

国家药监局对部分高风险产品和企业持续开展飞行检查，对既往检查中

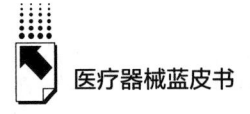

发现存在严重问题的企业开展"回头看",同时对省级药监局日常监管工作情况进行监督检查,将检查结果纳入年度考核。探索境外检查非现场工作模式,监督进口医疗器械注册人落实主体责任。省级药监局要有针对性地加大飞行检查力度,发现问题及时处置,切实提升飞行检查的靶向性、时效性。

2. 不断强化质量监督抽检

国家药监局将继续对新冠病毒检测试剂、国家集采中选产品、疫情防控医疗器械等开展国家级抽检和专项抽检,省级药监局要按照抽检方案要求做好相关工作。省级药监局要加大对注册人产品的抽检力度,以风险高、质控难度较大、问题多发、集采中选、社会关注度高的品种为重点开展省级抽检,跟踪抽检既往国家级抽检发现不合格产品的企业,将跟踪抽检结果纳入年度考核。

3. 不断加强不良事件监测

持续加强不良事件监测体系和能力建设,督促注册人、使用单位主动收集报告不良事件,充分挖掘监测信息系统潜力,及时高效开展风险信号评价和处置。国家药监局继续对部分重点企业开展专项检查。省级药监局要结合日常监测情况开展专项检查,督促企业完善不良事件监测体系,切实履行监测主体责任。省级药监局要按照国家重点监测工作部署,开展相关品种重点监测。

(五)不断加强能力建设,监管工作任重道远

进入新发展阶段,医疗器械监管形势不断发生深刻变化。与科技进步和产业发展相比较,我们的监管力量和专业能力明显不足,职业化专业化医疗器械检查员、审评员队伍建设急需加快推进,健全监管体系、提升监管能力刻不容缓。当前,内外环境不断变化,各种风险可能会叠加、联动、传导、共振,使得医疗器械质量监管将面临更为复杂的环境,确保医疗器械质量安全任务繁重、艰巨,任重而道远。

1. 着力推进完善医疗器械法规体系

一是推进《医疗器械生产监督管理办法》《医疗器械经营监督管理办

法》的贯彻落实及其他相关配套文件的出台。二是举办医疗器械法规培训班，对监管业务骨干进行培训，提升监管能力。三是推进法规制度研究，及时将研究成果转化为监管制度，推动解决监管实际问题。

2. **持续加强检查员队伍和信息系统建设**

国家药监局要加强检查员继续教育、廉政教育和管理，对新增国家医疗器械检查员开展培训。省级药监局要健全完善本级职业化专业化检查员队伍，配合做好检查员的抽调等相关工作。持续完善医疗器械生产监管平台功能，梳理企业和产品基础数据，加强抽检及不良事件监测数据更新，实现多维度查询统计分析。省级药监局要重视生产监管平台的对接使用，实现数据的全面、准确和及时共享。充分发挥数据共享平台、生产监管平台的作用，加强医疗器械注册人制度下的数据信息互联互通，着力提升智慧监管水平。

3. **加强监管科学研究，推进社会共治**

充分发挥监管科学研究基地和重点实验室作用，及时转化研究成果。跟踪关注国际医疗器械监管动态，有效借鉴国际先进管理经验。指导行业协会加强企业培训和经验交流，提升行业自律能力和水平。

B.4
2021年我国医疗器械不良事件监测报告

岳相辉*

摘　要： 2021年全国医疗器械不良事件监测人员积极投身新冠肺炎疫情防控工作，主动为临床医疗和医疗器械产业提供服务和技术支持，为疫情防控工作取得好成绩做出了重要的贡献。同时，配合新版《医疗器械监督管理条例》实施，积极推进《医疗器械不良事件监测和再评价管理办法》的修正，发布相关指南文件，督促注册人进一步完善不良事件监测体系，落实不良事件监测主体责任。不良事件监测工作成效显著，收集到的可疑不良事件报告数量和质量明显提升，通过不良事件监测及时发现和处置产品风险，监测工作取得了良好成效，为保障医疗器械安全有效发挥了重要作用。

关键词： 医疗器械　不良事件　风险管理

新版《医疗器械监督管理条例》（下文简称《条例》）于2021年6月1日正式实施，《条例》全面落实注册人制度，强化注册人主体责任，规定注册人、备案人对其产品在研制、生产、经营、使用全过程中的安全性、有效性依法承担责任。注册人、备案人应建立质量管理体系并使其有效运行，开展上市后研究和风险管控、不良事件监测和再评价，建立、执行产品追溯

---

* 岳相辉，外科学博士，国家药品监督管理局器械监管司监测抽验处二级调研员。

和召回制度等。在不良事件监测和再评价工作方面,新版《条例》总体上延续了上一版《条例》规定的原则和要求,但也通过总结近年来的不良事件监测和再评价工作实践经验和存在的不足,结合注册人制度的全面实施做出了部分修改优化,主要是进一步明确了注册人、备案人不良事件监测的主体责任,细化了监测和再评价工作要求及法律责任,为下一步我国医疗器械不良事件监测工作的深入开展打下了坚实的基础。

一 2021年不良事件监测主要工作

疫情防控工作仍是2021年的重点,在不良事件监测方面,国家药监局加强疫情防控产品不良事件监测,组织药品评价中心积极围绕防疫相关医疗器械产品上市后安全性监测开展工作。密切跟进《新型冠状病毒肺炎诊疗方案》修订,依据诊疗指南及时梳理监测工作中需要重点关注的产品和环节,主动为临床医疗工作提供技术支持。以疫情防控相关产品为重点开展日常监测,主动收集、分析、评价可疑不良事件报告,对可能存在伤害风险的产品实时开展调查处置,督促企业及时落实整改,处置产品风险,做到对疫情防控相关医疗器械风险的"早发现、早沟通、早处理"。在各方的密切协作下,疫情防控相关医疗器械产品风险情况稳定且处于低位,未发现聚集性风险信号。

在法规制度建设方面,一是为配合新版《条例》的发布实施,启动了《医疗器械不良事件监测和再评价管理办法》(总局1号令)的修正工作。经深入调研,确定了规章修正的思路和需要修正的内容,主要是保留《医疗器械不良事件监测和再评价管理办法》总体内容,对其与《条例》不一致的地方进行修改,以满足《条例》实施的要求。完成了《医疗器械不良事件监测和再评价管理办法》修正案的起草、内部征求意见及在法制网公开征求意见等工作,预计将在2022年发布。二是发布了《医疗器械注册人备案人开展不良事件监测工作检查要点》(药监综械管〔2021〕43号),并对各省局不良事件监测工作行政人员和技术人员开展相关培训,国家药监局药品评价中心和各省局还对部分注册人开展了培训。

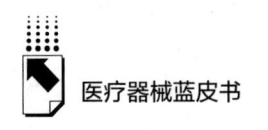

二 不良事件日常监测情况

目前最新的《医疗器械不良事件监测和再评价管理办法》（下文简称《办法》）于2019年1月1日发布实施，2019版《办法》与2008版《办法》相比，在落实注册人的主体责任方面有巨大的提升。经过三年的实践，2019版《办法》在推动我国医疗器械不良事件监测工作稳步发展方面发挥了较大作用，从收到的可疑医疗器械不良事件报告数量上看，2019年报告数量与2018年相差不大，此后，报告数量快速上升（见图1）。2021年，全年收到可疑医疗器械不良事件报告达65万余份，每百万人口平均报告数为461份。其中，可疑严重伤害医疗器械不良事件报告36773份，占报告总数的5.65%，充足的数据为后续工作开展提供了坚实的基础。监测覆盖面持续扩大，从地域覆盖率上看，28个省（区、市）的不良事件报告县级覆盖率达到100%。从报告主体上看，2021年底国家药监局医疗器械不良事件监测信息系统中的基层注册用户达377072家，增长7.44%。其中注册人/生产企业29436家，年增长8.24%；经营企业219340家，年增长10.29%；使用单位128296家，年增长2.68%。

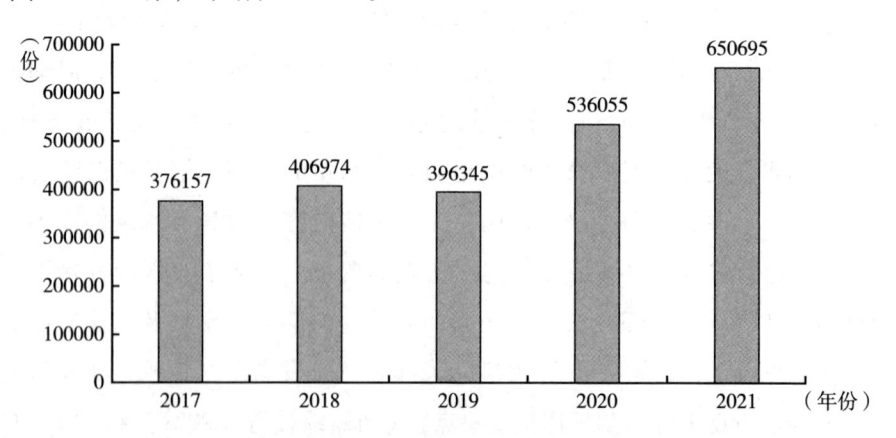

图1 2017~2021年全国可疑医疗器械不良事件报告数量

资料来源：国家药监局医疗器械不良事件监测信息系统。

2021年收到的可疑医疗器械不良事件报告中，涉及三类医疗器械的224287份，占34.47%；涉及二类医疗器械的305645份，占46.97%；涉及一类医疗器械的报告57108份，占8.78%；还有63655份报告未填写医疗器械管理类别，占9.78%。收到的可疑严重伤害医疗器械不良事件报告中，涉及三类医疗器械的占45.08%，涉及二类医疗器械的占42.82%，涉及一类医疗器械的占6.01%，该构成比例准确地反映了产品的风险级别和产品在市场上的使用数量。

不良事件报告中，使用场所为"医疗机构"的报告569693份，占87.55%；使用场所为"家庭"的报告67369份，占10.35%。

2021年国家药监局药品评价中心与各省局药品评价中心指导注册人开展不良事件监测工作，督促注册人开展风险评价和处置，采取了包括主动召回、修改说明书/标签/操作手册、改进产品设计/工艺、发布风险警示信息等在内的277项风险控制措施，并促使注册人对产品加强维护保养、对使用人员加强培训等。

三　开展医疗器械不良事件监测专项检查

2019年以来，国家药监局相继发布了《医疗器械注册人开展不良事件监测工作指南》《医疗器械定期风险评价报告撰写规范》《医疗器械注册人开展产品不良事件风险评价指导原则》等文件，指导和规范不良事件监测工作各相关方履行法定义务。为进一步落实注册人不良事件监测主体责任，掌握注册人主体责任落实情况以及各省局相关工作开展情况，达到以查促建的目的，国家药监局2021年开展了医疗器械不良事件监测专项检查。

国家药监局根据日常监测、产品风险、受关注程度等因素遴选出14个省份的36家医疗器械注册人、代理人（24家国内企业、12家进口代理企业），组织68名检查员（以国家级检查员为主），组成26个检查组，对企业不良事件监测工作开展专项检查，同时对各省局工作情况开展调研。检查

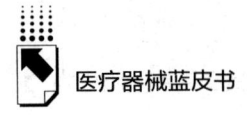

发现了企业在产品上市后不良事件监测工作中存在的实际问题,也考察了各省局工作情况和成效。

总体来看,经过各级监管部门和监测机构多年的共同努力,通过持续加强法规体系建设,不断开展宣传培训以及监督检查,我国医疗器械注册人不良事件监测体系已初步建立,注册人基本上确定了监测部门、配备了监测人员,制定了工作制度,不良事件报告意识逐渐增强,报告收集和风险分析评价能力有所提升。同时,注册人的学习积极性和工作主动性普遍提高,部分监测能力较强的注册人与监测机构的沟通交流更加频繁。

专项检查还发现医疗器械注册人较为普遍地存在落实《办法》尚不到位的问题。专项检查主要围绕"机构和人员""文件管理""设计开发""不良事件监测分析和改进"四大方面开展。检查发现,多数企业的不良事件监测体系与法规要求还有一定差距,四大方面均有企业不符合法规要求,平均每家企业的缺陷项为4~5个。主要表现为:直接从事不良事件监测工作的人员培训欠缺,对法规和工作流程不熟悉,监测评价能力不足问题比较突出;定期风险评价报告未按规范撰写,未按法定时限提交,一类备案产品未撰写定期风险评价报告情况较多见;组织机构图中不良事件监测主责部门不明确或设置不合理,不良事件参与部门之间工作协调机制缺乏,无明确的文件规定和运行记录;不良事件监测相关制度和程序文件缺失或者未及时更新,不良事件收集途径不畅通,实际处置过程与文件规定不一致,分析评价缺乏标准等。

导致上述不足的原因如下:(1)企业对不良事件监测工作的重视程度不够,监测人员多为兼职人员、流动性大,大部分企业直接从事不良事件监测工作的人员仅接受过非常有限的培训。(2)注册人对现行法规和指南文件学习不够、理解不准。(3)注册人产品上市后风险管理意识较为薄弱,对不良事件监测的重视程度和投入不足,未严格按照法规要求建立不良事件监测体系并确保有效运行,部分企业建立的不良事件监测体系流于形式。(4)注册人未能正确认识不良事件监测工作的性质,主动开展不良事件监测的意愿不强,监测评价的能力与企业规模和产品风险不相适应。

下一步国家药监局将继续推进注册人不良事件监测主体责任的落实，各省局将监督企业完成不符合项的整改，继续开展检查、培训等工作。

四 重点监测工作取得重要成果

开展重点监测工作，不仅是落实法规的要求，更是做好上市后监管工作的内在需求。重点监测可以说是不良事件监测工作的集大成者，既需要以日常监测筛选的海量数据作为基础，也需要对哨点医院主动收集的数据进行精准研究；既突出注册人为落实主体责任开展的分析评价工作，也强调监管部门的监督和指导；既有各层级各机构的参与，也有大专院校、医院研究机构的支持配合；既有对研发过程、执行标准的回顾和审查，也有对生产工艺、质量管理体系、说明书标签的系统评价，还有对上市后产品的召回等处置。通过重点监测，能够调动不同主体、不同环节、不同机制共同发挥作用，从而形成一个强而有力的风险评价控制链条。因此，把重点监测工作真正做好了，意义很大，含金量很高，对保障医疗器械使用安全具有非常重要的意义。

（一）"十三五"重点监测工作情况

"十三五"期间，国家药监局依据日常监测及监管发现的问题，结合产品原理、结构、功能特点，在具有较高风险、社会关注度高的医疗器械品种中确定了100个医疗器械重点监测品种，制定了工作方案，开展了大量的组织实施、培训、指导、报告审核等工作。各省局积极开展本省份的重点监测工作，并协助兄弟省局完成本辖区内相关工作，各地不良事件监测中心承担了重点监测的技术工作。经过全系统的齐心协力，顺利完成了56个有源品种、44个无源品种，共100个医疗器械品种的重点监测工作。在本次重点监测工作过程中，各省份组织有力、协调到位，各地不良事件监测中心积极主动、统筹设计、精心组织、扎实落实，各省份之间密切配合、相互支持，利用开展重点监测工作的契机，强化落实生产企业的主体责任。同时，通过

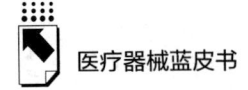

信息交流与共享，与监测哨点及专家组及时沟通，集思广益，高效开展监测与评价工作，做到方法有创新、工作有亮点。

"十三五"期间，全国共设立监测哨点1501个，遴选参与重点监测生产企业365家，开展医疗机构现场调研2049次，开展生产企业现场调研517次，累计检索文献114566篇，培训相关人员32033人次，共收集主动监测数据2955905条，咨询专家4625人次。全系统在重点监测工作中锻炼了队伍，探索了新的研究方法和工具，完善了上市后监管工作机制，丰富了风险管理手段，也提升了监测、评价能力，涌现出一大批勇于开拓进取、取得突出成绩的单位。共计26个产品改进了设计和工艺，19个产品修改完善说明书，增加了警示信息，4个产品发布了召回信息或公告，多个品种加强了使用者沟通和培训；还有一些品种的监测评价结果促进了国家监管策略的调整。例如，人工髋关节产品的重点监测发现普通超高分子量聚乙烯髋关节内衬磨损存在导致骨溶解的风险，这促使国家药监局标管中心进一步完善人工关节产品标准体系，制、修订人工髋关节相关标准16项，国家药监局在国家医保局集中带量采购方案征求意见中建议区分普通聚乙烯与高交联聚乙烯内衬材质，建议被采纳。针对润滑剂液体石蜡会显著降低部分材质导尿管球囊的承受力，增加球囊破裂风险这一问题，国家药监局发布了《关注一次性导尿管球囊破裂的风险》的不良事件信息通报，以及《关于修改一次性使用无菌导尿管（包）说明书等有关内容的公告》，对有球囊破裂风险的一次性使用无菌导尿管（包）的说明书及标签进行了修改，有效降低了产品风险。

（二）开展"十四五"重点监测工作

2021年是"十四五"开局之年，国家药监局在总结以往重点监测工作经验的基础上，启动"十四五"医疗器械重点品种监测工作，印发了《关于开展"十四五"期间医疗器械不良事件重点监测工作的通知》，对重点监测品种、任务分配、职责分工、工作方式和工作进度做出了具体的安排。重点监测工作由国家药监局统筹、国家药监局药品评价中心组织实施，各省局承担具体产品的监测、评价等具体工作。各省份以重点监测工作为抓手，充分发挥组织协调作用，调动各方面资源，切实加强对不良事件监测的体系建设和队伍建设，利用好中央转移经费，充分保障哨点建立、信息收集、课题合作、专家分析、会议交流、应急处置等工作所需经费和装备需求。

按照新法规和规章的要求，"十四五"重点监测工作首次提出以注册人为重点监测的主体，从任务分工、工作机制上落实企业主体责任。省局根据监测方案要求确定参与的重点监测品种注册人，要求注册人指定机构和人员，主动与省局特别是省局药品评价中心对接，按要求制定产品重点监测实施方案，开展风险分析与评价，按时限提供工作进展并完成评价报告。省局特别是省局药品评价中心从政策监管和技术指导两方面对注册人的产品重点监测工作进行培训、监督和指导，督促其将重点监测工作与日常监测工作结合，积极主动进行产品上市后风险管控。同时，国家药监局药品评价中心和地方各级监测技术机构做好技术支撑，协调注册人和监测哨点的具体监测和评价工作。

创新是引领发展的第一动力。全球医疗器械产业发展方兴未艾，创新医疗器械产品层出不穷，新技术、新产品、新业态、新模式不断涌现。认识、评价、监管这些"新"，并确保"新"得安全、"新"得可靠，有赖于监测机构不断学习，不断发掘新方法、新工具，推出更精准、高效的监测、评价技术和方法。各地应总结"十二五""十三五"期间积累的先进经验，发挥主动性和创造性，结合真实世界数据、患者登记系统等探索主动监测模式，通过利用哨点医院、依托医学会、与大学研究机构合作等多种工作模式，探索监测工作规律，有效地提高监测效能。以风险管理为主线，加强对重点监测结果的综合运用，及时发现和控制产品风险，落实风险信号的闭环管理，防范化解上市后医疗器械产品安全风险隐患。

B.5
2021年我国医疗器械注册自检管理工作进展及展望

袁 鹏*

摘 要： 2021年，修订后的《医疗器械监督管理条例》发布实施，允许企业在注册时提交自检报告，为了确保相应要求得以充分落实，严格规范医疗器械自检工作，国家药监局组织制定了《医疗器械注册自检管理规定》。本报告对该规定基本要求进行了细致分析，再次加深了对自检工作需要在质量管理体系控制下开展，注册申请人需要具备相应自检能力的要求的认识，并对注册申请人开展自检提出了建议，即在质量管理体系控制下完备自检能力，规范自检工作管理要求；根据实际情况，确定如何委托检验；考虑不断提升自身检验能力。同时，本报告强调了开展自检工作是注册申请人全面落实注册人第一责任人要求的必然，并对集团公司内如何开展自检进行了细致的分析，此外，也对自检工作启动后，后续如何开展进行了探讨。

关键词： 医疗器械 注册管理 自检

医疗器械设计验证是医疗器械设计开发的重要环节，注册申请人为了确保设计开发的输出能够满足输入要求，必须对设计开发进行验证，而产品检验是相应验证的重要方法，因此注册申请人在注册时必须提交产品检验报

* 袁鹏，国家药品监督管理局医疗器械注册管理司注册一处处长。

告,以更好地对产品进行评价。2000 年、2014 年和 2017 年发布的《医疗器械监督管理条例》(以下简称《条例》)中,都明确注册申请人在注册时提交的产品检验报告,必须是有医疗器械检验资质的检验机构出具的注册检验报告,相应要求实施了约 21 年。2021 年发布的新版《条例》对此进行了修改,新版《条例》第十四条明确提出,产品检验报告"可以是医疗器械注册申请人、备案人的自检报告,也可以是委托有资质的医疗器械检验机构出具的检验报告",这是新版《条例》在注册管理方面的一项重大调整。为了规范相应工作开展,国家药监局制定了《医疗器械注册自检管理规定》(以下简称《规定》),并于 2021 年 10 月 21 日以公告(2021 年第 126 号)的形式发布实施,由此医疗器械注册自检工作正式落地。

一 自检工作的基本要求

《规定》分六个部分,对自检能力、报告、委托检验、现场检查等提出明确要求。

(一)自检能力要求

注册申请人能够进行自检,首先必须有相应检验能力,这是自检工作的核心,因此《规定》开篇就从人员、设备和环境设施、样品管理、检验质量和记录控制等几方面进行了详细规定。从人员来说,鉴于检验活动是由人来操作,因此企业开展自检,必须有与其所开展检验活动相适应的检验、管理人员,相应人员也要了解和掌握相应的业务知识。为了进一步确保工作质量,《规定》还强调了检验人员必须为专职且正式聘用的人员,上岗前要经过专业技术培训和考核,这里所说的培训和考核可以是专业机构安排的,也可以是企业自己设置的。

从设备和环境设施来说,开展自检的另一个重要条件就是企业要配备满足检验要求的设备和环境设施。这一点并不是特殊要求。《医疗器械生产质量管理规范》第二十一条就明确,"企业应当配备与产品检验要求相适应的检验仪器和设备，主要检验仪器和设备应当具有明确的操作规程"。《规定》在这里强调了生物学评价、电磁兼容、生物安全性实验室等开展特殊专业检验的实验室，其环境设施条件应当符合特定专业要求。相应的要求也是来源于《检验和校准实验室能力认可准则》(CNAS-CAL01)、《检验和校准实验室能力认可准则在医疗器械检测领域的应用说明》等实验室能力认可要求。

此外，《规定》在能力要求中，也提到了样品管理要求、检验质量控制要求和记录的控制要求，提出这些方面都应符合企业生产质量管理体系要求，如记录保存期限应当至少相当于企业所规定的医疗器械的寿命期，但从放行产品的日期起不少于2年。

《规定》明确应将自检工作纳入医疗器械质量管理体系。这是《规定》的核心要求，贯穿始终，也就是说，自检不是按照单独的实验室认可要求管理，不是再建立一套实验室认可体系，而是就在医疗器械质量管理体系内开展。相应地与自检工作相关的质量管理体系都要遵从注册申请人总的质量管理体系要求。

这样的要求，避免了一个企业要建立两套体系的问题，因为注册申请人所开展的自检并不为第三方出具结果，仅是对自己设计开发的验证，因此不需要也无法按照实验室认可要求再建一套检验体系。

这样的要求也是《医疗器械生产质量管理规范》的明确要求，该规范的设计开发章节就明确，"企业应当对设计和开发进行验证，以确保设计和开发输出满足输入的要求，并保持验证结果和任何必要措施的记录"。质量控制章节更是非常明确地提出，"企业应当建立质量控制程序，规定产品检验部门、人员、操作等要求，并规定检验仪器和设备的使用、校准等要求，以及产品放行的程序"，对检验仪器和设备的管理使用、如何制定检验规程、检验记录内容等都做了非常详细的规定。由上述要求可知，在《规定》发布前，注册申请人其实已经在开展不同形式的自检工作，比如产品出厂检验就是企业自行开展的，只是此前，由于企业申请注册时必须委托有资质的医疗器械检验机构开展检验，在开展注册质量管理体系核查时企业是否满足这些要求并不是重点关注内容。

综上,《规定》对于注册申请人的自检能力要求是结合实验室能力认可要求,对原有生产质量管理体系要求中涉及检验的方面进行的细化和完善,开展自检必须在注册申请人质量管理体系控制之下。

(二)委托检验要求

众所周知,受人员能力、仪器设备、场地设施等因素影响,注册申请人往往不可能对技术要求全项目进行检验。如医用电气设备,技术要求包含相应电磁兼容强制性标准要求的指标,相关检验需要有专业的电磁兼容实验室,这种实验室对场地、检验人员经验和能力要求较高,投资大,因此,很少有企业能够配备相应的实验室,开展检测。如果要求注册申请人开展自检必须100%完成技术要求全项检验,则只有极少数企业能够完成,那么《条例》中有关自检的要求也就流于形式,这与相应条款设立的初衷是不符的,因此《规定》明确注册申请人可以将产品技术要求中部分条款项目委托有资质的医疗器械检验机构进行检验,这是落实《条例》要求的必然。

但关于有资质的医疗器械检验机构,在《规定》起草过程中,大家曾经有不同的理解。根据《医疗器械监督管理条例》第七十五条,我们可以明确地说确认医疗器械检验机构是否有资质的核心在于认证认可监督管理部门和药监部门的"认定",因此可以得出如下结论:第一,境外的实验室如果不是经国家认监委会同国家药监局认定的,则不具备资质。第二,经中国合格评定国家认可委员会(CNAS)认可的实验室不是有资质的医疗器械检验机构。

(三)申报资料和现场检查要求

为了便于注册时执行,《规定》对于申报资料和质量管理体系现场检查要求也进行了详细规定。为了鼓励企业提升实验室能力,对于通过权威机构认可的实验室,如CNAS认可的实验室,《规定》提出资料简化要求。由于新的注册管理要求规定注册申请人在注册时需要提交质量管理体系资料,因此《规定》中要求的质量管理体系资料可一并提交。

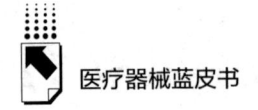

关于现场检查，其原则就是对注册申请人的"自检能力要求"逐项进行核实。如前所述，虽然生产质量管理规范对于产品检验提出了要求，但由于此前企业产品检验都是通过委托第三方检验机构检验的方式开展，因此，很多时候相应检查不是重点，检查人员相应经验较少，为了确保检查质量，《规定》提出，开展现场检查时应当有熟悉检验的人员参与。从更有利于操作的角度出发，《规定》还给出了具体的检查参照方式，这对于检查人员尽快熟悉检查要求，确保自检工作开展初期的质量也是非常有益的。

综上可见，企业开展自检，一是要在质量管理体系控制下完备自检能力，规范自检工作管理要求；二是要根据实际情况，确定如何委托检验；三是要考虑如何不断提升自身检验能力。

二 自检工作重要问题探讨

允许注册申请人注册时提交自检报告，是新版《条例》在注册管理方面的一项重大调整，因此《规定》在起草过程中，也对此进行了呼应，包括注册申请人责任如何落实，是否降低了要求，境内外企业如何执行，注册人制度下如何执行等，我们有必要对此进行探讨。

（一）允许自检有利于全面落实注册人责任

《条例》明确规定，注册人应当对医疗器械全生命周期，包括研制、生产、经营、使用等过程中的安全性、有效性依法承担责任。而产品检验是产品研制阶段，在进行设计验证时必须开展的工作，是注册申请人义不容辞的责任，因此，允许企业提交自检报告，正是落实注册人第一责任人要求的必然。此前要求由有资质的医疗器械检验机构去开展检验，实际是政府替企业去承担了相应责任，虽然对于控制检验质量有一定帮助，但也存在一定问题。一是检验和生产脱节的问题，这种方式下，企业往往只是为了获取一份合格的报告，并不会真正把产品检验融入质量管理体系中，也存在委托检验时仅对样品进行整改，而实际生产的产品与送检样品不一致等问题；二是存在提升自身检验能力动力不足的问题，企业无论如何提升检验能力都需要去送检，从成本角度考虑企业自然不会有动力去耗费资金购买设备，培养人员，导致企业对自身产品质量控制始终处于低水平，不利于企业责任的真正落实和产品质量的真正提高。允许自检后，企业如果自身能力强，质量管理体系规范，就可以通过自己的检验，助力自身产品上市，这不仅激发了企业的活力，同时也将有关责任与企业真正绑定在一起，今后检验出现任何问题，都是企业自身的问题，而政府则回归监管的主责，责权更加清晰，进一步压实了企业第一责任人地位。

从《规定》的多处设置上也可以看出来，自检并不是放松要求，而是强化要求，如"注册申请人对自检报告负主体责任""注册申请人对检验报告的真实性依法承担责任"，受托检验的，注册申请人应当对受托方出具的报告进行汇总，结合注册申请人自行完成的检验项目，形成完整的自检报告等，即无论何种情况，自检报告都由注册申请人出具，责任也由注册申请人承担等。而新《条例》对于违法行为的处罚更加严格，处罚力度更大，因此，注册申请人提交自检报告必须承担起与其相对应的责任，这也体现了权责相等的原则，从根本上说，允许企业自检回归了产品检验是用于产品设计验证的本质，强化了企业第一责任人的要求，并不是放松或者降低要求。

（二）境内外企业执行要符合现行已有法规要求

由于目前企业重组、集团化抱团发展等情况日趋增多，因此，也有很多企业提出充分利用集团内子公司已获认可的实验室为集团内其他子公司提供检验服务，并将检验报告作为其他子公司自检报告提交。《规定》为了适应产业发展的形势，也对此提供了路径，即"境内注册申请人所在的境内集团公司或其子公司具有通过中国合格评定国家认可委员会认可的实验室，或者境外注册申请人所在的境外集团公司或其子公司具有通过境外政府或政府认可的相应实验室资质认证机构认可的实验室的，经集团公司授权，可以由相应实验室为注册申请人开展自检，由注册申请人出具相应自检报告"。这里有三个概念需要进一步明确。

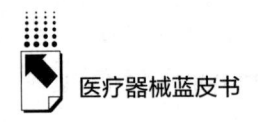

一是集团和集团公司概念。《公司法》中并没有"集团"的定义，因此这里并没有用"集团"一词，而是用了"集团公司"一词，所以适用本规定的必须是一个公司，公司内部母公司、子公司等成员的实验室才可以承担相应的工作。

二是境内和境外的概念。这里明确了境内注册申请人和境外注册申请人获得认可的实验室开展自检的要求，对二者分别予以表述，其含义就是检验实验室不能跨境开展检验，这更多是考虑到目前的监管实际，也是自检工作仍处于初期需要严格规范管理的需要。

三是认可实验室开展自检的范围。众所周知，经认可的实验室，无论是中国合格评定国家认可委员会（CNAS）认可的境内实验室，还是境外认可机构认可的境外实验室，其认可都有一个承检范围，因此，通过此类实验室开展自检，不能超出其承检范围，这也符合认可实验室管理要求。

三 未来展望

产品检验对于企业而言并不陌生，监管机构对企业自检的过程检验、出厂检验等监管也有一定的经验，对于审查而言，在新法规出台前，产品延续注册时也是允许企业提交自检报告，因此，自检工作和相应管理有一定的基础，但是如何大规模推进注册自检工作，并在这样的环境下实施监管，是新法规体系下我们面临的一个新问题。在工作伊始，国家药监局出台相应的《规定》有利于规范有关工作的开展，确保工作质量，但后续还有很多需要开展的工作。

一是要做好监测。任何法规的实施，特别是新的要求的执行，都需要注重监测实施情况，这样才能不断完善，使其符合产业发展和监管实际要求。目前，我国医疗器械企业在诚信方面还存在一定的问题，注册时提交虚假资料的情况还屡见不鲜，而注册资料真实，是开展产品安全有效评价的基础，否则评价就成了空中楼阁，在这样一个大环境下，允许企业自检使得注册审查的工作压力增大，因此更需要加强对法规执行情况的监测，通过监测发现法规要求设置中的问题，并不断堵塞漏洞。

二是严格体系核查工作。注册自检是质量管理体系的一部分，因此质量管理体系核查对于确保企业自检报告质量，确保自检工作规范有序开展至关重要，在相关工作尚处于起步完善阶段时，严格核查是确保要求"不走偏"的核心，《规定》明确了核查需要熟悉检验的人员参与就是出于这样的考虑，因此在核查中，要把相应检验相关要求落实情况作为重点项开展，并在现场核查报告中予以阐述。对核查存在问题的要严肃处理，如对没有设备但企业声称进行了检验的虚假行为要按照《条例》要求严格进行处罚，从而震慑违法行为，确保好的政策不被违规利用，真正发挥好其促进产业创新发展的功用。

三是通过摸索进一步细化要求。由于相应工作刚刚开展，因此现有要求肯定存在细化完善的空间，比如自检报告格式、内容，现场检查方式、要求，检查问题的分类和处理要求等，这些都需要通过经验积累来不断细化完善。

B.6
2021年我国医用耗材集中采购现状和趋势

耿鸿武　戴　斌　叶小芳*

摘　要： 本报告对2021年医疗器械行业集中采购相关政策和全国31个省（区、市）、333个地级市医用耗材集中采购数据进行了梳理，分析了现阶段我国医疗器械领域集中采购的三种主要模式，对集中带量采购、联盟采购、准入挂网、价格影响等热点进行了论述，对未来的发展趋势进行了预判。2021年，国家对高值医用耗材集中带量采购提出了新的要求，医用耗材集中带量采购进入"常态化、制度化"新的发展阶段，全年新增医用耗材集中采购项目113个，包括国家、省和市三级采购，其中集中带量采购项目69个，占比61%，集中带量采购总体价格降幅在65%以上，最高价格降幅达99.21%，采购范围越大，平均价格降幅越高。2022年，医用耗材集中带量采购将提速扩面，规则将不断完善，虚高价格将进一步得到抑制，进口替代将加速，存量市场格局将会发生变化。医疗器械行业将进入健康发展的快速道。

关键词： 集中采购　准入挂网　医用耗材

2021年，我国集中采购进入"常态化、制度化"发展阶段，高值医用耗

---

* 耿鸿武，清华大学老科协医疗健康研究中心执行副主任、九州通医药集团营销总顾问（原业务总裁）；戴斌，江苏华招网信息技术有限公司总经理，高级工程师；叶小芳，江苏华招网信息技术有限公司市场总监，高级调研师。

材国家联采及各省地市集中带量采购进一步试点探索，规则不断迭代完善，范围进一步扩大，价格大幅下降，行业经营生态正在发生改变。本报告基于对2021年行业集中采购政策和医用耗材集中采购项目的全面梳理，对我国现阶段医用耗材集中采购的现状、模式、特点、趋势进行了分析和总结。

一 医疗器械行业集中采购现状

（一）集中带量采购政策要求

2020年3月5日，中共中央、国务院印发《关于深化医疗保障制度改革的意见》（中发〔2020〕5号，以下简称"5号文件"），标志着我国医保制度改革进入一个新的发展阶段，对医疗体制改革各参与方，包括医疗机构和医务工作者，研发、生产、经营、零售企业，医保支付方及其他支持部门，都将产生深远影响。5号文件，把深化和全面实施集中带量采购作为突破口，提出建立集招标、采购、交易、结算、监督于一体的省级招标采购平台；完善医保支付标准与集中采购价格协同机制；推进构建区域性、全国性联盟采购机制；建立价格和招采信用评价制度；推进医保基金与企业直接结算；建立全国交易价格信息共享机制；完善区域公立医院医疗设备配置管理等改革。2021年，围绕5号文件，国家各级医保部门在制度建立、规范管理、改变生态等方面做了大量的工作，成效显著。

2021年初，国务院明确提出集中带量采购"常态化、制度化"开展的新要求。2021年6月24日，国家医保局等八部门联合印发《关于开展国家组织高值医用耗材集中带量采购和使用的指导意见》（医保发〔2021〕31号，以下简称"31号文件"），延续了"国家组织、联盟采购、平台操作、需求导向、确保质量、招采合一、量价挂钩、以量换价、确保使用、畅通采用和结算"等指导思想，提出对"临床用量较大、采购金额较高、使用较成熟、市场竞争较充分、同质化水平较高的耗材"进行集中带量采购，将采购量合并，统一竞价，公平竞争。如将治疗目的、临床功效、产品质量类似的同类高值医用耗材采购量合并；鼓励合并分组，促进竞争；将需要联合使用的多种高值医用耗材整合成系统，视为一个品种进行采购；通过质量、价格竞争产生中选价格和企业；多家企业中选的，合理控制不同企业之间的差价；等等。同时，国家医保局会同相关部门制定了一系列的配套政策，涉及中选产品使用、基金预付和结算、质量监管等，使医用耗材集中带量采购的制度框架更加完善、更加成熟、更具操作性。

据不完全统计，2021年，国家及各省（区、市）总共发布涉及医疗器械领域集中采购的文件300余件，数量为医改各方面之首（详细请参考本书《2021年我国医疗器械行业政策文件发布情况分析》），其中：地方医用耗材集中带量采购和国家组织集中带量采购相关文件数量，分别在2021年集中采购文件中居第一位和第三位。

2021年3月13日，《中华人民共和国国民经济和社会发展第十四个五年规划和2035年远景目标纲要》明确到2025年国家和省级高值医用耗材集中带量采购品种达5个以上。2021年10月15日，国务院医改领导小组印发的《关于深入推广福建省三明市经验 深化医药卫生体制改革的实施意见》强调"十四五"期末，省级每年至少开展或参加药品、耗材集中带量采购各1次。2022年1月11日，国务院常务会议重申常态化制度化开展高值医用耗材集中带量采购，持续降低医药价格并提速扩面；鼓励开展省级或跨省联盟采购，"力争到2022年底，通过国家组织和省级联盟采购，实现平均每个省份高值医用耗材品种达到5个以上"，逐步扩大集中采购覆盖面，对骨科耗材、药物球囊、种植牙等群众关注的产品分别在国家层面和省级层面开展集中带量采购。随后，国务院政策例行吹风会针对这一制度安排进行了说明。2022年1月26日，国家医保局发布《关于提升完善医药集中采购平台功能支持服务医药价格改革与管理的意见》（医保发〔2022〕1号），要求优化平台服务功能，达到支撑集中带量采购，拓展平台覆盖范围，强化价格监测，建立协同联动机制的目的；明确了2023年、2025年的具体目标。

由此可见，2021年是医用耗材集中采购的政策完善和制定年，未来的

2~3年将成为政策实施和落地年。2022年将是极其重要的一年，实施的结果将对整体进程产生重要影响。

（二）高值医用耗材第二批国家联采

国家组织的第一批高值医用耗材心脏支架联采，自2020年开始至今一直平稳运行，在国务院例行吹风会上国家医保局透露，联采在降低价格、节约医保资金、满足临床和患者需求、改变行业经营环境等多方面成效显著；中选支架使用量达169万套，达到全年协议采购量的1.6倍。

2021年9月14日，国家医保局开展了针对人工关节的第二批国家联采，此次联采在充分总结第一批经验的基础上，按照"一品一策"的原则，在报量方式、采购量约定、中选规则、分量规则、伴随服务等方面进行了创新性探索。共有48家企业参与，其中44家中选，平均降价82%。如拟中选髋关节平均价格从之前的35000元下降至7000元左右，膝关节则从32000元下降至5000元左右。从中选结构看，跨国企业共有14家中选，本土药企共有30家中选，中选率达92%。可见，第二批国家联采相比第一批"竞争温和"，价格降幅有所下降。

（三）各省（区、市）与地市医用耗材集中采购持续快速推进

2021年，各省（区、市）与地市分类开展的医用耗材集中采购范围进一步扩大，方式各不相同。主要有三种：一是，集中带量采购方式，指按照31号文件要求开展采购，主要针对采购金额高、临床用量大、竞争充分的医用耗材或试剂，中标价格通过招标形成，不得议价。二是，原集采方式，即2015年后形成的以双信封、综合评议等为主导的招标方式，与"集中带量采购"最大的区别就是没有采购需求量的约定，中标价格通过招标形成，不得议价。三是，准入挂网方式，指除符合第一、二种招标方式之外的品种，若符合准入条件，可直接在采购平台进行挂网，医疗机构、医联（共）体或地区按照挂网价格采购或与供应商进行议价后交易。目前，集中带量采购和准入挂网已经基本实现省级全部覆盖，但仍有5省（区），即浙江、福

建、山西、广西、宁夏采用原集采方式；山东则采用了建立低值耗材直购专区等其他方式。

据统计，2021年1月至2022年2月28日，全国在执行医用耗材（含试剂）集中采购项目共389个，其中国家级项目4个、省级项目231个、市级项目145个、其他项目9个。2021年全国新增医用耗材（含试剂）集中采购项目共113个，其中，耗材专项88个，试剂专项7个，"耗材+试剂"18个；国家级项目3个，省级项目67个（省际联盟项目18个、省级项目49个），市级项目38个（市级联盟项目18个、市级项目20个），其他5个，见图1。

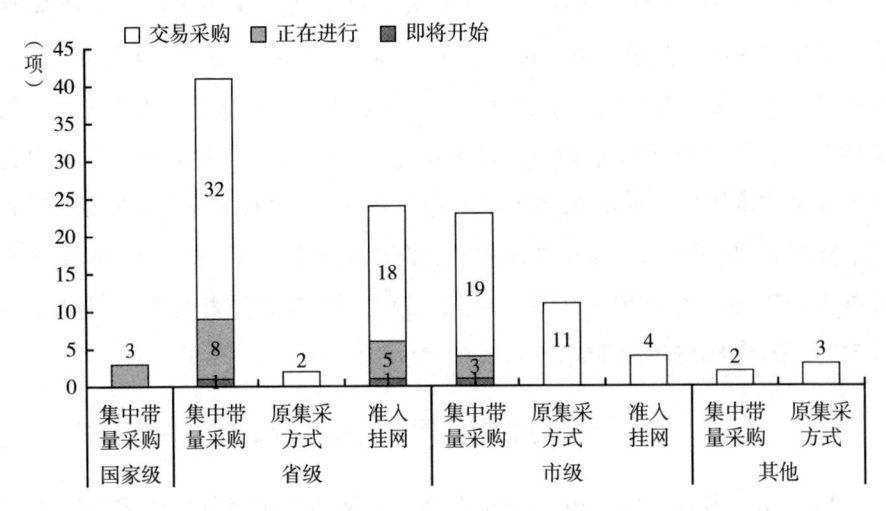

图1 2021年我国医用耗材（含试剂）集中采购新增项目统计

资料来源：江苏华招网信息技术有限公司建项数据统计，余同。

从2019~2021年各级集中带量采购数据看，平均每个省份品种数已经累计达到22个，高值医用耗材达到16个，品种数最多的省份达到53个，见图2。2021年，集中带量采购新增24个品种，其中高值医用耗材18个，包括负压引流护创、压力传感器、口腔种植系统、宫颈球囊导管、气体过滤器包、防折弯硬膜外导管、结扎夹、活检针、心电电极片、压力泵、弹簧圈、血液灌流器、腔静脉滤器、微导管、防粘连材料、切口保护器、圈套器、纱布块；低值医用耗材6个，包括动脉采血器、输血器、输液接头、输液袋、胰岛素笔针头、气道麻醉联合组件；发光试剂、新冠病毒检测试剂也是在2021年首次探索集中带量采购。

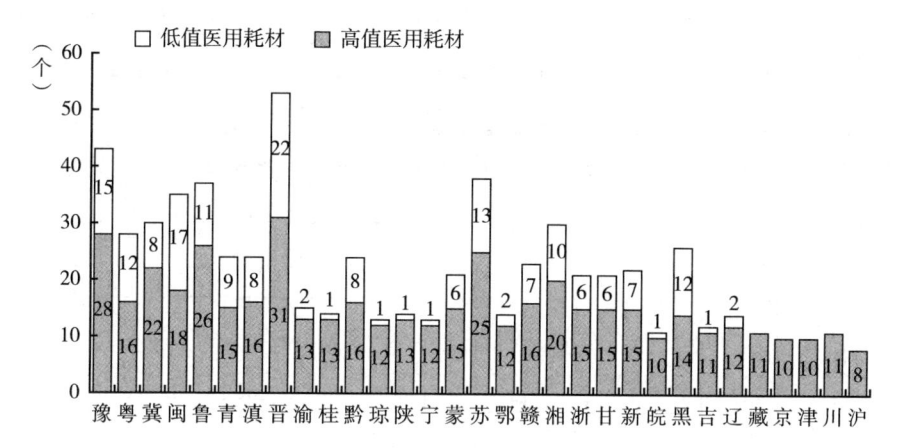

图2 2019~2021年各省份医用耗材集中带量采购品种数量统计

集中带量采购品种中冠脉扩张球囊、人工晶体等已经实现了全部省份的覆盖；冠脉药物球囊、心脏起搏器、吻合器等覆盖率也在90%以上。覆盖省份数量排名前20的集中带量采购品种，见表1。

表1 2021年覆盖省份数量排名前20的集中带量采购品种

采购品种	豫	粤	冀	闽	鲁	青	滇	晋	渝	桂	黔	琼	陕	宁	蒙	苏	鄂	赣	湘	浙	甘	新	皖	黑	吉	辽	藏	京	津	川	沪
冠脉支架	★	★	★	★	★	★	★	★	★	★	★	★	★	★	★	★	★	★	★	★	★	★	★	★	★	★	★	★	★	★	★
人工关节	★	★	★	★	★	★	★	★	★	★	★	★	★	★	★	★	★	★	★	★	★	★	★	★	★	★	★	★	★	★	★
骨科创伤类	★	★	★	★	★	★	★	★	★	★	★	★	★	★	★	★	★	★	★	★	★	★	★	★	★	★	★	★	★	★	★
骨科外固定类	★	★	★	★	★	★	★	★	★	★	★	★	★	★	★	★	★	★	★	★	★	★	★	★	★	★	★	★	★	★	★
骨科脊柱类	★	★	★	★	★	★	★	★	★	★	★	★	★	★	★	★	★	★	★	★	★	★	★	★	★	★	★	★	★	★	★
冠脉扩张球囊	●	●	▲	▲	●	●	●	●	●	●	▲	●	▲	▲	▲	●	●	●	▲	●	●	●	●	●	●	●	●	●	●	●	▲
人工晶体	●	●	▲	●	●	●	●	●	●	●	●	●	●	●	●	●	●	●	●	●	●	●	●	●	●	●	●	●	●	●	▲
冠脉药物球囊	●	●	●	●	●	●	●	●	●	●	●	●	●	●	●	●	●	▲	●	●	●	●	●	●	▲	●					
吻合器	●	△	●	▲	●	●	●	●	●	●	●	●	▲	●	▲	●	●	●	●	●	●	●	●								

续表

采购品种	豫	粤	冀	闽	鲁	青	滇	晋	渝	桂	黔	琼	陕	宁	蒙	苏	鄂	赣	湘	浙	甘	新	皖	黑	吉	辽	藏	京	津	川	沪
心脏起搏器	●	●	▲	●	▲	●	●	●	●	●	●	●	●	▲			●						●			●		●	●	●	●
冠脉导引导丝	●	▲	●	●	●	●	●	●	●	●	●	●	●	▲	●				●				●	●		●					
留置针	▲	△	▲	▲	○	●	●	●	●	▲	●	○		○			○				●				▲	△					
超声刀(头)	●	●		●		●	●			●	●	△	●	●																	
注射器	○	○	▲	○	○	○						○				○					○		○								
预充式导管冲洗器	▲	▲	○	○	△	○		○					○							○			○								
负压引流护创材料	○	○	○		○	○										○	○						▲								
雾化器																															
胰岛素笔针头	○	○		○	○	○																	○								
阴道扩张器	○	○		○	○	○																	○								
输液袋	○	○		○	○	○																	○								

注：①统计时间截至2022年2月28日。②图形符号分别表示国家级项目(★)；省际联盟项目(●)；省级项目(▲)；市级联盟项目(○)；市级项目(△)。③山西省留置针集中采购项目虽为市级联盟项目，但已实现全省覆盖。计划实施但谈判工作尚未正式开展的品种一并记入。

2021年，安徽、河南等地开展了试剂的集中带量采购，山东、江西将试剂纳入准入挂网范围。值得一提的是，安徽省选择免疫诊断最大细分市场中的化学发光试剂开展集中带量采购，共包括5大类23小类145个产品，13家企业参与两轮谈判议价，12家谈判成功，88个产品中选，国产试剂价格平均降幅44.50%，进口试剂价格平均降幅35.86%；河南省新乡等八市（县）联盟集中带量采购针对肌酐检测试剂和同型半胱氨酸检测试剂开展集中带量采购，肌酐检测试剂中选企业12家，平均价格降幅43.40%；同型半胱氨酸检测试剂中选企业18家，平均价格降幅27.05%。

此外，广东区域联盟等所包含的11个省份开展了新冠病毒检测试剂的联盟采购，共有40家企业参与，中选22家，核酸检测试剂、核酸快速检测试剂、IgM/IgG抗体检测试剂、总抗检测试剂、抗原检测试剂价格平均降幅分别达到37%、34.8%、41%、29%、44%，后其中选价格被其他10余个省份联动。内蒙古进行了新冠病毒检测试剂省级带量采购，核酸检测试剂价格平均降幅为60.3%，最高降幅达88.45%。天津参考全国最低价格对51个新冠病毒检测试剂产品实行准入挂网，其中核酸检测试剂、抗体检测试剂平均价分别为10.47元/人份、8.65元/人份，最高价分别为24.9元/人份、25.8元/人份。

二 2021年我国医用耗材集中采购热点及特点

2021年，我国医用耗材集中采购工作一直围绕着集中带量采购、联盟采购、准入挂网等政策展开，对价格的影响成为关注的焦点。

（一）集中带量采购

目前，全国在执行的医用耗材集中采购项目中，采用集中带量采购、准入挂网、原集采方式的项目数量占比分别为39%、37%、24%，相差不大。2021年新增集中采购项目数据显示，集中带量采购项目69个，占比61%；准入挂网项目28个，占比25%；原集采方式项目16个，占比14%。由此可见，在国家政策的引导下，集中采购格局正在发生改变，集中带量采购正在成为集中采购发展最快的主流模式。

各省份集中带量采购在国家统一规则要求下进行，但在量的确定、限价、分组、入围、中选、分量、医保支付比例、非中选产品管理等方面都存在不同，"一省一案"的集中采购方式值得大家关注。

（二）联盟采购

2021年，省际联盟采购产生18个采购项目，覆盖了31个省（区、市）和新疆生产建设兵团，其中，京津冀"3+N"联盟成员最多，达到了23个省，贵州省参加联盟最多，达到9个，见表2。

表 2　2021 年我国医用耗材集中带量采购跨区域省际联盟情况

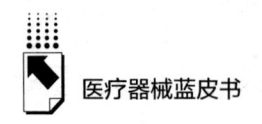

联盟名称	成员数(个)	晋	蒙	京	津	冀	青	宁	新	甘	陕	黑	吉	辽	豫	湘	鄂	黔	渝	滇	川	藏	琼	桂	粤	赣	皖	鲁	浙	苏	沪	闽	新建生产建设兵团
京津冀"3+N"	23	✓	✓	★	✓	✓	✓	✓	✓	✓	✓	✓	✓	✓	✓	✓	✓	✓	✓	✓	✓			✓									✓
广东区域联盟	20		✓			✓	✓	✓	✓	✓	✓	✓	✓		✓	✓		✓							★	✓						✓	✓
内蒙古省际联盟	13		★				✓		✓		✓	✓	✓																				✓
河南省际联盟	12	✓													★	✓	✓		✓	✓	✓												✓
江苏省际联盟	12						✓							✓			✓	✓	✓	✓										★			✓
陕西省际联盟	10						✓	✓	✓		★																						✓
重庆省际联盟	10																✓	✓	★	✓													✓
江西省际联盟	9						✓								✓	✓	✓	✓								★							
六省二区联盟	8	✓								✓		✓	✓					★															
渝贵云豫联盟	4														✓			★	✓	✓													
鲁冀晋豫联盟	4	✓				✓									✓													★					
渝贵琼联盟	3																	★	✓				✓										
川宁晋联盟	3	✓						✓													★												
浙鄂联盟	2																✓												★				
长三角联盟	4																										★		✓	✓	✓		
参加联盟数(个)		8	4	1	1	4	6	7	6	6	4	3	3	7	4	6	9	8	8	3	3	6	6	1	4	2	3	2	2	1	2	6	

注：①各联盟组织的牵头单位以星号标注；②统计时间截至 2022 年 2 月 28 日。

2021 年，市级联盟也进一步扩大，产生 18 个采购项目。主要集中在江苏、山西、湖南、广东、河南、辽宁等省份。2021 年还首次出现省、市跨级别合作的形式，安徽黄山加入广东区域联盟参与超声刀头集采。

（三）准入挂网

目前，各地普遍建立常态化挂网采购机制，通过自主挂网或联动挂网，实现品种的及时准入；符合条件但未能及时挂网的品种可定期补入。医保十七大类医用耗材编码 2021 年也开始全面使用，多个省份按此编码进行了系统数据更新，未来按此编码进行分类将成为挂网的必需条件和准入条件。

挂网价格各省（区、市）通行动态管理。目前全国 31 个省（区、市）均对挂网价联动提出要求，大致可分为四种方式。一是全国最低价联动。此法使用最广泛，有北京、广东、湖南、湖北、海南、山东、江苏、浙江、福建、陕西、甘肃、宁夏、内蒙古、新疆、河北、辽宁、黑龙江、云南、四川、贵州、西藏等20余个省（区、市）采用。二是联动指定省份或联盟价格。如山西同步联动陕西联盟采购限价，广西适时联动省际联盟的限价挂网数据库，吉林联动指定省份（浙、鲁、陕、闽）省级中标挂网价格，上海联动15省（市）最低价，青海联动全国最低三省（区、市）采购价。三是联动中位价或平均价。如安徽参考本省采购价中位数、外省中标价和本省采购价中位数的平均价，取两者的低值。四是联动特定价格。如天津参考多方采集到的有效价格信息，重庆参考采集到的有效价格与原市场参考价，河南参考采购联合体议价结果与省平台近一年挂网价，广东非中选挂网价直接挂网，议定价不高于中选挂网价。

2021年，全国共有23个省（区、市）开展了医用耗材（含试剂）调价工作，省（区、市）覆盖率达74.19%。调价品种范围广，涉及参加集中带量采购的高值医用耗材，也涉及挂网的低值医用耗材和试剂。医疗器械企业积极配合挂网调价工作，以辽宁为例，全年共发布112条关于执行医用耗材主动降价结果的通知，计2348条降价数据，涉及2263个产品，平均降价17.44%，最高降幅88.75%。

（四）降价结果分析

集中带量采购降价效果显著。经统计分析发现，一是采购范围越大，平均降价幅度越大，如国家联采平均降价幅度在80%以上，省际联盟、省级带量采购平均降价幅度分别为67.54%、65.14%，市级联盟、市级带量采购平均降价幅度分别为60.61%、51.60%。二是高值医用耗材平均降价幅度（64.47%）高于低值医用耗材（58.66%）。三是采购范围越大，企业中选率越高，如第二批国家联采中选率为92%，省级、市级集中带量采购平均中选率分别为74.81%、57.72%。不同品类医用耗材在集中带量采购中降价幅度不同，平均降幅为66.35%。2021年我国医用耗材集中带量采购不同品类价格平均降幅如图3所示。

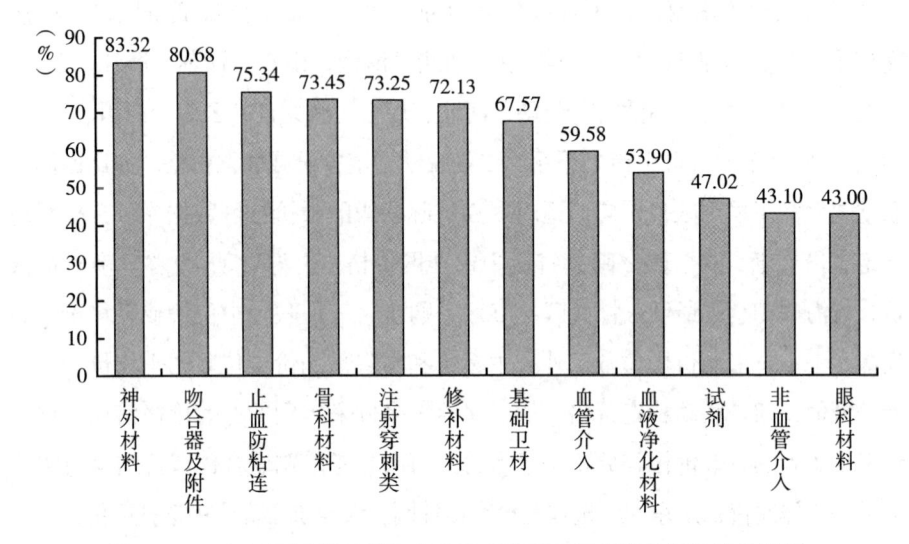

图3 2021年我国医用耗材集中带量采购不同品类价格平均降幅统计

（神外材料 83.32；吻合器及附件 80.68；止血防粘连 75.34；骨科材料 73.45；注射穿刺类 73.25；修补材料 72.13；基础卫材 67.57；血管介入 59.58；血液净化材料 53.90；试剂 47.02；非血管介入 43.10；眼科材料 43.00）

三 我国医用耗材集中带量采购发展趋势

按照医保体制改革"十四五"规划要求，我国集中带量采购将提速扩面，可以预判2022年医疗器械领域集中带量采购将进入密集开展期。

经过了三年试点和探索，集中带量采购"常态化、制度化"的"11233"政策框架已经形成且非常清晰。"11233"指"一套系统、一套编码、两级平台、三级操作、三种方式"。

2022年初，国家医保医用耗材招采管理系统正式上线运行，此系统将会与各省级平台数据对接，实现全网数据共享，形成完整的集中采购信息管理系统，为建设全国统一开放的采购市场奠定基础。过去的三年里，药品、医用耗材及医疗服务项目、医保疾病诊断和手术操作等四项编码标准已经投入使用，并实现了动态维护，成为集中带量采购和准入挂网工作的重要技术支撑。初步形成了国家级和省级集中采购平台，并由其分别负责国家层面和省级层面的服务，取消地市级集中采购平台。国家对临床用量大、费用高的高值医用耗材开展集中带量采购，省级部门对部分高值、低值医用耗材开展集中带量采购，地市级部门主要针对国家级和省级采购以外的品种开展集中带量采购，三级部门各司其职，从不同层面实施操作。三种主导采购模式将会出现，即集中带量采购方式、"准入挂网+议价"方式和医疗机构备案采购方式，这三种模式将覆盖医疗机构临床使用耗材的所有品种。

现阶段，集中带量采购充分发挥了价格发现的作用，医用耗材价格已经开始逐渐回归到合理水平，未来将会过渡到以医保支付价格为引导的新的管理体系中。可以预判，"十四五"期间，尤其是2021年，我国医用耗材集中带量采购发展趋势将表现在以下几个方面。

一是，医改的现阶段核心目标依然是降价和控费，集中带量采购将成为重要的抓手和突破口。"带量"下的"量价挂钩、招采合一"将成为现阶段主要特征。集中带量采购覆盖区域范围将进一步延伸，品种范围将进一步扩大。2022~2025年将成为集中带量采购政策实施的重要过渡期。

二是，联盟采购将成为政策支持方向，将实现较快发展。国家联采触发机制已经形成；省际联盟会继续扩大，规范化发展，并逐渐集中，形成以核心区域牵头的联盟采购格局；市级联盟作为集中带量采购的重要补充将平稳发展。

三是，对医用耗材将采用分层、分批、分类的方式进行集中带量采购，建立更加细化的评价规则；对不能纳入集中带量采购的品种将以准入挂网的方式进行；准入挂网将成为集中带量采购的重要支撑，将推动医疗机构全部品种通过平台进行采购。

四是，规则将会不断完善。未来我国将以稳定市场预期、稳定价格水平、稳定临床需求作为目标；强化为用而采，突出临床选择，尊重市场格局，提高企业和医疗机构参与度，保证产品质量、保证产品供应、保证产品使用。

五是，降低虚高价格，低价中选、价格联动将成为政策方向。未来我国医疗器械行业的经营环境将得以改变和净化，国产产品进口替代加速将加速，存量市场结构将发生变化，创新医疗器械将在医疗价值和卫生经济学方

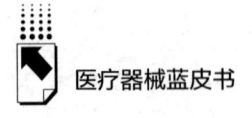

面进行开拓。

六是，价格和招采信用评价将成为集中采购的新要求。未来我国将在集中采购中强化自我承诺制度、主动上报制度、信息效验制度、信用评价制度、分级惩戒制度、信用修复制度。信用评价结果将成为企业参与集采、医疗机构选择使用产品的重要标准。

七是，集中采购将与医保"结余留用"制度、医用耗材医保目录、医保支付方式、医疗服务价格改革的推进协同。在政策的协同、制约、驱动下，医疗机构参与集中带量采购的积极性将会发生改变，其采购行为也将发生改变。

八是，未来我国将促进医疗器械产业格局的重新构建，大幅提高产业集中度，促使产业经营生态发生改变，重新改写销售规则。

B.7
2021年我国医疗器械风险管理标准应用状况及实施评价

王美英 常佳 李朝晖*

摘 要： 新版《医疗器械监督管理条例》将风险管理作为首要原则，聚焦医疗器械风险管理，通过产品技术指导原则及强制性标准对YY/T 0316标准的引用，进一步强化了风险管理标准的应用，不断提升风险管理的有效性，为医疗器械监管发挥了更有活力的技术支撑作用。通过对标准实施情况进行评价分析可知，实施风险管理增强了产品的安全性，减少了使用错误导致的设备故障，提高了顾客满意度；同时，医疗器械生命周期中，企业更加注重法规要求和体系要求关注度高的设计和开发、生产、采购及供方控制、上市后监督等过程，而对于资源提供、使用等过程中的风险管理认知不足，实施不到位。质量管理体系认证企业抽样结果表明：风险管理实施中存在的问题首先是生产和生产后信息的收集和评审问题，其次是设计和开发变更未进行风险评价问题。新版风险管理标准升级为国家标准，对实施风险管理提出了更高要求：加强医疗器械生命周期中各阶段风险管理标准的使用，以确保医疗器械安全、合规；以ISO 14971：2019标准为核心结合其他基础通用标准，系统实施风险管理。

关键词： 风险管理 YY/T 0316标准 监管要求

---

* 王美英，北京国医械华光认证有限公司标准室人员；常佳，博士，北京国医械华光认证有限公司技术开发部人员；李朝晖，北京国医械华光认证有限公司总经理。

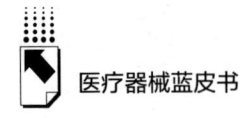

2020年，国务院发布了新修订的《医疗器械监督管理条例》（以下简称《条例》），并于2021年6月1日起实施。新版《条例》将风险管理作为首要原则，贯穿于医疗器械监管全过程以及各项活动，聚焦医疗器械风险管理，进一步强化YY/T 0316标准及相关标准的应用，不断提升风险管理的有效性，为医疗器械监管提供更有活力的技术支撑。人工智能、新材料技术、新产品使得医疗技术也发生了深刻变革，由此引发的产品风险，使得从医疗器械产业链、医疗器械生命周期等多个维度识别、分析、评价和控制风险变得很有必要，充分发挥YY/T 0316标准的基础性、引领性作用，能够为医疗器械产业可持续地高质量发展注入生命力和活力。

此外，涉及医疗器械风险管理标准应用及实施评价的内容很多，本报告仅围绕医疗器械的监管和医疗器械行业两个方面进行概括阐述，并就风险管理标准实施中存在的问题以及YY/T 0316标准上升为国家标准后的实施问题进行了一些思考。

一 实施医疗器械风险管理是我国重要的监管要求

（一）上市前许可中的风险管理要求

2021年发布的《医疗器械注册与备案管理办法》《体外诊断试剂注册与备案管理办法》明确一类医疗器械产品进行备案和二类、三类医疗器械产品进行注册时需提交风险分析资料，也需要提交证明符合医疗器械或体外诊断试剂安全和性能基本原则的资料。

国家药监局医疗器械技术审评中心（下文简称"审评中心"）为指导企业提交产品注册资料制定了一系列的产品注册指导原则。最新的YY/T 0316标准于2016年实施，2017年1月1日至2021年12月31日审评中心发布的指导原则共321项，这些指导原则中涉及引用YY/T 0316标准的共225项，引用率达70%，具体引用情况详见图1。从标准支撑法规方面而言，YY/T 0316标准引用率相当高，每个产品注册时都需要提交符合YY/T 0316

标准要求输出的风险分析资料。很多指导原则引用 YY/T 0316 标准,并明确风险管理需符合 YY/T 0316 标准的要求。

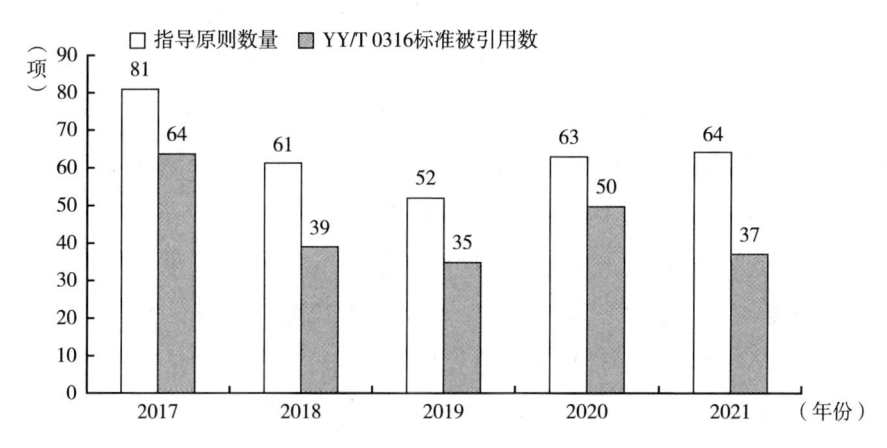

图 1　2017~2021 年医疗器械技术指导原则引用 YY/T 0316 标准情况

资料来源:国家药品监督管理局医疗器械技术审评中心网站。

(二)上市后监管中的风险管理要求

新版《条例》明确医疗器械注册人、备案人应制订上市后研究和风险管控计划并保证有效实施。YY/T 0316 标准要求企业在制订风险管理计划时应考虑到医疗器械上市后阶段的风险管理,建立并实施医疗器械有关生产和生产后信息的收集、评审机制,以确保医疗器械上市后的安全隐患可以及时发现、及时处理,有力地保障大众用械安全。

不良事件监测是对上市后医疗器械实施风险管理的重要手段,同时也能够为已上市医疗器械的科学监管提供重要的数据支撑。《医疗器械不良事件监测和再评价管理办法》要求企业提交定期风险评价报告,因为对于首次上市的高风险的植入物等医疗器械,在上市前临床评价中很难确认其长期疗效和风险,并且其上市后还可能出现不能预测到的安全问题。定期风险评价报告使用真实世界数据支持临床评价,能够为创新医疗器械提供支持。

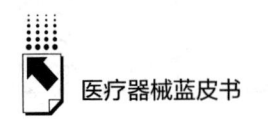

（三）强制性标准对风险管理标准的引用情况

医疗器械产品的复杂性、多样性造成其本身可能存在固有风险，除此之外，医疗器械产品还可能存在环境风险、使用风险，这些风险不可能完全通过实施产品的安全标准来加以解决。为了在医疗器械生命周期中管理风险，我国逐渐在安全标准及过程标准中引入了风险管理要求。强制性标准或推荐性标准通过规范性引用YY/T 0316标准，落实风险管理的要求。

2020~2021年我国发布了GB 9706系列强制性标准31项，YY 9706系列强制性标准26项，而GB 9706.1-2020标准规范性引用了YY/T 0316标准，其他9706系列强制性标准风险管理要求同样适用。这是通用安全标准首次引入风险管理的概念，其规范性要求（第5章至17章）需要结合风险管理过程来判定符合性，并规定所有的医疗设备制造商必须证明已经采用了正式的风险管理程序，在风险管理基础上的性能测试符合要求。

二 医疗器械行业风险管理实施概况

全国医疗器械质量管理和通用要求标准化技术委员会（SAC/TC 221）以发放问卷的形式对YY/T 0316标准实施情况进行了调研，共收到调研问卷191份。我们对2021年YY/T 0316标准实施情况分析如下。

（一）风险管理在医疗器械质量管理体系中的应用

YY/T 0316标准的要求适用于医疗器械的全生命周期，191家企业的反馈情况如图2所示。由图2可知，认为应在设计和开发、生产、采购及供方管理、上市后监督等过程中实施风险管理的企业占比达到70%以上；认为应在不合格控制、收到投诉等过程中考虑风险管理的企业占比也在60%以上，但认为在其他过程如资源提供、使用、停用及处置中需要进行风险管理的不足60%。

企业在医疗器械生命周期各阶段实施风险管理时，各有侧重。首先，受法规要求的符合性影响，如设计和开发阶段，企业在进行产品注册时需要提

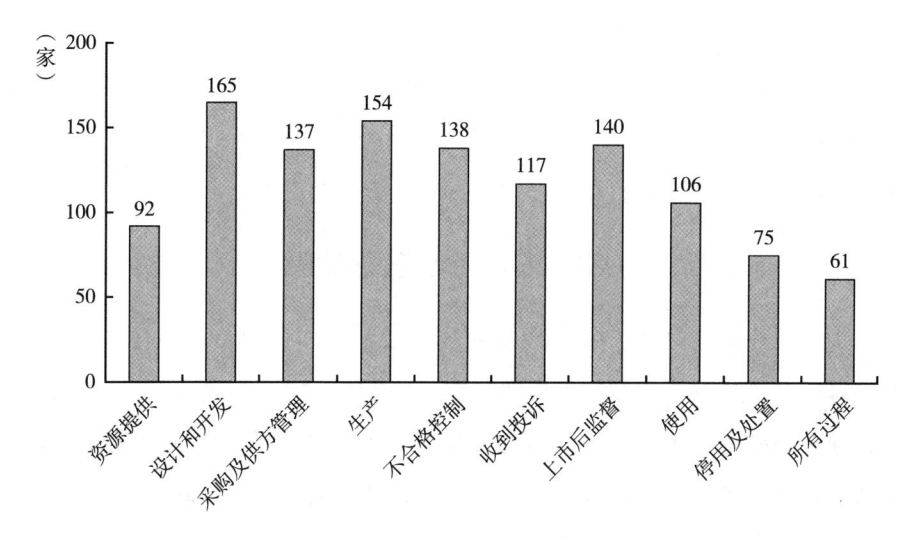

图中数据（单位：家）：
- 资源提供：92
- 设计和开发：165
- 采购及供方管理：137
- 生产：154
- 不合格控制：138
- 收到投诉：117
- 上市后监督：140
- 使用：106
- 停用及处置：75
- 所有过程：61

图 2　质量管理各过程中实施风险管理的企业

交风险分析资料，采购过程中企业对供应商的审核要符合《医疗器械生产企业供应商审核指南》等，这些规定促使企业必须按照相关标准要求进行风险管理。其次，受企业质量管理体系认证的符合性影响，如在 YY/T 0287/ISO 13485 标准认证中，风险管理是一项重要的设计开发输出，采购及供方管理过程要求组织建立评价和选择供方的准则并与医疗器械相关风险相适应，认证过程根据对最终产品的影响评价企业的质量管理体系的符合性，因此企业对这些条款的关注度相对较高。最后，由于企业对于法规未要求的、审核关注度低的资源提供、使用过程中的风险管理等认知不足，风险管理实施不到位。

（二）实施风险管理标准对产品安全和产品性能的影响

企业实施风险管理标准，有助于企业在设计和开发阶段识别与安全有关的特性、已知的或可合理预见的危险、估计和评价相关风险，对于已识别的不可接受的风险按照优先顺序对设计中的医疗器械选择用设计方法取得固有安全性、制造、防护措施及加强安全信息保障中的一种或多种方法进行风险控制，并监视控制的有效性，使这些医疗器械达到可接受水平，确保医疗器械的安全和性能，避免医疗器械上市后，使用中对使用者或患者造成损伤或

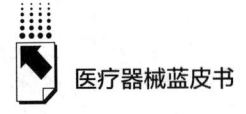

损害。由反馈可知，75%的企业认为实施风险管理标准，充分考虑了产品安全和产品性能，提高了产品的安全水平；42%的企业部分实施了风险管理标准，并使得产品某些方面的安全水平得到提高；8%的企业认为难以实施风险管理标准，这部分企业多为医疗器械产业链中的供方。

（三）实施YY/T 0316标准的企业获益情况

企业的获益可以分为经济效益和社会效益。实施YY/T 0316标准的企业获得更多的是社会效益。由反馈可知，70%以上的企业认为，通过实施风险管理，产品安全水平和性能得到提高，减少了使用错误导致的设备故障，降低了企业的维修成本；减少了顾客投诉数量，提高了顾客满意度、企业知名度，企业在医疗器械招标采购中获得了优势地位。

三 风险管理标准实施中存在的问题

风险管理是医疗器械质量管理体系的重要组成部分，在YY/T 0287标准审核或GMP法规核查中都会予以重点关注。我们在北京国医械华光认证有限公司认证系统中针对2019~2021年通过或保持YY/T 0287/ISO 13485标准认证审核的企业中，进行风险管理标准实施情况抽样调查，根据企业规模、企业产品类型等随机选取了52家企业。通过分析认证审核过程中的不合格项及观察项发现，企业风险管理标准实施中存在的问题如表1所示。

表1 2019~2021年企业风险管理标准实施中存在的问题汇总

单位：项

年份	问题总数	初始风险分析问题	产品设计和开发更改未进行风险评价问题	风险控制措施的实施和验证问题	生产和生产后信息收集和评审问题	软件风险管理问题	其他如风险管理计划、风险可接受准则方面的问题
2019	28	2	7	2	13	2	2
2020	15	1	4	1	8	0	1
2021	20	1	3	4	10	0	2

由表1可知，2019~2021年，2019年问题最多，超过抽样企业数量的50%。风险管理标准实施中存在的问题主要是生产和生产后信息收集和评审问题，占问题总数的近50%，而且居高不下。企业在生产和反馈信息中不能有效地识别和挖掘与产品安全或风险相关的信息，导致企业不能为生产和生产后的风险管理提供良好的输入；对于外部变更或变化对产品风险的影响不敏感，如未能及时发现新的或者修订的法规、标准以及同类医疗器械的不良事件、召回信息可能会使得本企业产品出现新增危险或原有控制措施不可接受，不能实现风险的动态管理。风险管理标准实施中的产品设计和开发更改未进行风险评价问题也较多，2020年这一问题的占比超过了25%。医疗器械在其生命周期中的任何阶段都有可能出现设计更改。更改可能会引入新的伤害，或改变某个伤害的风险水平。因此企业在进行设计更改时，需要评价更改对医疗器械安全的影响，必要时，应将此作为输入反馈到风险管理过程中。

四 对医疗器械风险管理标准升级为国家标准后实施问题的思考

目前，ISO已发布了ISO 14971：2019及其指南ISO/TR 24971：2020，SAC/TC 221已将ISO 14971：2019等同转化为推荐性国家标准，ISO/TR 24971：2020也等同被转化修订为行业标准YY/T 1437，且两个标准均已报批。ISO 14971：2019相较ISO 14971：2007最大的变化是将ISO 14971：2007中的部分资料性附录移至了ISO/TR 24971：2020中，这表明未来将等同转化ISO 14971：2019的推荐性国家标准与等同转化ISO/TR 24971：2020的YY/T 1437标准结合使用，才能替代目前现行有效的风险管理标准YY/T 0316-2016。医疗器械风险管理标准升级为国家标准，可满足医疗器械生命周期内不同角色的组织使用要求，为产业链上各方进行风险管理提供必要条件，新版YY/T 1437为国家标准提供了全面、系统性的实施指南。但行业标准升级为国家标准也对标准使用提出了更高的要求。

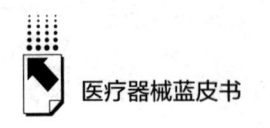

（一）加强医疗器械生命周期中各阶段风险管理标准的应用，以确保医疗器械安全、合规

新版《条例》对医疗器械提出安全、有效、质量可控的基本要求，ISO 14971：2019 及 YY/T 1437 标准为《医疗器械安全和性能的基本原则》和《医疗器械不良事件监测和再评价管理办法》等法规实施提供了必要的过程方法，对精准地识别相关产品生命周期中的危险，识别与安全有关的特性，估计和评价与产品有关的可能的危险及导致风险、危险的情况，实施降低风险的控制措施、采取管理方面的措施并验证风险控制措施的有效性，设计更改的风险控制方法等提供了实施指南。医疗器械生产企业、注册人等在医疗器械生命周期内扮演不同角色、承担不同责任的组织应全面了解并广泛应用该标准，确保医疗器械安全、合规。

（二）以 ISO 14971：2019 标准为核心结合其他基础通用标准，系统实施风险管理

随着人工智能、新材料技术、信息技术、生物技术的发展等，医疗器械领域出现了一系列变革，医疗器械产品系统也越来越复杂，可能面临软件风险、信息安全风险、人机界面的可用性风险、生物学风险等，因此在对医疗器械产品进行风险管理时，需要同时结合相关的基础通用标准或产品标准进行安全性考虑，将产品的风险控制在可接受的水平，确保医疗器械安全。因此，医疗器械风险管理就是运用以 ISO 14971：2019 标准为核心的标准体系对企业进行管理，医疗器械风险管理主要标准见表2。

有源医疗器械涉及 GB 9706.1—2020，在产品检测前就应提前融入风险管理，充分考虑产品适用的通用标准和专业标准，并逐项评价标准要求是否规定了特定危险或危险情况、相关测试、测试接收准则，在风险管理报告中应证实或阐述已考虑相关危险且安全风险得以控制。涉及软件的医疗器械还需结合 YY/T 0664—2020 和 YY/T 1406.1—2016 进行软件生存周期中的风险控制。YY/T 1474-2016 关注医疗器械与使用相关的风险，考虑用户界面

表 2 医疗器械风险管理主要标准

序号	标准名称
1	YY/T 0664—2020《医疗器械软件 软件生存周期过程》
2	YY/T 1406.1—2016《医疗器械软件 第 1 部分：YY/T 0316 应用于医疗器械软件的指南》
3	GB 9706.1—2020《医疗电气设备 第 1 部分：基本安全和基本性能的通用要求》
4	GB/T 16886.1—2011《医疗器械生物学评价 第 1 部分：风险管理过程中的评价与试验》
5	YY/T 1474—2016《医疗器械 可用性工程对医疗器械的应用》
6	ISO/TR 20416:2020《医疗器械 用于制造商的上市后监督》

的易学、易用性，降低医疗器械可用性不足导致的使用错误方面的风险。与人体接触的医疗器械要考虑结合 GB/T 16886.1-2011，在风险管理框架下指导制定医疗器械生物学评价的原则。医疗器械上市后，制造商要对已经上市的医疗器械所获得的经验进行收集并加以分析。ISO/TR 20416：2020 所述的过程是对 ISO 13485 和 ISO 14971：2019 中有关生产和生产后实施上市后监督要求的补充，该过程的输出可作为风险管理或改进过程的输入。

综上所述，医疗器械风险管理标准，作为医疗器械通用要求核心标准之一，为医疗器械监管提供了有活力的技术支撑，在医疗器械产业链中得到了普遍应用，确保了产品安全有效。新版风险管理标准升级为国家标准，对医疗器械产业链上、医疗器械生命周期内、扮演不同角色的组织系统性开展风险管理提出了更高要求。

B.8
2021年我国医疗器械临床试验状况和发展趋势

吴宇佳　李雪宁*

摘　要： 2021年，我国医疗器械行业发展迅速，新版《医疗器械监督管理条例》的颁布和实施，进一步规范了医疗器械生产监督管理工作。国家药品监督管理局以新版《医疗器械监督管理条例》为依据，发布了《医疗器械临床试验质量管理规范（修订草案征求意见稿）》，加强了对医疗器械临床试验的管理和受试者权益的保障。2021年各省（区、市）药品监督管理局开展了医疗器械临床试验的监督抽查工作，抽查结果显示医疗器械的临床试验仍然存在诸多问题，包括临床试验中方案执行细节未能落实、伦理审查不规范、知情同意过程或知情同意书的签署不完整、医疗器械使用管理相关记录不完整等。为进一步加强医疗器械临床试验的质量管理，国家药品监督管理局发布了多个指导原则。同时，随着创新医疗器械监督管理政策的逐步完善，先行先试取得了一定成就，大大增强了我国自主创新医疗器械研发的硬实力。

关键词： 医疗器械　临床试验　机构备案制

2021年是"十四五"开局之年。随着国家医疗器械审评审批制度的逐

---

* 吴宇佳，复旦大学附属中山医院临床试验机构科研助理；李雪宁，复旦大学附属中山医院临床试验机构副主任兼办公室主任，博士生导师。

步完善，医疗器械临床试验发展日益稳健，截至2021年底，国家药品监督管理局已批准134个创新医疗器械。自中共中央办公厅、国务院办公厅2017年发布《关于深化审评审批制度改革鼓励药品医疗器械创新的意见》（以下简称《意见》）后，我国医疗器械临床试验机构的管理体系逐步完善，临床试验的质量逐年提高。本报告将从医疗器械临床试验机构备案情况和医疗器械临床试验的监督检查情况出发，总结2021年我国医疗器械临床试验的状况、存在的问题，并对医疗器械临床试验发展前景进行了展望。

一 医疗器械临床试验机构备案情况

《意见》提出，医疗器械临床试验应在备案的临床试验机构中开展。2017年11月，国家食药监总局、国家卫生计生委发布了《医疗器械临床试验机构条件和备案管理办法》，该办法将对医疗器械临床试验机构的管理由资质认定制度改为备案管理制度。2018年起，全国医疗器械临床试验机构均开始实行备案制，2018年也因此出现了医疗器械临床试验机构备案的高峰。从2018年到2021年，我国新增医疗器械临床试验机构数量逐年下降，见图1；截

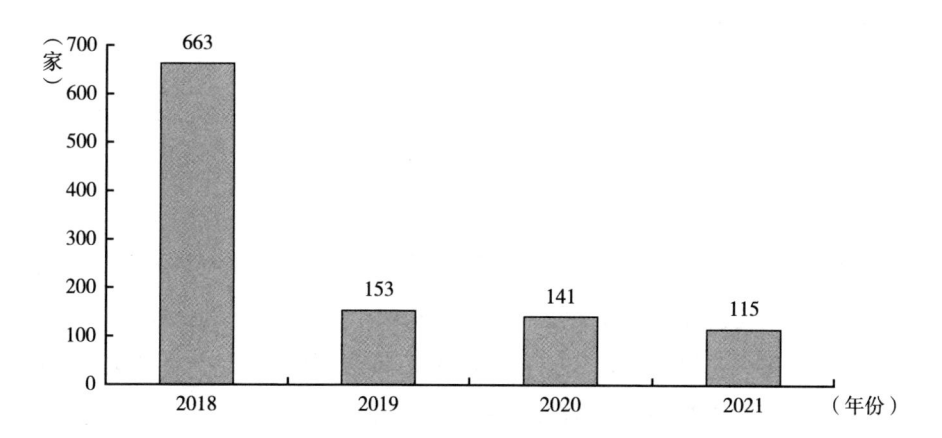

图1 2018~2021年我国新增医疗器械临床试验机构数目

资料来源：医疗器械临床试验机构备案管理信息系统，https://beian.cfdi.org.cn/CTMDS/apps/pub/ylqxPublic.jsp。

至2021年，共有1072家临床试验机构完成备案，各省（区、市）分布见图2。按照地域划分，华东地区备案数量最多，占全国的36%，华北、华南、华中、西南、东北、西北地区备案数量分别占16%、14%、13%、10%、6%和5%。

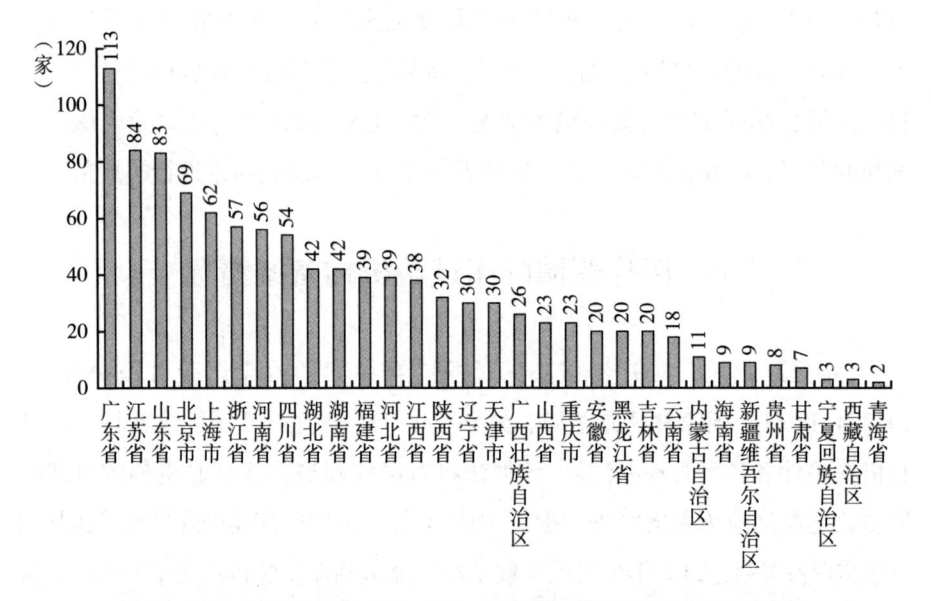

图2　2021年我国各省（区、市）医疗器械临床试验机构备案数量

资料来源：医疗器械临床试验机构备案管理信息系统，https://beian.cfdi.org.cn/CTMDS/apps/pub/ylqxPublic.jsp。

二　医疗器械临床试验相关法规

2021年3月18日，国务院发布新版《医疗器械监督管理条例》，此次更新主要从强化生命全周期管理和鼓励创新两个方面发力，通过对注册和审评审批制度进一步进行完善，鼓励企业和医疗机构的个人进行创新医疗器械的研发，进而促进我国医疗器械产业的进一步发展。2021年，我国还对一系列相关配套文件进行了更新。

2021年3月26日，国家药品监督管理局发布《医疗器械注册管理办法（修订草案征求意见稿）》，进一步规范了医疗器械生产监督管理工作。

2021年5月7日，国家药品监督管理局发布《医疗器械临床试验质量管理规范（修订草案征求意见稿）》，对《医疗器械临床试验质量管理规范》（国家食品药品监督管理总局令第25号）进行了更新。[①] 中国作为国际医疗器械监管者论坛（IMDRF）的成员，及时调整、更新了医疗器械临床试验的相关规范性文件。《医疗器械临床试验质量管理规范（修订草案征求意见稿）》调整了整体的框架结构，明确了医疗器械临床试验中的各方职责，调整了安全性信息报告的流程，明确体外诊断试剂临床试验质量管理要求应与医疗器械临床试验质量管理要求一致。2021年5月10日，国家药品监督管理局为更好地加强医疗器械临床试验管理，发布了《医疗器械临床试验方案范本》《医疗器械临床试验报告范本》《医疗器械/体外诊断试剂临床试验严重不良事件报告表范本》《体外诊断试剂临床试验方案范本》《体外诊断试剂临床试验报告范本》《医疗器械临床试验基本目录文件》等6个文件的征求意见稿作为新修订草案征求意见稿的配套文件。[②] 2021年9月28日，为进一步加强医疗器械产品的注册工作，提高审评审批质量，国家药品监督管理局发布了《医疗器械临床评价技术指导原则》《医疗器械临床评价等同性论证技术指导原则》《医疗器械注册申报临床评价报告技术指导原则》《决策是否开展医疗器械临床试验技术指导原则》《列入免于临床评价医疗器械目录产品对比说明技术指导原则》等5项指导原则。

三 医疗器械临床试验目前存在的问题

我国医疗器械临床试验发展起步较晚，近几年，相关的配套法律法规、指导原则等文件陆续发布，大大提高了医疗器械临床试验的质量。

[①] 2022年5月1日，新版《医疗器械临床试验质量管理规范》正式实施。
[②] 2022年5月，《医疗器械临床试验方案范本》《医疗器械临床试验报告范本》《体外诊断试剂临床试验方案范本》《体外诊断试剂临床试验报告范本》《医疗器械/体外诊断试剂临床试验严重不良事件报告表范本》《医疗器械/体外诊断试剂临床试验基本文件目录》6个文件，作为配套文件与新版《医疗器械临床试验质量管理规范》同步正式实施。

2021年许多省（区、市）药品监督管理局对已备案的医疗器械临床试验机构和医疗器械临床试验进行了监督检查，对2021年各省（区、市）药品监督管理局网站上已公布的监督抽查机构和项目数量进行汇总如表1所示。

表1 2021年各省（区、市）药品监督管理局网站上已公布的监督抽查机构和项目数量

单位：家，个

省（区、市）	医疗器械临床试验机构	医疗器械临床试验项目
广东省	23	—
上海市	20	12
四川省	27	—
云南省	4	—
江苏省	17	20
广西壮族自治区	24	2
北京市	7	5
宁夏回族自治区	5	—

资料来源：各省（区、市）药品监督管理局官网。

根据国家药品监督管理局2018年11月28日发布的《医疗器械临床试验检查要点及判定原则》（药监综械注〔2018〕45号文件），对2021年上述各省（区、市）药品监督管理局的监督抽查工作结果进行汇总，可以看到目前我国医疗器械临床试验机构和医疗器械临床试验的各个环节仍存在诸多问题。

（一）临床试验机构的资质

临床试验机构完成备案后，仍未建立包括完整的管理制度和标准操作规程的体系；或临床试验机构未按照要求，及时地更新备案系统中相关的资质证书。

（二）伦理委员会和伦理审查

伦理委员会的组成委员培训、授权不及时，记录不完整；伦理审查的批件

签发人非主任委员或副主任委员、审查方式与实际不一致或无批件的有效期信息等；伦理审查的操作与相关标准操作规程不符；伦理委员会对已批准项目的跟踪不够及时；伦理委员会对严重不良事件（SAE）审查不及时或没有给研究者审查意见。

（三）临床试验前

临床试验的启动时间早于备案时间；临床试验的启动时间超出伦理批件的有效期；临床试验项目的起止日期有更新时，未能及时在省级药品监督管理局变更备案；临床试验过程中涉及的研究病历未及时向伦理委员会递交备案；研究者的资质履历、培训记录、授权信息等提供不完整；临床试验机构在项目实施过程中涉及的相关仪器设备未及时校准或使用记录、维护记录等不完整。

（四）知情同意和知情同意书

知情同意书设计不规范，内容不符合相关规定或不完整；知情同意书的签署时间早于伦理委员会的批准时间；新版知情同意书更新后，受试者未能及时获知相关内容并签署；知情同意过程实施的研究者未签字或未留下联系方式；本人无法签署知情同意书时，由非法定代理人签署，并且未能记录原因；受试者在签署知情同意书前就进行了临床试验相关的实验室检查；病史中未记录知情同意的过程和时间。

（五）临床试验过程

原始记录中未能体现临床试验方案中的筛选流程要求；对筛选失败的受试者分配了受试者编号；不同受试者的入组标准不一致；入选标准不符合临床试验方案中的要求；编码、揭盲程序不符合临床试验方案的要求；揭盲过程的记录不全；漏报不良事件或严重不良事件的上报超出时限要求；医疗器械的运输、接收、储存、发放、使用、回收等记录不完整，信息不准确或校准记录缺失等。

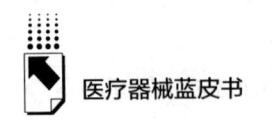

四 医疗器械临床试验未来发展展望

2021年，医疗器械产业继续强劲发展，药品监督管理等相关部门在新环境下修订了《医疗器械监督管理条例》并发布了一系列配套法规文件和指导原则，初步完善了我国医疗器械临床试验的法规体系；同时，在抗疫的大环境下，开展了应急审评审批，推进了创新医疗器械的审批工作，推动了医疗器械产业蓬勃发展。在风险管控上，国家药品监督管理局发布了《医疗器械临床试验质量管理规范（修订草案征求意见稿）》，同时又发布了一系列相关配套文件，并推动修订后的规范与配套文件于2022年5月正式实施，使得医疗器械临床试验从试验设计、受试者保护、试验流程到安全性评估等方方面面的质量管控均得到全面发展。

2021年，国家药品监督管理局共批准医疗器械注册11314项，与2020年相比注册批准总数量增长14.9%[1]。国家药品监督管理局医疗器械技术审评中心长三角分中心和粤港澳大湾区分中心的成立，促进了医疗器械审评审批的快速发展，两个分中心通过对华东地区和华南地区资源的充分调动和使用，进一步推动了医疗器械产业转型升级和新兴产业发展。

关于医疗器械临床试验的监管，在一系列指导原则下，各级药品监督管理部门积极探索新的监管模式，引入新的监管技术，更好地保证医疗器械临床试验在机构的开展和受试者权益的保障。已有临床试验机构采取"医疗器械临床试验准入评估"模型来确保医疗器械的安全性和有效性[2]。该方法通过建立多维的评估模型，从多个指标方面进行考虑，能够量化评估医疗器械临床试验操作的安全性，并且能够有效地保证受试者权益。医疗器械临床试验机构未来也将向基于风险的管理方向发展，针对医疗器械风险、系统风险、体系风险等，探索相应降低风险的措施，从而保证医疗器械临床试验安

---

[1] 参见《国家药品监督管理局2021年度医疗器械注册工作报告》。
[2] 朱丹丹、高关心、王学军等：《医疗器械临床试验准入评估模型构建及应用》，《中国卫生质量管理》2021年第7期。

全、有效地开展,并保证受试者的权益。

2021年,先行先试的地区范围进一步扩大,第一批先行先试的地区也初见成果。在2020年《真实世界数据用于医疗器械临床评价技术指导原则（试行）》颁布后,海南省试点地区2021年采用临床真实世界数据的"飞秒激光眼科治疗系统"获批上市。同时,为了进一步促进创新医疗器械的发展,推动我国大型医疗设备的研发,国家药品监督管理局继续推进实施医疗器械注册人制度,鼓励一线医务人员的科研创新等专利成果转化,强化科技成果转化的激励措施,推进医教研产协同创新发展。国家药品监督管理局发布的《医疗器械拓展性临床试验管理规定（试行）》进一步推进了医疗机构与企业在创新医疗器械临床试验上的合作,在利于增强我国自主创新医疗器械研发硬实力,使我国大型医疗设备走向国际市场。相信未来我国的医疗器械将会向更加创新、国际化的方向发展,医疗器械临床试验也将会向更加专业化、信息化、规范化的方向前行。

B.9
2021年我国医疗器械行业政策文件发布情况分析

刘 强*

摘 要： 2021年，是我国"十四五"规划的开局之年，在医药领域，国家和各省、自治区、直辖市都出台了一系列相关政策文件，推动了医疗器械行业的发展。本报告对"十三五"期间和2021年，医疗器械行业出台的政策文件进行了搜集、整理、分类，将影响行业发展的政策主题和重点进行了解构。分析发现，2016~2021年医疗器械行业政策文件数量呈现增加趋势，医疗器械行业的政策环境与医药行业越来越接近。2021年国家和地方层面发布的政策文件标定的关键词排名前五位的是：集中采购、医保政策、注册管理、技术奖励、"十四五"规划，包括这5个关键词的政策文件成为2022年医疗器械企业关注的重点。2022年，医疗器械发展方向将全面明确；医疗器械行业集中带量采购工作将加速；创新驱动将加速医疗器械行业发展。

关键词： 医疗器械 行业政策 "十四五"规划

2021年，是我国"十四五"规划的开局之年，也是医疗、医药、医保向高质量发展快速转型的一年。2021年3月13日，《中华人民共和国国民经济和社会发展第十四个五年规划和2035年远景目标纲要》发布。在医药领域，国家层面和各省、自治区、直辖市（以下简称"地方层面"）都出

---

* 刘强，中国药招联盟政策研究员。

台了一系列相关政策文件并部署实施了"十四五"规划相关宏观政策。本报告对"十三五"期间和2021年，尤其是2021年，医疗器械行业出台的政策文件进行了搜集、整理、分类，将影响行业发展的政策主题和重点进行了解构，并预判和展望了未来的政策发展趋势。

一 2016~2021年医疗器械行业政策发布情况

据中国药招联盟不完全统计，2016~2021年，国家和各省、自治区、直辖市发布的医药和医疗器械行业相关政策文件数量共9767件，其中：国家层面（含行业协会）发布1985件，占比20.3%；地方层面发布7782件，占比79.7%。其中，直接与医疗器械行业相关的政策文件有1815件（间接涉及的不在统计范围内），国家层面发布447件，占比24.6%，地方层面发布1368件，占比75.4%（见表1）。

表1 2016~2021年医药和医疗器械整体及直接涉及医疗器械的相关政策文件发布情况

单位：件

国家层面政策文件发布情况							
部门	文件数	部门	文件数	部门	文件数	部门	文件数
国家食药监总局/药监局	1273(379)	国家卫(健)计委	295(12)	人社部/医疗保障局	149(26)	国务院（中共中央）	116(20)
国家发改委	23	科技部	4	国家中医药管理局	7	工信部	4(1)
审计署	1	商务部	2	司法部	1(1)	国家税务总局	2(1)
多部门联合	81(6)	行业协会	27(1)				
总计				1985(447)			
地方层面政策文件发布情况							
省（区、市）	文件数	省（区、市）	文件数	省（区、市）	文件数	省（区、市）	文件数
安徽	355(55)	海南	244(49)	江西	215(40)	上海	245(27)
北京	265(63)	河北	295(60)	辽宁	285(52)	四川	319(58)

续表

省(区、市)	文件数	省(区、市)	文件数	省(区、市)	文件数	省(区、市)	文件数
兵团	26(1)	河南	195(52)	内蒙古	276(47)	天津	259(26)
福建	254(37)	黑龙江	266(37)	宁夏	248(53)	西藏	55(9)
甘肃	403(40)	湖北	230(48)	青海	162(25)	新疆	145(15)
广东	357(64)	湖南	260(44)	山东	259(48)	云南	203(41)
广西	367(50)	吉林	188(38)	山西	237(63)	浙江	254(51)
贵州	249(43)	江苏	261(47)	陕西	227(53)	重庆	178(32)
总计				7782(1368)			

注：中国药招联盟根据国家和地方各级网站资料整理，括号内为直接涉及医疗器械的政策文件数量。余同。

2016~2021年，医疗器械行业相关政策文件出台数量呈增多趋势，见图1。如果对全部政策文件按照医药、医疗器械和其他进行分类分析发现，医疗器械相关政策文件的数量增长趋势更加显著，2016~2021年药械政策文件比分别为100∶17、100∶25、100∶30、100∶47、100∶55、100∶52。由此可见，医疗器械行业的政策环境与医药行业越来越接近。

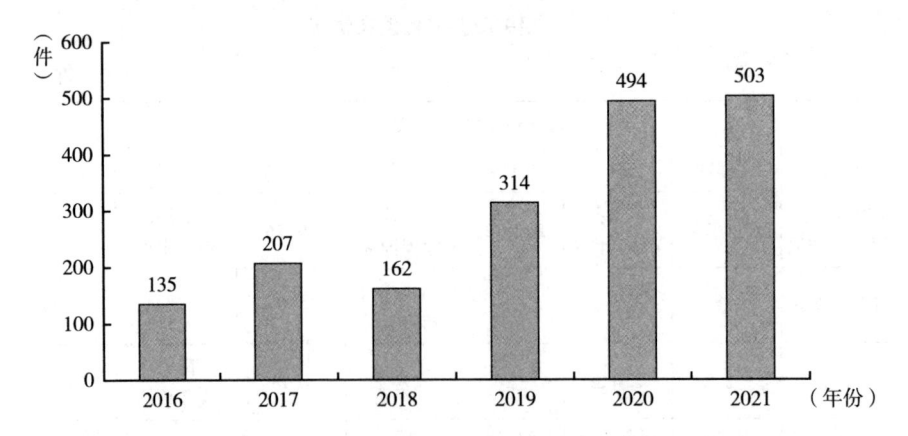

图1 2016~2021年医疗器械相关政策文件按时间发布情况

（一）按发文部门分析

药监部门发文数量排名第一，发文数量共计668件，占比36.8%，排名第2~5位的依次为招标部门、医保部门、卫健部门、人民政府,发文数量分别是391件、277件、174件、153件,占比分别为21.5%、15.3%、9.6%、8.4%。排名前五位的部门2021年的发文数量与2020年相比较,药监部门下降、招标部门上升、医保部门上升、卫健部门下降、人民政府上升。其他发文机构,如多部门联合、行业协会、司法部门、工信部门等,共发文152件,占比8.4%。

(二)按发文省(区、市)分析

地方层面发文数量共1368件,其中排名前十的省(区、市)共发文573件,占比41.9%,发文数量排名前十的省(区、市)依次是广东(64件)、北京(63件)、山西(63件)、河北(60件)、四川(58件)、安徽(55件)、宁夏(53件)、陕西(53件)、辽宁(52件)、河南(52件)。

(三)按文件性质分析

相关政策按照文件性质可划分为通知类、细则类、公告、通告、宏观性文件、决定、年报等七大类(见表2)。其中,通知类、细则类和公告,合计占比88.21%。

表2 2016~2021年医疗器械相关政策按文件性质统计

单位:件,%

分类	通知类	细则类	公告	通告	宏观性文件	决定	年报
2016年	65	36	18	13	1		2
2017年	61	64	45	14	12	10	1
2018年	89	47	11	9	3		3
2019年	190	66	24	27	4		3
2020年	231	144	72	28	1	16	2
2021年	293	98	47	25	24	15	1
合计	929	455	217	116	45	41	12
占比	51.18	25.07	11.96	6.39	2.48	2.26	0.66

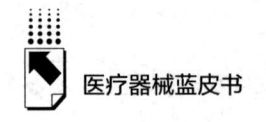

（四）按产业链分析

医疗器械产业链可划分为研发、生产、流通及使用四个环节。2016~2021年覆盖全产业链的政策文件数量有1067件，占比58.8%，涉及研发环节的有305件、涉及生产环节的有113件、涉及流通环节的有189件、涉及使用环节的有141件，占比分别为16.8%、6.2%、10.4%、7.8%（见表3）。

表3　2016~2021年医疗器械相关政策文件按产业生命周期统计

单位：件，%

	全产业链	研发环节	生产环节	流通环节	使用环节
2016年	37	45	9	26	18
2017年	110	38	18	34	7
2018年	48	53	12	42	7
2019年	153	58	15	39	49
2020年	345	66	30	28	25
2021年	374	45	29	20	35
合计	1067	305	113	189	141
占比	58.8	16.8	6.2	10.4	7.8

（五）按关键词分析

中国药招联盟针对每件政策文件涉及的重点内容均做了关键词的标定，按照标定的关键词出现的频次进行统计，可以发现阶段性的政策重点。据统计，排名前十的标定的关键词分别为集中采购、注册管理、飞行检查、临床试验、医保政策、流通管理、器械标准、技术审查、发展规划、医疗改革，涉及排名前十的标定的关键词的政策文件数量占整体政策文件数量的94%以上。

二　2021年医疗器械行业相关政策发布情况

2021年发布的医疗器械行业相关政策共503件，其中国家层面发布70件，地方层面发布433件。

（一）按发文部门分析

2021年，主要发文部门按发文数量由多到少排序为招标部门、医保部门、药监部门、人民政府、多部门联合、卫健部门、价格部门、工信部门和行业协会，排名前五的部门的发文数量分别是161件、110件、90件、57件、57件，占比分别为32.0%、21.9%、17.9%、11.3%、11.3%。

（二）按发文省份分析

地方层面各省（区、市）共发文433件。排名前五的省（区、市）共发文126件，占29%（见图2）。从发文数量多少来看，2021年各省（区、市）的排序与2016~2021年不尽相同，说明了2021年各省（区、市）政策环境发生了变化。

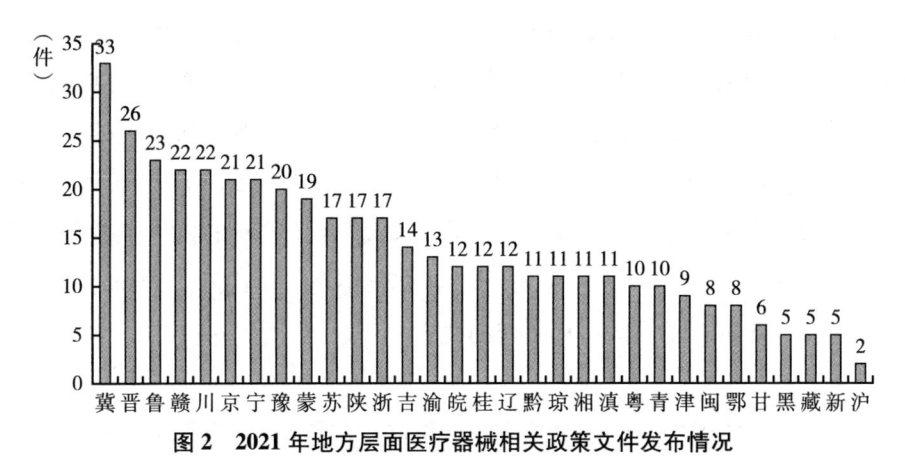

图2　2021年地方层面医疗器械相关政策文件发布情况

（三）按文件性质分析

2021年国家和地方层面发布的医疗器械相关政策按文件性质进行统计，数量由多到少分别是通知类、细则类、公告、通告、宏观性文件、决定、年报。与2020年相比，通知类增加（数量为293件）、细则类减少（数量为98件）、公告减少（数量为47件）、通告减少（数量为25件）、宏观性文

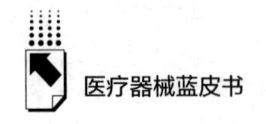

件增加（数量为24件）、决定减少（数量为15件）、年报减少（数量为1件）。

（四）按产业链环节分析

2021年国家和地方层面发布的政策文件涉及全产业链的数量有374件，占比74.4%，与上一年相比有所上升。涉及不同环节的政策文件数量、占比及与2020年相比的变化情况如下：研发环节45件，占比8.9%，与2020年相比有所下降；生产环节29件，占比5.8%，与2020年相比有所下降；流通和使用环节分别是20件和35件，占比分别为4.0%（与2020年相比有所下降）和7.0%（与2020年相比有所上升）。

（五）按关键词分析

2021年国家和地方层面发布的政策文件标定的关键词出现频次排名前五的是：集中采购、医保政策、注册管理、技术奖励、"十四五"规划，其中涉及集中采购的389件、涉及医保政策的30件、涉及注册管理的25件、涉及技术奖励的18件、涉及"十四五"规划的17件。此顺序与2016~2021年全部政策文件统计的顺序不一样，说明2021年工作重心发生了变化，其中"'十四五'规划"进入前五，这与2021年是"十四五"开局之年，国家对医药产业进行了新的布局紧密相关。

三 2022年医疗器械行业政策重点和趋势预判

从2016~2021年政策文件标定的关键词出现的频次可以看出，集中采购、"十四五"规划等将成为2022年医疗器械企业关注的重点。

（一）医疗器械发展方向全面形成

2022年1月，九部门联合印发《"十四五"医药工业发展规划》，该规划所提及的医疗器械创新、唯一标识、智慧医疗、康复产业、构建公共卫生体系、耗材集中带量采购、优先审评审批等关键词，为中国医疗器械的发展指明了方向。

2020年，国家药品监督管理局通过建立医疗器械唯一标识系统，加强医疗器械全生命周期管理。2021年1月1日，医疗器械唯一标识（UDI）正式实施，首批实施UDI的产品覆盖心脏起搏器、血管支架、关节假体和整形填充材料等9大类69个品种。对医疗器械的全生命周期统一数据标准是维护政府、患者、企业相关利益的基础。UDI的使用将促进我国医疗器械行业的发展。

2020年新冠肺炎疫情突发，对我国的疫情防控体系带来极大挑战，口罩、额温枪、检测试剂及防护设施等，一度出现了紧缺，反映了我国公共卫生体系还需要进一步完善。《"十四五"医药工业发展规划》强调提升疫情检测防控能力，此外，还要求建立分级分层分流的传染病救治网络，健全统一国家公共卫生应急物质的储备体系，大型公共建筑预设平疫结合改造接口。康复医疗、高端医疗设备、优先审评审批都将是"十四五"期间医疗器械的重点发展方向。

（二）医疗器械行业集中带量采购工作在加速

2020年11月，国家组织了针对冠脉支架的首批高值医用耗材集中带量采购。2021年6月，国家医保局等部门联合印发《关于开展国家组织高值医用耗材集中带量采购和使用的指导意见》，2021年9月，按照该意见要求，国家组织开展了针对人工髋关节、膝关节的集中带量采购。两次高值医用耗材的集中带量采购试点，使得产品价格大幅下降，产品供应平稳。2022年1月10日，李克强总理在主持召开国务院常务会议时，对加快推进"十四五"规划以及各专项规划确定的重大项目进行部署，并提出常态化制度化开展药品和高值医用耗材集中带量采购，逐步扩大高值医用耗材集中采购覆盖面，在国家和省级层面针对群众关注的骨科医用耗材、药物球囊以及种植牙等开展集中带量采购。

中国药招联盟通过对2021年医疗器械集中采购政策文件按标定的关键

词进行统计分析发现，关键词出现频次排前五的依次是：第一，地方耗材VBP，文件数量165件，占比42.4%；第二，采购结果，文件数量59件，占比15.2%；第三，国家耗材联采，文件数量46件，占比11.8%；第四，采购规范，文件数量23件，占比5.9%；第五，采购通知，文件数量22件，占比5.7%。出现这5个关键词的文件数量占81.0%，可见医疗器械集中采购在加速（见图3）。

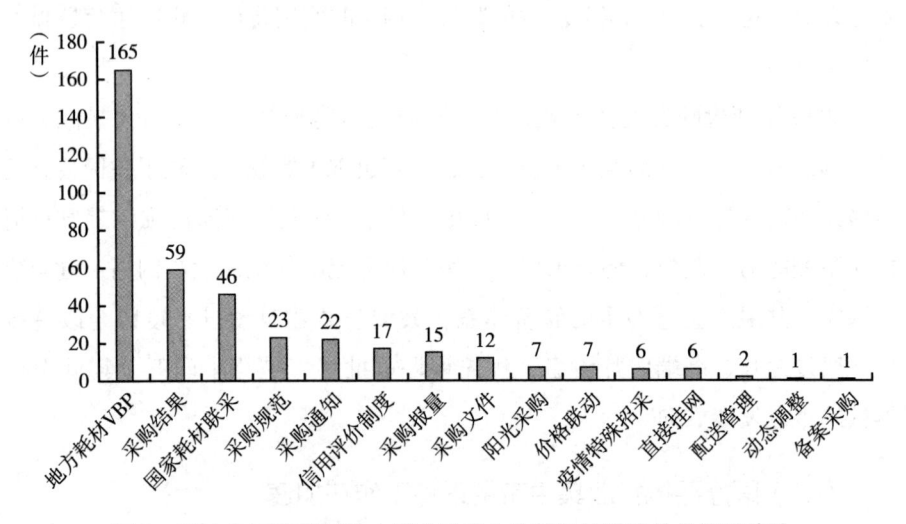

图3 2021年医疗器械集中采购政策文件数量按标定的关键词统计

新修订的《医疗器械监督管理条例》，要求多部门加强协作，支持基础研究和应用研究，促进新技术的推广和应用，并对科技项目立项、资金筹集、信用贷款、招标与采购、医疗保险等多方面给予支持。2021年9月，国家药监局发布《加强集中带量采购中选医疗器械质量监管工作方案》，要求各省级药品监管主管部门组织对本辖区内人工关节国家集采中选企业开展专项检查，对中选品种展开专项抽检。

2022年1月15日，全国医保工作会议将集中采购作为2022年9个医保工作重点之一，提出不断减轻群众医药费用负担，常态化制度化开展药品集采，力争年内国家和省级集采药品总数累计达到350个以上，扎实开展脊柱高值医用耗材集采，推动地方积极开展药耗集采，提升医药价格治理能力，实现在化学药、生物药、中成药领域全方位推进集采的格局，进一步压缩带金销售空间。

2022年2月8日，国家医保局招标主管部门向各地下发通知，要求月底前上报2022年省级（省际联盟）集中带量采购工作重点及有关考虑的函，函告要求结合本省实际情况形成2022年药品和医用耗材采购的意向品种及数量，确定采购形式（包括独立开展、牵头跨省联盟和参加联盟的形式），推动医用耗材集中采购与药品一同推进。

（三）创新驱动将加速医疗器械行业发展

创新是第一发展驱动力。在国家鼓励政策和医疗机构诊疗需要日益增长、家庭医疗健康护理要求亟待满足等各要素的驱动下，医疗器械产业的创新将会进一步加速。国家药监局公布的两批重点实验室名单中，与医疗器械相关的有29家，涉及人工智能、医用生物防护器械、医用增材制造（3D打印）器械、创新生物材料、口腔、眼科等多个领域。国家规划将促使北京、上海、粤港澳大湾区形成国际科技创新中心，目前，我国自主生产的高端医疗器械国内市场占有率已逐步提高，未来将逐步削弱国外高端医疗器械产品的主导地位。

2020年12月21日，国务院第119次常务会议修订通过《医疗器械监督管理条例》，国家将医疗器械创新纳入发展重点，支持创新医疗器械临床推广和使用，推动医疗器械产业高质量发展；"十四五"规划重点任务指出"加快产品创新和产业化技术突破，促进医药工业发展向创新驱动转型"。国家药监部门设置创新医疗器械快速审批通道，目前超过100个创新医疗器械已经获批上市。

B.10
2021年我国医疗机构大型医用设备配置管理状况与未来展望

彭雄俊*

摘　要： 大型医用设备是指纳入品目管理的大型医疗器械，具有使用技术复杂、投入资金量大、运行成本高、对医疗费用影响大的特点。我国自1995年以来，开始实施大型医用设备配置制度，历经27年，大型医用设备管理从部门管理发展到被纳入法律法规体系，形成法治化和规范化的工作制度，大型医用设备配置许可事项从非行政许可事项调整为行政许可事项。随着简政放权、放管结合深入推进，为适应卫生健康事业发展要求，大型医用设备配置管理将更加聚焦投入大、技术要求高、区域性配置的医学装备，发挥属地化配置管理作用，放宽常规或"冷门"医学装备品目。在管理方式上，卫生行政部门将规范大型医用设备行政许可实施，同时加强事中事后监管。

关键词： 大型医用设备　配置管理　行政许可

根据新版《医疗器械监督管理条例》规定，大型医用设备是指纳入品目管理的大型医疗器械，具有使用技术复杂、投入资金量大、运行成本高、对医疗费用影响大的特点。大型医用设备是一类特殊医疗资源，大部分医疗机构以配置先进大型医用设备来彰显实力，一些质子医院、

---

* 彭雄俊，中南大学湘雅二医院医疗装备部副主任，中级工程师。

重离子医院和伽马刀医院甚至以大型医用设备进行命名,这足以证明大型医用设备对医院特色或发展具有举足轻重的作用。此外,通过利用大型医用设备开展的检查、治疗所获得的收入也一直是医疗机构医技收入的重要来源。这些都导致了医疗机构上马大型医用设备的"冲动"性与"盲目"性。为规范大型医用设备配置,我国卫生行政部门实行许可审批管理。

一 大型医用设备配置管理现状

(一)国外大型医用设备配置管理

为控制医疗费用过快上涨,促进医疗资源合理布局,提升服务效率,部分发达国家通过立法或技术评估确定大型医用设备配置管理方式。以美国为例,美国通过需求许可(Certificate of Need,CON)体系对大型医用设备配置实行管控干预。CON体系是指医疗机构在证明"社会需求"并获得批准的费用额度后,才能增加医疗服务设施和设备,以减少非必要的医疗投入。由于大型医用设备投入大,美国确定的大型医用设备管理范围类似于我国目前实行的管理品目,既明确品目进行管理,又明确对采购金额阈值以上的医用设备进行管理。目前,美国普遍管理的大型医用设备包括:X线计算机断层扫描仪(以下简称"CT")、磁共振成像系统(以下简称"MR")、X线正电子发射断层扫描仪(以下简称"PET/CT")、放疗设备等。此外,美国通过数额巨大的罚金和取消医保定点资格等严厉的处罚手段,严格要求医疗机构配置大型医用设备必须获得州政府批准。在配置标准方面,各州明确设置了大型医用设备准入医疗机构、卫生技术人员的资质等,通过医保支付和服务评价保障其合理使用。从美国有关大型医用设备配置政策来看,美国注重从医保控费角度出发,通过评估和干预调节大型医用设备的配置有序性和使用合理性。

英国、瑞典、澳大利亚等全民医保支付国家,主要通过技术评估、实施

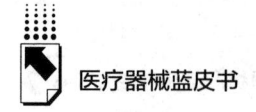

指南对大型医用设备配置进行管理。欧盟主要成员国有关大型医用设备的技术评估指标主要包括：百万人口大型医用设备保有量、利用效率、成本效益、有效性等。英国、瑞典等国家和欧盟成员国，更加注重百万人口大型医用设备保有量、利用效率等。

（二）我国大型医用设备配置管理

1995年，我国首次明确将大型医用设备纳入配置管理范围，而大型医用设备配置管理从非行政许可事项调整为行政许可事项，大体经历了三个阶段。

第一阶段：1995~2004年。原卫生部发布《大型医用设备配置与应用管理暂行办法》（卫生部令第43号），明确大型医用设备管理目的、配置管理方式、应用管理方式、人员管理方式、监督与处罚办法等。在品目方面，提出大型医用设备品种目录由卫生部定期公布，根据需要进行调整。在配置管理方面，实行大型医用设备配置许可证、应用质量合格证和上岗人员技术合格证等三证管理，三证均由卫生部颁发。作为我国首个大型设备配置管理制度，该办法在规范我国大型医用设备配置与管理方面发挥了基础性和积极性作用。

第二阶段：2004~2018年。2004年，卫生部会同国家发改委、财政部出台《大型医用设备配置与使用管理办法》（卫规财发〔2004〕474号），同时发布了第一批大型医用设备管理品目。在配置管理方面，实行大型医用设备配置许可证管理，取消大型医用设备应用质量合格证和上岗人员技术合格证。在体制方面，甲类大型医用设备配置许可由卫生部负责；乙类大型医用设备配置许可由省卫生厅负责。各省结合实际情况，出台了本省大型医用设备配置管理办法。该阶段大型医用设备配置管理体系逐步成熟与完善，建立了品目调整、配置规划、阶梯配置、集中采购、违规通报等相关机制。

第三阶段：2018年至今。国家卫生健康委按照《医疗器械监督管理条例》，重新修订管理办法，调整管理品目，出台配置规划，形成了"1个条例、1个目录、1个办法、1个系统、1个规划和1个平台"的大型医用设备配置与管理制度。在此期间,国家卫生健康委开展 3 次甲类大型医用设备配置许可审批工作,下达配置许可 198 个。各省(区、市)结合实际情况,出台本省(区、市)的大型医用设备配置管理办法,并积极履行乙类大型医用设备配置许可审批责任。

按照行政许可事项管理要求,本阶段主要完善相关制度并开展集中审批。同时结合"证照分离"改革要求,国家和省级卫生健康行政部门分类推进对自由贸易区和非自由贸易区社会办医院配置乙类大型医用设备实行告知承诺制和备案制。

二 大型医用设备配置规划与监管情况

(一)品目调整变化

2004 年以来,我国先后发布了 4 批大型医用设备品目。从品目变化来看,17 类大型医用设备被调减至 12 类;从配置价格门槛来看,国家提高了首次配置大型医用设备价格的门槛,并将医疗机构常规和相对"冷门"的医学装备调整出品目;从管理权限来看,对于适合属地管理的 PET/CT、伽马射线立体定向放射治疗系统(简称"γ刀")和手术机器人,从甲类大型医用设备调整为乙类大型医用设备。

(二)配置规划情况

2004 年以来,我国卫生行政部门共下达了 10 个大型医用设备配置规划,主要包括全国性大型医用设备规划和 PET/CT、高端放射治疗设备、内窥镜手术器械控制系统、头部 γ 刀单列规划。到 2020 年底,我国大型医用设备配置品目与规划如表 1 所示。

目前,全国大型医用设备配置数量由国家卫生行政部门统一规划设定。部分省份结合实际,在省域内开展"二次分配"。如浙江省、广东省、河南省、福建省将 PET/CT、手术机器人、γ 刀配置数量纳入省级统筹,将 64 排

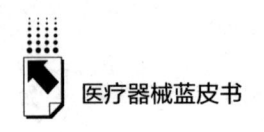

表1 大型医用设备配置品目与规划情况①

序号	配置品目与管理			配置规划	
	设备品目	设备类别	管理层级	控制数量（台）	规划层级
1	重离子放射治疗系统	甲类	国家卫生健康委	0	华北、东北、华东、中南、西南、西北6个区域
2	质子放射治疗系统			16	
3	正电子发射型磁共振成像系统			82	
4	高端放疗治疗设备			216	省域规划
5	首次配置单台价格3000万元（或400万美元）及以上的医疗器械			/	/
6	X线正电子发射断层扫描仪	乙类	省级卫生健康委	884	省域规划
7	内窥镜手术器械控制系统			268	
8	X线计算机断层扫描仪（64排及以上CT）			9338	
9	1.5T及以上磁共振成像系统			10713	
10	直线加速器（含X刀）			3405	
11	伽玛射线立体定向放射治疗系统			188	
12	首次配置单台价格1000万~3000万元的医疗器械			/	/

及以上CT、1.5T及以上MR和直线加速器数量分配至市级行政区划。四川省、湖北省、江苏省按照市级行政区划和省部属单位单列配置。此外，在浙江省、广东省的配置规划中，单列了社会办医疗机构和第三方影像中心的配置指标。

在准入标准方面，国家卫生健康委出台了大型医用设备配置准入标准指引，重点围绕医疗机构功能定位、服务需求、技术要求、配套设施、专业技术人员资质和能力以及质量保障等方面进行描述。部分省级卫生健康委根据乙类大型医用设备配置标准指引，制定本省大型医用设备配置准入标准。如广东省、江苏省、浙江省、四川省等。

---

① 《国家卫生健康委关于调整2018~2020年大型医用设备配置规划的通知》（国卫财务函〔2020〕315号），2021年7月31日。

(三) 监督管理

一直以来，卫生行政部门对大型医用设备配置都要进行监督检查，主要内容包括监督管理部门权限、监督方式、违规情形、处罚措施等。为坚决遏制大型医用设备违规装备的情况，国家卫生行政部门公开发布了《关于排查处理违规采购与装备使用大型医用设备的紧急通知》《关于违规装备大型医用设备处理意见》等文件，并通报了部分医疗机构违规装备手术机器人、射波刀、伽马刀等问题，通过政策要求、通报批评和案例公开等措施强化大型医用设备监督管理。

为适应行政审批要求，卫生行政部门依法聚焦大型医用设备监督检查事项和方式、信用管理、行政履职、违法处理等。目前，对于未经许可擅自使用大型医用设备的，对机构采取责令停止使用、罚没收入、数倍罚款、限期不受理申请等处罚措施，同时关联违法单位法定代表人和相关责任人员，对其采取罚没特定期间单位所获收入、罚款、处分等处罚措施。近年来，部分卫生行政部门根据《医疗器械监督管理条例》，通报了违规配置和处罚的警示案例。如福建省卫生行政部门一次性通报60个单位未经审批擅自配置大型医用设备的情况；温州市卫生健康委依法对未经许可擅自配置使用大型医用设备的医疗机构予以警告、没收违法所得和处以5倍违法所得罚款。

三 大型医用设备配置管理展望

（一）相关部门将持续强化大型医用设备行政审批管理

大型医用设备配置管理已经被纳入《基本医疗卫生与健康促进法》和《医疗器械监督管理条例》。无论是行政管理部门，还是医疗机构都必须严格遵守相关规定。大型医用设备品目已经被纳入行政许可事项，国家卫生行政部门承担了行政许可和管理主体责任，这就要求卫生行政部门按照法规要

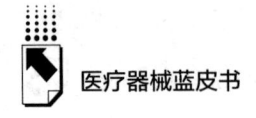

求开展大型医用设备配置和行业监督管理。因此，按照行政许可有关法规要求，国家卫生行政部门将持续强化大型医用设备配置管理。

（二）大型医用设备配置需求将持续增长

近年来，我国深入实施"健康中国"战略，不断发展医疗卫生事业以满足人民群众对健康的需求。根据2021年国家卫生健康委发布的《2020年我国卫生健康事业发展统计公报》，到2020年末，我国医疗卫生机构总数达1022922个。其中：医院数量为35394个，基层医疗卫生机构数量为970036个。卫生行政部门出台一系列政策要求提升医疗机构服务能力。如加快国家医学中心和区域医疗中心建设，进一步提升区域头部医疗机构服务能力；为应对新冠肺炎疫情，各发热门诊需要独立配置CT；为增强县域机构服务能力，CT和MR逐步延伸成为县级医疗机构和中心乡镇卫生院标配等。医疗机构的数量增长与服务能力提升促进了大型医用设备配置需求的增长。

（三）大型医用设备配置品目将得到合理调整

随着技术发展和科技进步，新型大型医用设备将不断出现，比如磁共振直线加速器、7.0T磁共振成像系统等。因此，国家卫生行政部门印发了《新型大型医用设备配置管理规定》，明确了配置评估程序、配置评估内容、医疗机构配置试用基本条件和监督管理等要素。另外，64排CT、1.5T MR和普通直线加速器作为医疗机构常规设备，配置数量快速增长。因此，国家卫生行政部门将更加注重管理投入资金特别多、多省份区域性配置的甲类大型医用设备，下放适宜在省级层面统筹考虑的大型医用设备配置管理权限，同时将常规医学装备移出大型医用设备配置品目。

（四）大型医用设备配置事中事后监管将进一步加强

为加强大型医用设备精细化管理，国家卫生健康委和部分省份建立了大型医用设备管理平台，制定了台账管理和公示制度。为降低医疗机构采购成本，国家卫生行政部门将PET/CT、PET/MR和手术机器人纳入部门集中采购，福建省、安徽省医保局将省域内 CT、MR 纳入集中采购，大幅降低采购成本，提高了采购管理的透明度。为优化大型医用设备配置结构，提高配置的合理性，国家卫生行政部门将逐步开展大型医用设备配置评估工作，将大型医用设备检查（治疗）人次、开机率、阳性率、产出效益等纳入评价指标，对大型医用设备配置的科学性、有序性、合理使用情况进行评估。

行业篇
Industry Reports

B.11
2021年我国医疗器械国际贸易状况及发展趋势

孟冬平[*]

摘　要： 面对当前国际局势和国际贸易环境，中国政府审时度势，提出统筹常态化疫情防控和经济高质量发展总体思路，不断深化外经贸关系，使得多双边区域合作取得突破，经济在促进形成国内国际双循环新发展格局中稳中求进。生物医药健康产业作为国家战略性新兴产业受到高度重视，产业发展环境和市场运行态势正在呈现新的特点。疫情激发了全球对医疗健康业的庞大市场需求。疫情形势下，中国医疗器械企业在"走出去、引进来"和国内外市场的融合发展中积极抢抓机遇，努力在困境中寻求突围，在创新转型中实现高质量发展，全年外贸额稳中有升，与疫情相关的医疗器械进出口贸易成绩显著，厚积薄发的中国医疗器械产业在国际分工合作中彰显了实力。新时期新方略新格局，正在走向更

---

[*] 孟冬平，中国医药保健品进出口商会党委书记、副会长。

深、更高层次改革的中国，为国内外企业提供了前所未有的发展机遇，医疗大健康产业发展方兴未艾。

关键词： 医疗器械　国际贸易　疫情防控

2021年，是"十四五"规划实施的第一年，我国开启了全面建设社会主义现代化国家的新征程。从全球来看，新冠肺炎疫情深刻影响着世界经济发展格局，各国都在积极寻求加强防疫、恢复经济的良方。面对波谲云诡的国际局势和艰难复杂的国际贸易环境，中国政府审时度势，提出统筹常态化疫情防控和经济高质量发展总体思路，不断深化外经贸关系，使得多双边区域合作取得突破，经济在促进形成国内国际双循环新发展格局中稳中求进。生物医药健康产业作为国家战略性新兴产业受到高度重视，产业发展环境和市场运行态势因政府治理理念和指导思想的变化正在呈现新的特点。

一　2021年我国医疗器械外贸运行情况

中国是全球医药和医疗器械产品，特别是防疫物资的主要生产和出口国。2021年，我国医疗器械出口企业数量达到3万多家（见图1）。

新冠肺炎疫情出现以来，中国成为全球防疫物资供应的大后方，为维护全球医药供应链的稳定可持续，支持各国抗击疫情、守护人类生命健康做出了巨大贡献。从外贸运行情况看，我国医药健康产品出口大增，对整体外贸拉动作用明显，显示了疫情形势下生物医药健康产业所发挥的举足轻重的作用。和西药、中药保健品相比，医疗器械的出口表现尤为显著。

2021年，从全球范围看，新冠病毒变异和各国迥异的防疫措施，导致疫情仍在多国扩散蔓延。因此，疫情防控和公共卫生健康体系建设、推动经济尽快复苏仍是各国政府之要务。在此大背景下，我国医药健康产品对外贸

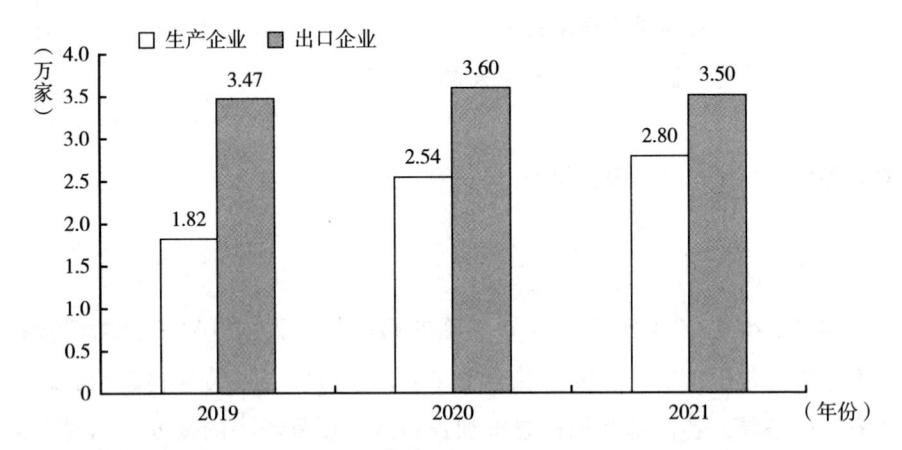

图 1　2019~2021 年我国医疗器械生产和出口企业数量

资料来源：中国医保商会根据公开资料整理。

易机遇与挑战并行。即便面临着欧美国家围堵、地缘政治冲突、国际贸易通路受阻、材料及运营成本上涨、制造业回归等诸多风险挑战，包括医疗器械在内的中国医药健康产品进出口仍在政策助力下稳步发展。在各行各业都受到新冠肺炎疫情冲击之时，国内大量相关防疫物资研发生产企业获得了海外订单，将产品出口到欧美、东南亚以及中东、北非等上百个国家和地区，取得了喜人的业绩。

2021 年，我国医药产品进出口总额达到 2625 亿美元，同比增长 2%，其中出口额 1721 亿美元，进口额 904 亿美元（见图 2）。在医药产品出口中，医疗器械出口占比超过一半，2021 年占比达 57.76%。

与 2020 年疫情发生初期的市场需求的爆发性增长相比，2021 年医疗器械出口增速下降明显，口罩（医用/非医用）、防护服等防护类医用敷料产品出口同比大幅下滑 73%，基本回落至疫情前水平。与此同时，传统医疗器械的生产和出口开始陆续恢复，医疗器械进口也呈现稳步回升态势，进出口贸易市场运行逐步回归理性和正常水平。

根据中国医保商会的统计数据，2021 年我国医疗器械进出口总额达到 1440.87 亿美元，同比减少 16.87%。医疗器械出口额 994.09 亿美元，同比减少

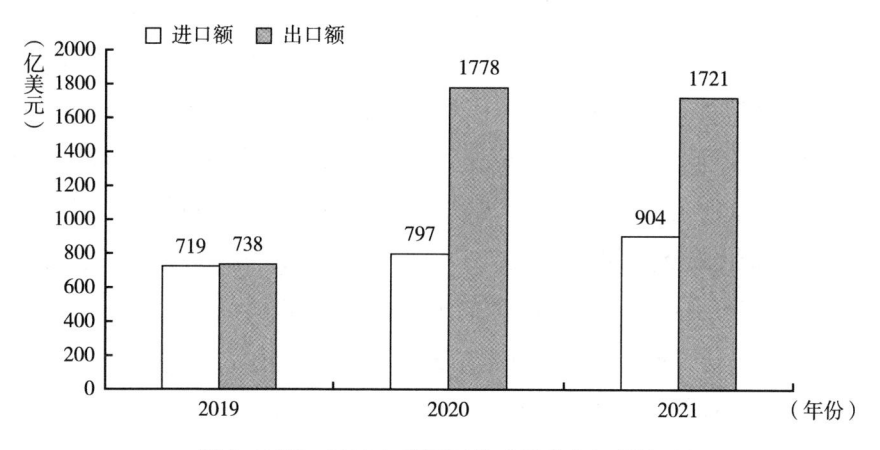

图 2 2019~2021 年我国医药产品进出口额情况

资料来源：中国医保商会。

24.73%；进口额446.78亿美元，同比增长8.31%。2021年防疫物资出口总值达200多亿美元。2020年和2021年我国防疫物资出口数量见表1。

表1 2020年和2021年我国防疫物资出口数量

产品	2020年出口数量	2021年出口数量
口罩(亿只)	2242	1530.6
防护服(亿件)	23.1	19.5
护目镜(亿副)	2.89	1
呼吸机(万台)	27.1	32.5
新冠病毒检测试剂盒(亿人份)	10.8	80.25
红外线人体测温计(万件)	11900	3457

资料来源：中国医保商会。

2021年，在其他基础耗材及设备类防疫物资出口急剧下降的同时，诊断试剂产品出口同比增速非常亮眼，制氧机、预灌装疫苗注射器等产品的出口业绩也非常突出。2021年上半年印度及周边国家疫情再暴发导致制氧机需求量陡增，全年印度及周边国家进口我国医疗器械20.53亿美元，同比增长42.27%。此外，随着全球范围内疫苗接种需求的加大以及我国疫苗的大量出口，

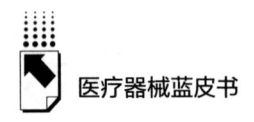

国产预灌装疫苗注射器出口大幅增加。从出口贸易规模总体看，医疗器械产品出口急速下降的主要原因是，以口罩、防护服为代表的医用敷料出口大幅减少，全年出口额仅175.02亿美元，相较于2020年疫情出现初期，下降73.89%。这源于各国疫情防控手段和应对措施不一，相关产品本地生产陆续恢复，疫情出现初期骤增的进口产生的库存积压需要消化，以及上一年度出口基数过高等。与此同时，其他传统及优势医疗器械出口开始恢复增长，一次性耗材、医院诊疗设备、保健康复用品、口腔设备与材料出口增速均超20%。

从出口市场结构看，中国内地对美国、德国、英国、日本和中国香港、荷兰、韩国、加拿大、法国和印度的出口额位居前十，占中国内地出口总额的49.39%，美国仍居首位。此外，"一带一路"沿线地区业已成为中国内地重点出口目的地，出口额达297.29亿美元，占30%，其中泰国、印度尼西亚、越南等东盟市场增速明显，未来中国内地对"一带一路"沿线地区出口的医疗器械占比还会进一步扩大，印度首次进入中国内地十大出口目的市场之列，欧美等国家和地区大幅进口我国的体外诊断试剂等产品，进口额保持较高增幅。从出口省份情况看，出口位列前十的省份仍集中在长三角、珠三角等地区，占比达到89.08%。

（一）体外诊断试剂出口延续强劲态势

体外诊断试剂是2021年我国医疗器械出口增长最为显著的产品类别。疫情形势下，与疫情相关的新冠病毒抗体、抗原、核酸三类检测试剂一直是全球市场上的热销产品。根据中国医保商会统计数据，2021年我国体外诊断试剂共出口130.93亿美元，同比激增157.37%，其中抗原家庭自测类试剂产品出口110.16亿美元，同比增幅高达246.67%，占体外诊断试剂出口总额比重达84.14%。国内多家企业的新冠病毒抗原检测试剂盒于2021年先后获得欧美上市资格，成为体外诊断试剂出口主力军，出口市场主要集中在美国和欧洲等广泛使用自行检测类试剂产品的国家和地区，对东盟地区的出口也出现明显增长。出口企业则多集中于浙江、福建、北京、广东，四省（市）体外诊断试剂出口额合计占比达79.62%。

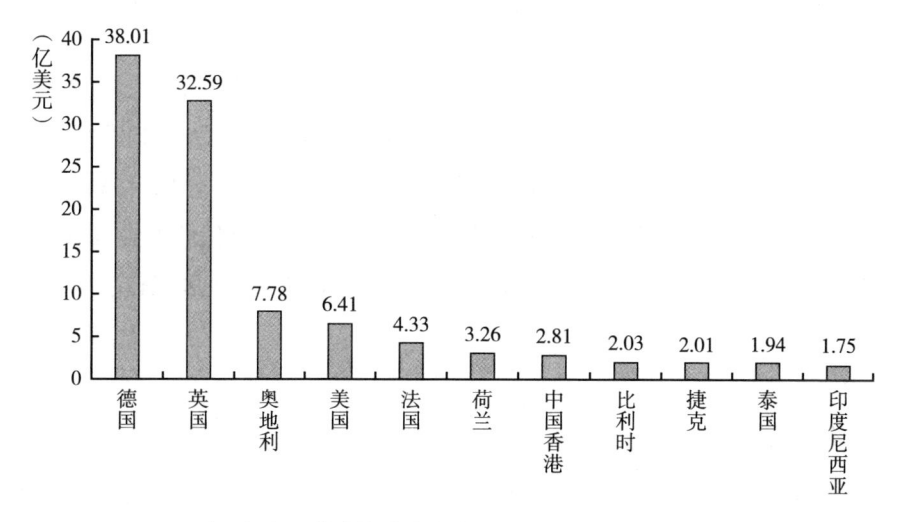

图3　2021年中国内地体外诊断试剂出口额排名前十的市场情况

德国 38.01；英国 32.59；奥地利 7.78；美国 6.41；法国 4.33；荷兰 3.26；中国香港 2.81；比利时 2.03；捷克 2.01；泰国 1.94；印度尼西亚 1.75（单位：亿美元）

资料来源：中国医保商会统计。

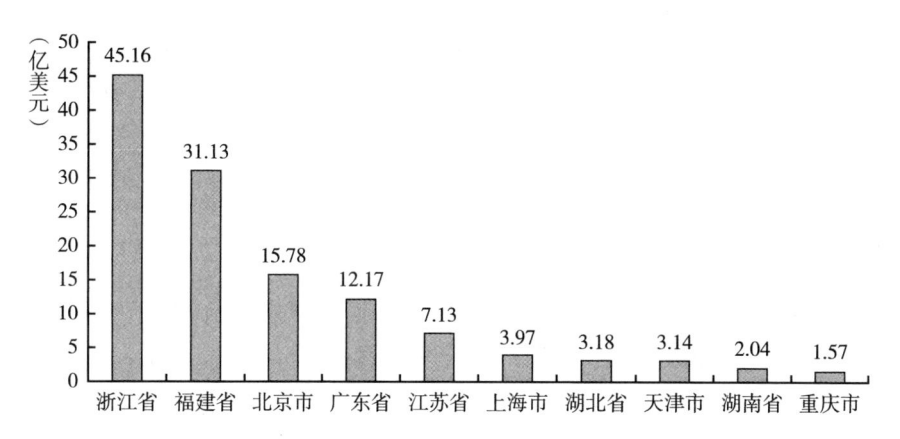

图4　2021年中国内地体外诊断试剂出口额排名前十的省份情况

浙江省 45.16；福建省 31.13；北京市 15.78；广东省 12.17；江苏省 7.13；上海市 3.97；湖北省 3.18；天津市 3.14；湖南省 2.04；重庆市 1.57（单位：亿美元）

资料来源：中国医保商会统计。

（二）家用保健康复产品出口继续强势增长

新冠肺炎疫情出现后，"宅经济"在全球兴起且持续火热。相关研究数据显示，国产家用医疗器械出口额年增速超过30%，在国际市场占有绝对优势。特

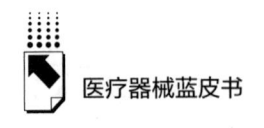

别是随着跨境电商的发展，国产家用医疗器械销售更加火爆，尤其是在美国、德国、韩国、日本和英国等市场。疫情出现后，家用制氧机、血氧仪、保健康复类产品大量出口，2021年出口额继续保持高速增长，全行业出口业绩飘红。此外，随着中医药在疫情防控中所发挥的独特疗效不断受到关注，中医诊疗设备也越来越受欢迎，根据中国医保商会统计数据，我国按摩保健器具2021年出口额高达64.12亿美元，同比增长47.42%，覆盖全球200多个国家和地区。

（三）高端诊疗设备出口取得更好成绩

我国的高端诊疗设备近年来实现了从仿造到仿创结合，再到自主研发创新的转变，关键技术不断取得突破，特别是在医学监护、医学影像设备、临床实验室设备和微创介入治疗以及外科植入物等高端医疗器械领域已取得显著成果。多家本土企业以其产品和技术优势逐渐在国际市场站稳脚跟，打破了国际厂商长达几十年的垄断格局。2021年，我国医院诊断与治疗设备出口额达到329.65亿美元，同比增长21.72%，出口额增长的产品包括彩超、X射线断层检查仪、核磁共振成像装置、助听器、人造关节、内窥镜等。

（四）医用耗材中低端产品出口占优势，高端产品出口形成一定规模

医用耗材已成为我国医疗器械产品中出口额最大的品类，2021年出口额达到357.18亿美元，同比增长28.47%。在疫情推动下，注射器、管状金属针头、硫化橡胶手套、缝合用针等产品的出口均实现了较大幅度增长。在高端医用耗材领域，国内集中带量采购政策的实施促使企业加大创新转型力度，开始瞄准国际市场。目前，血管支架、骨科等领域的产品已在国际市场占据一席之地，并形成一定出口规模。

（五）医疗器械进口稳步回升

2021年，医疗器械进口额达446.78亿美元，同比增长8.31%。进口来源地仍以美国、德国、日本为主，对这三个国家的进口额占到进口总额的一

半以上，进口产品中导管类耗材、体外诊断试剂及高端医疗设备是进口额最大的品种。此外，我国对部分高端医疗器械产品和核心零部件、关键原材料的进口依赖度仍然较高，上海、北京、广东为主要的进口省（市）。

二 2021年我国医疗器械产业国际化运行情况

受疫情影响，全球产业格局和市场格局快速整合，创新、转型成为产业发展的主旋律。而产品迭代、模式创新、风险可控显然已成为当下影响全球医疗器械供应链产业链调整的核心变量。

（一）创新、整合成为产业发展主旋律

从各地区、治疗领域发展情况和渠道增长情况等多个维度可以看出，近年来全球医疗器械市场的表现一直较为活跃，市场需求居高不下。无论是跨国巨头还是中小型企业，都在努力争取创新突破、促进研发水平提升，并通过资本助力快速向产业链上下游延伸，向前沿领域转型。产业链的跨国铺设现象越来越普遍。在激烈的竞争中，跨国巨头纷纷抢滩医疗新技术制高点，基于创新应用机制的医疗器械产品不断获批上市。

中国在疫情防控中的突出表现凸显了中国生物医药健康产业的韧性和张力，医疗器械产业表现尤为显著。中国的医疗器械产业体系经过多年培育积累与磨砺已经比较完整，市场规模稳步扩大。目前，我国中低端医疗器械产品早已获得国际市场认可，低值医用耗材在国际市场占有绝对的份额，在中高端医疗器械核心关键技术上不断取得突破。

（二）价值链在不断延伸，医疗创新正进入新赛道

中国的很多医疗器械企业曾长期依靠仿制代工生产，长期处于全球产业价值链的底端。但国内医疗创新环境大幅改善，很多拥有临床前沿医疗技术的研究和发展项目进入快速发展期，消费升级，海外高层次人才归国，资本融合并购，产业孵化、转化步伐加快，都推动着医疗器械产业的高质量发展。

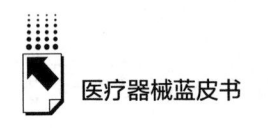

（三）医药监管政策全面与国际接轨

近年来，中国政府不断加大对药械产品的监管力度，不断优化审评审批制度。正式实施的医疗器械注册人制度，自贸区、自由贸易港政策，在推动国内医疗研发成果走向国际的同时，也极大地促进了跨国药企将产品顺利引入中国市场，为产业的全方位国际合作创造了制度条件。

（四）数字经济和智能医疗方兴未艾，医药医疗新技术产业化步伐明显加快

以互联网为依托，AI智能化技术及大数据正被大量应用于医疗器械产业，这将使产业迎来革命性改变，产业发展将逐步进入智慧化工业时代。

三 2022年我国医疗器械国际贸易面临的挑战和形势展望

中国医疗器械产业在全球供应链中的地位角色，决定了全球市场对中国医疗器械的需求在一定时间内是刚性的，这使得医疗器械企业"出海"动作变得更为密集。但从长期看，由于新冠肺炎疫情带来的不确定性以及其对经济的影响还在继续加大，特别是各国纷纷强调制造业回归，全球医疗器械市场的竞争将更加激烈。

（一）风险与挑战

我国的医疗器械产业曾抓住国际医药产业梯度转移的契机努力发展，但我国医疗器械企业进入国际市场以贸易为主要方式，仍处于成长阶段。疫情的暴发一度引发全球范围内对产业链供应链的担忧和重视，我国相关政策也一直在推动市场弥补短板，注重核心关键技术的研发，鼓励本土制造替代，但总体而言，在全球价值链中，我国医疗器械产业仅在底端的生产制造环节上具有一定的优势，而在研发设计、国际营销和品牌运作等高利润率环

节基本处于劣势。

一是，研发技术薄弱，自主研发创新力不足。仿制类产品居多，靠利润微薄来赢得市场很容易授人以柄，引发贸易争端或摩擦。二是，前沿领域市场表现力不足，核心技术产品存在"卡脖子"难题。虽然我国医疗器械产业拥有全球最大的市场，但业大而不优，科技贡献率不高，呼吸机、体外诊断试剂等产品一应如此。三是，中低端产品同质化竞争严重，国际市场认知度低。市场产品质量参差不齐，国际市场认知度不高，发展水平喜忧参半。四是，本土企业产品线单一，产业规模不够，在全球产业集中度不断提高的过程中，难以抗衡海外巨头。五是，国际思维理念和市场投入不足。医疗器械企业在海外的发展，并不能一蹴而就。

当前多数本土企业的国际化战略并不明确，对出口目标市场的药政规则、流通渠道、客户需求和消费偏好等知之甚少，盲目性成分较大，国际化进展缓慢。因缺乏售后服务，中国医疗器械产品难以获得足够信任的现象屡见不鲜。

（二）形势展望

突然出现的疫情，让本就复杂多变的国际局势更加扑朔迷离，市场跌宕起伏，充满了诸多不确定性，令发展前行中的中国经济面临更大的挑战压力，中国生物医药健康产业难以独善其身。经由疫情磨砺的中国医疗器械产业正步入由量的增长向质的提升跃升的阶段，在助推经济重振方面将发挥重要作用，发展潜力无限。在走向国际市场的进程中，创新和高质量发展是企业的立足之本、发展之道。唯有秉持更加开放的理念思维，重视国际规则和标准，重视开放包容协调包容，积极营造健康可持续的新型合作生态关系，才能在激烈的竞争中赢得主动。而坚定不移的改革开放政策，完整牢固的产业基础、较强的抗风险韧性和创新热潮都将是推动我国医疗器械国际化事业稳步发展的"定海神针"，期待中国的医疗器械国际化发展能够取得更加辉煌的成绩。

B.12
2021年我国骨科植入物市场状况和发展趋势

许书富 李仁耀*

摘 要： 2021年，面对世纪疫情冲击和"十四五"开局的双重挑战，我国骨科植入物行业又来到了一个新发展阶段。随着医药行业的生产经营和医疗服务逐步复苏，我国骨科植入物2021年总体市场销售规模突破300亿元，达340亿元，较上年增长14%。结合国家医保局、国家发改委等八部门发布的《关于开展国家组织高值医用耗材集中带量采购和使用的指导意见》，骨科植入物属于采购范围内的高值医用耗材，具有临床用量较大、采购金额较高、临床使用较成熟、市场竞争较充分、同质化水平较高等特征。2021年骨科植入物市场分别迎来了创伤、脊柱和人工关节产品的集中带量采购。今后整个骨科植入物行业资源将向创新研发能力强、综合运营成本控制佳的企业集中。企业唯有在做好成本控制工作的同时，保质保量做好配送供应工作，并积极开展创新性研发，推动产品多元化发展，提高品牌竞争力，才能保持自身的可持续发展。

关键词： 人口老龄化 骨科植入物 集中带量采购 手术机器人

---

* 许书富，北京纳通科技集团有限公司正天事业部总经理；李仁耀，北京纳通科技集团有限公司小骨科事业部总经理。

2021年，面对世纪疫情冲击和"十四五"开局的双重挑战，我国骨科植入物行业又来到了一个新发展阶段。随着新修订的《医疗器械监督管理条例》《医疗器械应急审批程序》等一系列文件的发布，国家在进一步加强对骨科医疗器械监管的同时，也为整个骨科植入物行业带来了新的发展机遇。本报告结合政策导向及客观环境因素，对骨科植入物行业2021年的市场发展状况、行业热点、新技术应用及发展趋势等进行调研分析，以期为行业的长期可持续发展提供参考。

一 2021年我国骨科医疗器械市场状况

（一）行业概况

根据第七次全国人口普查数据，2020年中国60岁及以上人口有2.64亿人，65岁及以上人口有1.9亿人，分别占总人口的18.7%、13.5%。全国31个省（区、市）中，有16个省（区、市）65岁及以上人口超过了500万人，其中6个省（区、市）老年人口超过了1000万人[①]。人口老龄化是今后较长一段时期内我国的基本国情，也是我国社会发展的重要趋势。骨科疾病发病率与年龄相关度极高，诸如椎体压缩性骨折、骨性关节炎、骨质疏松等疾病发病率均与年龄呈正相关，随着我国老龄人口数量和预期寿命的日益增加，骨科植入物的市场需求将日益旺盛。

虽然新冠肺炎疫情仍在全球蔓延，国内疫情也此起彼伏，但从市场发展维度看，在社会经济发展、医疗监管制度完善、国家医疗保障体系逐渐成熟、城镇化发展以及消费结构升级等多个因素的驱动下，我国骨科植入物市场规模将持续稳步增长，销售收入增速将远远高于全球整体增速。

当前国内骨科植入物市场竞争趋于同质化，行业利润被压缩是行业发展的必然趋势。随着新医改工作的推进，多地将相继探索开展骨科植入物耗材

---

① http://www.stats.gov.cn/ztjc/zdtjgz/zgrkpc/dqcrkpc/.

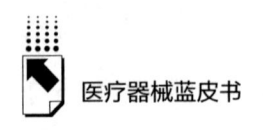

集中带量采购，这将推动骨科植入物行业资源向创新研发能力强、综合运营成本控制佳的龙头企业集中。

（二）细分市场情况

2021年我国骨科植入物总体市场销售规模达340亿元，较上年增长14%，主要细分领域创伤、关节、脊柱、运动医学市场销售规模如表1所示，其中脊柱和关节市场销售规模均突破100亿元。根据国家药监局网站发布的信息，2021年国家药监局共批准118家企业（国内企业96家、国外企业22家）骨科二类、三类医疗器械注册证254张。

表1 2020~2021年中国骨科植入物市场销售情况

单位：亿元，%

类别	2020年销售额	2021年销售额	增长率(%)
创伤	90	98	9
关节	94	108	15
脊柱	89	102	15
运动医学	25	32	28
总计	298	340	14

资料来源：王宝亭、耿鸿武主编《中国医疗器械行业发展报告（2021）》，社会科学文献出版社，2021，第146页。

1. 创伤

2021年国家药品监督管理局（NMPA）共审批通过创伤注册证65张，其中国产产品61张，进口产品4张。随着人口老龄化的发展，人体发生骨折及因外界因素造成创伤的概率不断增加。创伤作为骨科细分领域最成熟的学科，市场增速稳定。国内创伤市场销售额中，进口产品销售额占比为24%，增长率为-6%；国产产品销售额占比为76%，增长率达15%。

2021年国内多地开展了创伤产品集中带量采购工作，以河南省牵头的12省（区、市）骨科创伤类医用耗材联盟采购为代表的集中带量采购，将加速创伤行业的洗牌。国产创伤产品基于成本优势，市场份额进一步扩大，进口创伤产品市场正在逐渐缩小。

2. 脊柱

2021年国家药品监督管理局（NMPA）共审批通过脊柱注册证76张，其中国产产品66张，进口产品10张。脊柱为获批骨科产品注册证最多的类别。2021年随着疫情防控形势好转，以及脊柱经皮微创技术、镜下融合术及3D打印技术、手术机器人辅助手术等数字化骨科技术的推广应用，国内脊柱市场规模增大。国内脊柱市场销售额中，进口产品销售额占比为43%，增长率为9%；国产产品销售额占比为57%，增长率达20%。

2021年国内脊柱市场除了安徽省开展了骨科植入脊柱类集中带量采购外，整体上受集采影响相对较小。国家组织骨科植入脊柱类集中带量采购预计将在2022年开展，将给国内脊柱市场带来深远影响。

3. 关节

2021年国家药品监督管理局（NMPA）共审批通过关节注册证49张，其中国产产品37张，进口产品12张。同样受益于疫情防控形势好转，以及DAA直接前方入路技术、3D打印技术及手术机器人辅助手术等数字化骨科技术的推广应用，国内关节市场规模增大。国内关节市场销售额中，进口产品销售额占比为51%，增长率为10%；国产产品销售额占比为49%，增长率达21%。

随着国产品牌自主研发能力提升，大量精密工艺技术以及质量控制标准和国际水平趋同，近年来，关节市场涌现出不少优秀的国产品牌，国产替代趋势明显。2021年国家组织人工关节集中带量采购中选结果已经公布，预计2022年国内各省（区、市）将陆续落地集采成果。国产、进口关节产品将迎来低利润模式下的激烈竞争。

4. 运动医学

2021年国家药品监督管理局（NMPA）共审批通过运动医学注册证64张，其中国产产品52张，进口产品12张。获批注册证的产品主要为锚钉、带袢钛板、界面螺钉、半月板缝合系统等传统植入物和器械，这些产品可用于解决80%以上的基础关节镜手术问题。在骨科细分领域中，运动医学领域销售额增速最快。2021年国内运动医学市场销售额中，进口产品销售额占比为

88%，增长率为21%；国产产品销售额占比为12%，增长率达100%。

国产运动医学销售额的高速增长受益于近几年资本加速进入该领域，较多国产运动医学厂家已完成基础的产品线布局和产品上市工作，且近几年受各地集中带量采购政策影响较小。当前再生医学为软组织损伤修复提供了更多思路，可吸收人工韧带、可吸收补片以及生物组织工程等相关解决方案将成为运动医学发展的新方向。

（三）国际贸易

国内骨科植入物集中带量采购加速了整个行业的快速整合，推动了更多的国产企业参与到国际市场竞争中。根据海关统计数据在线查询平台的数据，2021年中国骨科植入物出口市场持续回暖，出口额约8.64亿美元，同比上年增长39.58%。其中细分市场——创伤/脊柱出口额约6.46亿美元，同比上年增长43.88%；关节出口额约2.18亿美元，同比上年增长28.24%（见表2）。2021年在全球疫情仍持续蔓延的大环境下，我国骨科植入物出口市场回暖的主要原因在于国内疫情形势有所好转，一系列复工复产政策使得骨科植入物制造加工产业体系快速恢复正常运转，再加上产业多年发展的积累，国际市场竞争优势凸显。

表2 2021年中国骨科植入物出口额统计

单位：亿美元，%

类别	2020年出口额	2021年出口额	2021年同比增长
创伤/脊柱	4.49	6.46	43.88
关节	1.70	2.18	28.24
总计	6.19	8.64	39.58

资料来源：海关统计数据在线查询平台，http://43.248.49.97/。

根据相关统计数据，美国、比利时、澳大利亚为我国骨科植入物主要出口市场，出口额合计占总出口额的51.50%（见表3）。除传统市场外，"一带一路"沿线市场也成为我国重要的出口市场，未来占比将会进一步扩大（见表4）。

表3 2021年我国排名前十的骨科植入物出口市场情况

单位：亿美元

排名	出口市场	出口额
1	美国	3.19
2	比利时	0.79
3	澳大利亚	0.47
4	德国	0.46
5	墨西哥	0.27
6	英国	0.24
7	新加坡	0.22
8	波多黎各	0.21
9	荷兰	0.17
10	日本	0.14

表4 2021年我国排名前十的"一带一路"沿线骨科植入物出口市场情况

单位：亿美元

排名	出口市场	出口额
1	新加坡	0.22
2	泰国	0.09
3	意大利	0.09
4	越南	0.07
5	智利	0.07
6	马来西亚	0.06
7	波兰	0.06
8	南非	0.06
9	印度尼西亚	0.05
10	巴西	0.05

资料来源：海关统计数据在线查询平台，http://43.248.49.97/。

二 我国骨科植入物行业热点

（一）集中带量采购

2021年，国家深入推进高值医用耗材集中带量采购改革，落实治理高

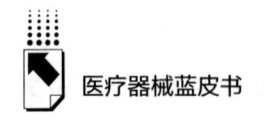

值医用耗材改革相关文件要求，进一步提高采购效率，推动实现集中带量采购常态化。骨科植入物领域开展了国家联采1项、省际联盟采购1项、省级集中采购1项，对行业影响重大。

2021年7月，河南省牵头开展12省（区、市）骨科创伤类医用耗材联盟采购工作[1]。全国有101家企业报名，89家生产企业参与竞价，其中，国内企业76家、进口企业13家。通过竞价，71家企业的20751个产品拟中选，平均降价幅度达88.65%。2022年2月天津、北京、河北三地医药采购中心共同发起京津冀"3+N"联盟骨科创伤类医用耗材带量联动采购工作，18个省（区、市）计划联动河南等12省（区、市）骨科创伤类医用耗材联盟集中带量采购价格。

2021年8月，安徽省开展骨科植入脊柱类集中带量采购工作[2]。全国有35家企业102个组套参与组套综合降幅申报。其中，国内企业31家，进口企业4家。通过竞价，24家企业的853个产品拟中选，平均降价幅度达54.6%。安徽省骨科植入脊柱类集中带量采购普遍被骨科行业视为2022年国家组织骨科植入脊柱类集中带量采购的"试验田"。

2021年9月，国家组织高值医用耗材联合采购办公室开展人工关节集中带量采购工作[3]。全国5804家医疗机构参加此次集采报量工作。有48家企业参与报价，其中进口企业13家、国产企业35家；通过竞价，44家企业的870个产品中选，中选率92%，平均降价幅度达82%。各省（区、市）将在2022年陆续落实执行国家组织人工关节集中带量采购中选结果。

随着创伤、关节、脊柱领域相继开展集中带量采购工作，各骨科企业应在做好成本控制的同时，保质保量做好配送供应工作，并积极开展创新性研发工作，推动产品多元化发展，提高品牌竞争力，以保持自身可持续发展。

---

[1] 河南省医疗保障局：《豫晋赣鄂渝黔滇桂宁青湘冀骨科创伤类医用耗材联盟采购公告（十一）》。
[2] 《关于公布安徽省骨科植入脊柱类集中带量采购中选结果的通知》。
[3] 《关于公布国家组织人工关节集中带量采购中选结果的通知》。

（二）监管法规对骨科的影响

2017年5月5日，欧盟正式发布新版医疗器械法规MDR（EU 2017/745），取代旧的医疗器械指令MDD（93/42/EEC）。并且明确新旧法规交替过渡期为3年。受2020年疫情影响，欧盟在2020年4月24日宣布，将医疗器械法规MDR强制实施日期推迟一年，改为2021年5月26日。公告机构（NB）与申请认证的企业对MDR的新要求都需要一个适应的过程，各方的理解偏差都不可避免。公告机构的原则通常为从严要求，主要表现在提高对产品认证资料的要求上，比如对于骨科用人工关节假体及可降解植入物等三类医疗器械临床评价资料和上市后产品临床跟踪（PMCF）资料倾向于临床试验的要求，这将可能加重申请认证企业的负担。

此外，大部分公告机构的现场审查专家并非常驻中国境内。当前在全球新冠肺炎疫情防控形势依然严峻的情况下，我国加强了对入境人员的隔离管理措施。这将在一定程度上影响审查专家入境的积极性，而绝大部分公告机构没有开展远程视频审查或委托国内有相应能力资质的专家代为审查等变通措施。此举将导致国内申请认证的骨科植入物企业的现场审查进度受到影响，进而使得企业产品海外上市计划推迟，成为企业发展的不利因素。

2021年6月以来，新版《医疗器械监督管理条例》（国务院令第739号）及其相应配套规章、工作文件陆续实施。从行业视角看，国家药监局的监管科学化水平进一步提升，坚定不移地推行医疗器械全生命周期监管取得了积极成效。同时，药监部门在注册人制度推行、创新医疗器械优先审评审批、支持创新医疗器械临床推广和使用以及推动医疗器械产业高质量发展等方面也都做出了卓有成效的努力。这对推进骨科医疗器械产业高水平和健康有序发展具有积极和深远影响。

三　我国骨科植入物行业新技术的应用情况

根据"十四五"规划要求，骨科植入物行业正加快向数字化骨科方向

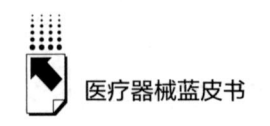

发展。数字化骨科涵盖了术前规划、术中导航辅助手术以及术后评价与康复等环节，将这些就诊流程环节整合便构建形成了数字化骨科手术平台。

在数字化骨科加速发展的当下，骨科手术导航机器人的发展尤为引人注目。根据Frost & Sullivan的统计数据，2020年骨科手术导航机器人市场规模为2.5亿元，占国内手术机器人市场规模的10.1%，预计2020~2026年复合增长率将达到48.2%。根据国家药品监督管理局（NMPA）公开的数据，截至2021年底，国内共审批通过22张骨科手术导航机器人注册证，其中进口产品14张，包含关节置换类3张、脊柱类5张、创伤脊柱通用型6张；国产产品8张，包含创伤类1张、脊柱类2张、创伤脊柱通用型5张，其中2张为2021年新下发注册证。目前国内开展机器人研究的企业超20家，大部分处于样机试制和临床试验阶段，相信未来5年将有更多国产骨科手术导航机器人上市。

目前我国骨科手术机器人市场仍面临诸多问题，如终端价格高、手术治疗费用高、医保报销政策不完善等。2021年8月，北京市医保局联合北京卫健委、北京人社局发布《关于规范调整物理治疗类等医疗服务价格项目的通知》（京医保发〔2021〕23号）①，将机器人辅助骨科手术和一次性机器人专用器械均纳入北京市医保支付范畴。此举将对骨科机器人相关术式应用推广和普及产生示范效应。今后随着更多的省份将机器人辅助骨科手术及相关耗材纳入医保支付范畴，以及国内骨科手术机器人技术日益成熟并陆续获批上市，国内终端医院和患者的接受度将逐步提高。

四 市场发展趋势与机遇

根据"The Orthopaedic Industry Annual Report 2021"，2020年全球骨科市场中，美国以312亿美元的市场规模排名第一，占比达65.7%；EMEA以17.9%的占比居第二位；亚太地区占比12.9%；其余地区占比3.5%。

---

① http://ybj.beijing.gov.cn/zwgk/2020_zcwj/202108/t20210830_2479735.html.

2021年全球骨科市场规模方面，人工关节市场规模为171.4亿美元，增长率为-12.3%，其中膝关节为78.9亿美元，髋关节为70.5亿美元，四肢关节为22.0亿美元；脊柱市场规模为86.61亿美元，增长率为-10.3%；创伤市场规模为71.25亿美元，增长率为-4.4%；运动医学市场规模为52.82亿美元，增长率为-10.8%。预计2022年全球骨科市场规模方面，人工关节市场规模为201.4亿美元，增长率为17.5%，其中膝关节95.8亿美元，髋关节79.6亿美元，四肢关节26.0亿美元；脊柱市场规模为98.28亿美元，增长率为13.5%；创伤市场规模为76.72亿美元，增长率为7.7%；运动医学市场规模为60.98亿美元，增长率为15.4%。

日间手术（Ambulatory Surgery Center）是全球骨科的下一个"战场"。在推动"十四五"时期医疗卫生事业快速发展方面，国家明确提出要做好日间手术的质量安全管理工作。为进一步落实《国务院办公厅关于推动公立医院高质量发展的意见》（国办发〔2021〕18号）相关要求，大力推行日间手术，提高日间手术占比，推动落实分级诊疗制度建设，国家卫生健康委根据患者需求、日间手术工作进展和新版的手术操作分类代码，组织对日间手术目录进行了更新。2022年1月发布《日间手术推荐目录（2022年版）》。其中，跖骨切除术、胫骨外固定术、骨植入装置去除术等180余项骨科手术被列入目录中。进一步提升日间手术规范化、科学化、同质化管理水平，将有利于为人民群众提供更优质、安全、高效的医疗服务。

B.13
2021年我国气管导管市场状况及发展趋势

韩广源　张钊　陈磊*

摘　要： 全球气管导管市场的价值在2022~2032年预计将以6.4%的年复合增长率增长。人口老龄化、慢性呼吸系统疾病频发、外科手术增多，推动了气管导管和气道产品市场的发展。开发新产品已被认为是主流品牌制造商在激烈竞争中所采取的主要增长策略，而减少因置入气管导管而产生的气道损伤等并发症仍是创新的核心策略。近年来，我国全麻手术普及率快速提升，气管导管的需求不断增加，市场容量预计为年1706万支。新型气管导管更多是在结构上进行设计改良和开发新功能，以减少并发症的发生和适应特定手术的特殊需要，其中，可视化气管导管系统、低损伤气管导管等的市场需求预计将会不断增多。随着国家对医用耗材的集中采购、临床合理使用、医保支付以及相关监管政策的落地，医用耗材生产和流通环节必将迎来巨大挑战。生产企业的成本领先、管理效能领先和生产企业根据政策导向进行的顺势布局将成为企业的重要竞争力。技术创新与产业升级也将成为生产企业的重要战略制胜要素。

关键词： 气管导管　市场状况　医用耗材政策

---

* 韩广源，广州维力医疗器械股份有限公司总经理；张钊，广州维力健益医疗器械有限公司总经理；陈磊，广州维力健益医疗器械有限公司副总经理。

气管导管可以建立确切的人工气道，防止分泌物、血液和反流的胃内容物被误吸进入气管与支气管；也可以实施正压通气，便于吸除气道分泌物，减少气道解剖无效腔；并且可作为心搏骤停期间的急救给药途径。气管插管术是经口或经鼻将气管导管置入呼吸道，建立人工气道，进行机械通气的方法，被广泛地应用在急诊科、各种 ICU、麻醉科、各种病房以及院外的各种急救现场。

最初的气管导管是硬质无球囊气管导管。1871 年，Trendelenburg 发明了带充气球囊的气管导管；1919 年，Magill 制作了红色橡胶气管导管并用于临床；1964 年，聚氯乙烯（PVC）材质的气管导管被用于临床，并成为目前最常见的标准气管导管。尽管气管导管的产品工艺已十分成熟，但气管导管相关的并发症在临床上的发生率仍居高不下，如气道损伤和呼吸机相关性肺炎等。随着医疗技术水平的提高，气管导管正朝着多功能整合化的方向发展，旨在为患者提供更加舒适化的治疗。

一 气管导管市场状况

（一）全球气管导管市场基本情况

根据 Grand View Research 的研究报告[①]，2021 年全球气管导管的市场规模约为 20 亿美元。Future Market Insights 报告预测[②]：全球气管导管市场的价值将在 2022~2032 年以 6.4% 的年复合增长率增长。人口老龄化、慢性呼吸系统疾病频发、外科手术增多，推动了气管导管和气道产品市场的发展，目前气管导管和气道产品的销量不断上升。到 2027 年底，全球气管导管和气道产品市场的估值将超过 53.31 亿美元。北美的医疗产业发达，拥有先进的医疗技术和设备，是气管导管和气道产品的主要市场；人口老龄化趋势加强和慢性呼吸系统疾病频发，预计将使亚太地区成为气管导管和气道产品市

---

① https：//www.grandviewresearch.com/industry-analysis/endotracheal-tubes-market.
② Future Market Insights，https：//www.futuremarketinsights.com/reports/tracheal - tubes - and - airway-products-market.

场份额增长最快的地区。特别是中国和印度，气管导管和气道产品的需求将会显著增加。

全球气管导管市场主流品牌制造商包括 Teleflex Inc.、Smiths Medical、Medtronic Plc.、Medis Medical（UK）Ltd 及维力医疗、河南驼人、山东威高等。开发新产品已被认为是主流品牌制造商在激烈竞争中所采取的主要增长策略，而减少因置入气管导管而产生的气道损伤等并发症仍是创新的核心策略。主流品牌制造商正致力于创新设计以减少置入和留置气管导管所导致的气管损伤等并发症的发生。例如：维力医疗生产的柔性气管导管（Parker flex-tip ETT）的尖端柔软而富有弹性，不容易被卡在气道组织结构上产生切割性损伤；Medis Medical（UK）Ltd 开发了气管导管球囊压力指示阀，便于将球囊压力调整在合适的范围，能够减少球囊充气不足或过量所导致的气道相关并发症的发生；Medtronic Plc. 的 NIM-EMG 神经监测气管导管可监测喉返神经和迷走神经，减少甲状腺切除等头颈部手术损伤神经的风险。

自 1868 年气管导管开始投入临床使用，气管导管的功能改良及新型功能的研发便一直未曾中断。其中包括气管导管球囊和管体设计的改进、气管导管新型功能的研发[1]。传统的气管导管球囊材质是聚氯乙烯（PVC），新型的气管导管球囊材质是聚氨酯（PU），PU 球囊的囊壁比 PVC 球囊薄，对气道的损伤和压迫小，球囊封闭性更好。普通气管导管尖端硬，管体软，易引起声门附近组织损伤；柔性气管导管的尖端柔软而富有弹性，可提高置管成功率，减少气道损伤。可视气管导管的管壁内嵌有高清摄像头，末端可连接显示屏，可实现置管过程可视化和留置期间的全程气道监测。

（二）我国气管导管市场状况

根据《中国卫生健康统计年鉴 2021》，2020 年我国住院病人手术人次达 6664 万人次，全麻手术需气管导管的市场容量预计为 1706 万支。随着我国人口老龄化加剧和人们对卫生健康需求的增加，以及人均医疗保健投入的

---

[1] 蔡国强：《新型气管导管功能研究进展》，《现代医药卫生》2016 年第 5 期。

提高、社保覆盖率的提升，我国全麻手术普及率快速提升，气管导管的需求不断增加。气管导管作为基础性医疗器械产品，发展潜力巨大。

目前气管导管产品生产企业已超过180家[1]，其中江苏省45家，排名首位；其次为河南省、广东省、浙江省、江西省，分别为39家、23家、16家、14家，其他省份数量较少。根据率捷咨询的报告数据[2]，河南驼人、山东威高、维力医疗市场份额排名前三，合计为40%~50%，江苏亚华、浙江苏嘉排名紧随其后。随着中国在制造技术、材料科学等基础科技领域的水平提高，医用导管企业研发能力和技术实力也在不断增强，再加上国家政策对于国产品牌的支持，部分国产品牌已经逐步取代进口品牌。

近年来多种并发症在临床上的发生率仍居高不下，对医生的治疗造成了多种障碍，对患者的恢复产生了不良影响，增加了患者的经济负担。未来，随着国家政策的支持以及技术发展越发成熟，我国可视化气管导管系统、低损伤气管导管等的市场需求将不断增加。气管导管也将向着多功能整合化的方向发展，以便为患者提供更加舒适化的治疗。

二 气管导管技术发展趋势

（一）材质改变

气管导管先后由橡胶、聚氯乙烯（PVC）、硅胶等多种材料制成。橡胶气管导管，由于相对较硬，组织相容性较差，现在已很少使用。硅胶气管导管质地柔软，组织相容性好，但由于生产成本高并未得到普及。目前临床常用的气管导管由PVC材料制成。随着新材料的出现，国内外已经出现聚氨酯（PU）材质的气管导管。PU材质的气管导管生物相容性更好，患者使用更舒适，插管时对患者声门、黏膜的损伤更小。

---

[1] 数据来源：国家药品监督管理局注册信息。
[2] https://mp.weixin.qq.com/s/tMesWnJ4bHp55wPtNdbQtg.

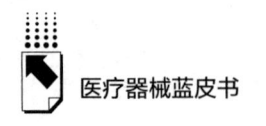

（二）结构变化及多用途的发展

随着临床医生的不断创新及各种需求的细化，传统气管导管已经不能满足临床需求，国内外市场陆续出现一些新型气管导管。

1. 加强型气管导管

加强型气管导管的管壁内嵌有螺旋状金属或尼龙螺旋状丝圈，目的是防止导管被折曲或压扁，适用于患者头部过度屈曲的坐位手术或俯卧位手术。加强型气管导管具有抗打折和弯曲的特性，在临床麻醉及手术期间，不会因患者体位的改变而出现气管导管堵塞或影响通气的情况，能够极大地保证临床呼吸监护的安全。

2. 预成型气管导管

预成型气管导管为了适应患者面部轮廓而进行了特殊改良，便于在进行头颈部手术时使气管导管与麻醉呼吸机回路相连接，并减少因气管导管变形扭结而产生气道梗阻的危险。此外，预成型气管导管的特殊形态也可减少气管导管对咽喉部的压迫损伤。

3. 带牙垫气管导管

带牙垫气管导管的管身内置牙垫，可防止患者咬管造成气道梗阻，亦有助于临床医生判断插管位置。牙垫和通气管的整合，使导管固定更加方便，不需要单独再放置牙垫。

4. 带吸痰腔气管导管

带吸痰腔气管导管在普通气管导管基础上设计增加了一个吸引通道，开口在球囊上方，能够吸引球囊上方的分泌液。在气管导管留置期间，传统上没有任何方法能够抽吸球囊上方的分泌液，只能吸引口腔内和气管导管下方的分泌液，所以该导管的出现极大地降低了长期插管后，因球囊上方残留痰液而发生坠积性肺炎的风险。

5. 柔性气管导管

柔性气管导管的头端有一柔性弯头，呈"鹰嘴状"。遇到组织阻挡时，导管柔软的弹性尖端会弹开，从而改变运动方向，向阻力小的方向移位，不容易卡在气道组织结构上产生切割性损伤。柔性气管导管与管芯类导管辅助设备或纤维支气管镜配合使用进行气管插管时，导管也更容易被引导进入声门。

6. 可视气管导管

可视气管导管前端装有微型摄像头，可同步传输实时影像，实现了插管过程可视化管理，有助于准确判断导管位置，有效避免变换体位或术中牵拉时的反复调整；能够全程清晰观察、监控患者气道及分泌物情况；能够精准吸痰，给患者更好的保护和治疗。通过加强通气氧合、减少并发症（术后咽痛、声音嘶哑）等，大大提高了气道管理质量。

7. 神经监测气管导管

神经监测气管导管球囊上方，声门水平两侧各有两条电极，可连接术中神经监测系统，在麻醉手术过程中监测喉返神经和迷走神经。

8. 激光手术专用气管导管

激光手术专用气管导管通常以金属条和细薄棉布包裹，或由不可燃材料制成。在球囊内注入盐水，以吸收能量，防止球囊被激光烧穿；用锡纸包裹气管导管，也有抗激光效果。

9. 肺隔离气管导管

肺隔离气管导管可插入患者的左或右主支气管内，实现肺隔离和单肺通气。目前用于临床的肺隔离气管导管有：单腔支气管导管、双腔支气管导管和支气管封堵导管。

双腔支气管导管是目前最常用的肺隔离气管导管，通常由PVC或硅胶材料制成。传统的双腔支气管导管需要使用纤维支气管镜（FOB）进行辅助调整定位。但FOB不能实现术中持续的气道可视化，而且定位难度大，操作时间长，患者气道损伤和院感风险大。维力医疗研发的一次性使用可视双腔支气管导管（Video Double-Lumen Tube，VDLT）前端带有高分辨率摄像机，通过将连接线与显示屏连接，能实现插管、定位及术中气道的持续监测。VDLT在用于胸科手术麻醉实现肺隔离时，具有定位时间短而准确、操作简单、气道损伤小等优势。

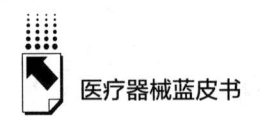

支气管封堵导管是末端带球囊的细长导管,通常与常规单腔支气管导管成套配合使用。支气管封堵导管的优点在于术后若需继续使用呼吸机进行治疗时无需换管;双肺单肺通气转换方便,也能用于小儿的肺隔离。但支气管封堵导管的内径较小,手术侧肺萎陷排气较慢,且术侧支气管的血及分泌物不易被吸出。

单腔支气管导管是安置于支气管内的单腔导管。特点为管体细长,球囊短。随着双腔支气管导管和支气管封堵导管的技术发展,单腔支气管导管的应用已越来越少。

三 相关政策对气管导管市场的影响

2019年6月,国家卫健委联合国家中医药管理局发布《医疗机构医用耗材管理办法(试行)》(国卫医发〔2019〕43号,以下简称《办法》)。《办法》要求,限制医用耗材的品种、品规数量,对预期用途相同或相似的医用耗材限制供应企业的数量。当医疗机构采购医疗设备时,需要充分考虑设备配套使用的医用耗材成本。《办法》还指出,医用耗材的临床应用评价结果是医疗机构动态调整供应目录的依据,针对存在不合理使用的医疗耗材,医疗机构可采取停用、重新招标等干预措施。《办法》的颁布与实施为以价格为重要招采杠杆的集中带量采购和以医用耗材临床试用的必要性、合理性为主要支付依据的DRGs、DIP提供了基础。

2020年,中共中央、国务院发布《关于深化医疗保障制度改革的意见》,明确深化药品和医用耗材集中带量采购制度改革,全面推进医用耗材集中带量采购。气管导管的集中带量采购已在山东、河南等省份有了区域性层面的探索。从长期来看,集中带量采购具有卫生经济学价值。集中带量采购对气管导管市场也会有一定的影响。国产气管导管具有生产成本低和性价比高的优势,未来将逐步替代进口气管导管。集中带量采购政策的实施有助于气管导管市场的价格控制、企业生产要素的整合,发挥生产及流通各环节的成本领先优势,促进市场良性竞争。

近两年来，国家医疗保障局先后推出了 30 个城市试点 DRGs、71 个城市试点 DIP，各试点城市将围绕技术规范制定本地的总额预算管理办法，完善相应的医保经办规程和协议管理流程。DRGs 和 DIP 的实施对高值医用耗材的招采和使用有较大的影响。目前市场常规的气管导管主要为低值医用耗材，且气管导管为麻醉、急救和重症治疗的必需医用耗材，因此初步评估其受招采的影响有限。其中，旨在实现单肺通气的气管导管市场可能会受到一定影响，因此，产品对于患者、临床、社会及卫生经济学的综合价值将成为影响医保支付的重要因素。

随着医用耗材的集中带量采购、临床合理使用、医保支付以及相关监管政策的落地，医用耗材生产和流通环节必将迎来巨大挑战。流通环节将继续整合、优化和压缩。生产企业的成本领先、管理效能领先和生产企业根据政策导向进行的顺势布局将成为生产企业的重要竞争力。同时，《"十四五"医药工业发展规划》中明确提出要加快产品创新和产业化技术突破，技术创新与产业升级将成为生产企业的重要战略制胜要素。

B.14
2021年我国体外膜肺氧合市场状况及发展趋势

许剑 朱尘琪 郭媛*

摘　要： 2013年，我国印发的《人感染H7N9禽流感诊疗方案（2013年第1版）》正式将体外膜肺氧合（ECMO）作为呼吸支持治疗手段，主要用于心肺功能衰竭患者的救治。自新冠肺炎疫情出现以来，ECMO对于挽救危重病人的生命发挥了关键作用，也被誉为最后的"救命神器"。但同时，ECMO作为疫情防控相关医疗器械中唯一未能实现国产自主可控的高端医疗器械，受到国家高度重视。目前，针对ECMO的国产化研制已涌现出多达22家企业开展相关项目，国内研发态势持续走高。本报告对截止到2021年的国内外ECMO市场情况、国内相关研制团队及其研制进展进行了调研汇总与分析阐述。ECMO在溶血和血栓问题上存在技术难点，在临床和应急方面具有较大发展潜力，未来ECMO将向泵头膜肺一体化、功能高度集成化和微流体膜肺的方向发展。

关键词： 体外膜肺氧合　循环支持　血泵　膜肺

体外膜肺氧合（Extracorporeal Membrane Oxygenation，ECMO），又称叶克膜、人工膜肺，是一种体外循环支持系统，主要用于心肺功能衰竭患者和

---

* 许剑，博士，航天新长征医疗器械（北京）有限公司总经理，研究员；朱尘琪，航天新长征医疗器械（北京）有限公司副总经理；郭媛，航天新长征医疗器械（北京）有限公司科研助理。

危重症患者的救治，帮助病人缓解循环障碍导致的低氧血症。ECMO 的核心部件包括人工心（血泵及泵驱动）和人工肺（膜肺/膜式氧合器），其他装置还包括主控制台、变温水箱、空氧混合器等。血泵将人体的静脉血导出，通过人工膜肺进行氧合并置换出二氧化碳，最后再将富含氧气的血液输回人体内，以此来减轻病人的心肺负担。ECMO 中的血泵与膜肺均具有较高的技术壁垒，国内及国际市场上的产品供应商主要是欧美厂家，目前还没有批准销售的国产 ECMO。

一 ECMO 的临床应用及市场现状

（一）ECMO 的发展历史

体外循环支持系统的历史可追溯到 John Gibbon 发明的心肺辅助装置（Cardio Pulmonary Bypass，CPB），该装置于 1953 年被成功应用到一位 18 岁患者的房间隔缺损修复手术中[1]；不久后 C. Walton Lillehei 博士和 Richard DeWall 发明了一种气泡氧合器，但明显的溶血问题限制了其使用的时长[2]；直到 1957 年，一种能够进行高效气体交换的橡胶材料——硅胶被发现，才大大促进了膜肺及 ECMO 的发展[3]。

1972 年的一篇文章报道了 ECMO 首次在 ICU 中被成功使用，帮助治疗了一名因创伤后急性呼吸窘迫综合征而插管的 24 岁患者[4]；随后，Robert Bartlett 博士将 ECMO 应用到新生儿的重症监护中，率先将其拿来治疗小儿

---

[1] Brogan Thomas V., et al., "Extracorporeal Life Support: The ELSO Red Book," 2017.
[2] Sangalli F., Patroniti N., Pesenti A., *ECMO-extracorporeal Life Support in Adults*, Milan: Springer, 2014.
[3] Custer J. R., "The Evolution of Patient Selection Criteria and Indications for Extracorporeal Life Support in Pediatric Cardiopulmonary Failure: Next Time, Let's Not Eat the Bones," *Organogenesis*, 2011, 7 (1): 13-22.
[4] Hill J. D., et al., "Prolonged Extracorporeal Oxygenation for Acute Post-traumatic Respiratory Failure," *New Engl. J. Med.*, 1972, 286 (12): 629-634.

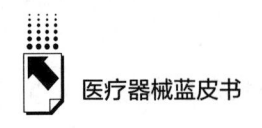

心肺衰竭[1]；2000年随着H1N1流感的暴发与流行，ECMO技术得到广泛认可，其临床应用开始变得愈发成熟。

（二）ECMO的工作模式和临床应用

ECMO根据转流途径的不同通常分为两大模式，分别是静脉-静脉（V-V）转流和静脉-动脉（V-A）转流。V-V转流适合单纯的呼吸辅助，无循环辅助功能，插管可选择左股静脉、右股静脉或右颈内静脉、右股静脉；V-A转流则同时提供呼吸辅助和循环辅助，静脉引血可选择股静脉、颈静脉或右房，动脉回血可选择股动脉、颈动脉和升主动脉。除上述两种常用模式之外，ECMO亦可应用于只需要膜肺的动脉-静脉（A-V）转流和只需要血泵的心室辅助（VAD）支持。2020版《不同情况下成人体外膜肺氧合临床应用专家共识》曾指出ECMO的广泛适用范围。而根据转流途径的不同，ECMO的适应证有所不同。V-V转流适用于急性呼吸窘迫综合征、支气管胸膜瘘、持续性哮喘、肺移植、难治性病毒性/细菌性肺炎、急性肺损伤、难治性缺氧/高碳酸血症等；V-A转流则适用于急慢性心力衰竭/继发于心肌炎的急性心衰、严重肺栓塞、纵隔肿块、难治性心源性休克、难治性室性心动过速、开胸术后的休克、低温症、心脏骤停伴持续性心肺复苏等[2]。

（三）国内外的市场现状

1.应用现状

根据体外生命支持组织（Extracorporeal Life Support Organization，ELSO）的统计，截至2021年全球近5年的ECMO使用患者登记数达到了85490例，且由于新冠肺炎疫情的持续蔓延，这个数字还在快速增长（见表1）[2]。

---

[1] Bartlett R. H., et al., "Extracorporeal Circulation in Neonatal Respiratory Failure: A Prospective Randomized Study," *Pediatrics*, 1985, 76 (4): 479-487.

[2] Wrisinger W. C., Thompson S. L., "Basics of Extracorporeal Membrane Oxygenation," *Surg. Clin. North Am.*, 2022, 102 (1): 23-35.

2021年我国体外膜肺氧合市场状况及发展趋势

表1 截至2021年全球近5年ECMO使用患者登记数统计

单位：例，%

	合计	幸存至撤机或转移的比率
总数	85490	51
新生儿	8459	58
呼吸支持	4435	68
心脏支持	3087	49
体外心肺复苏支持	937	43
小儿	12674	57
呼吸支持	3943	65
心脏支持	5883	58
体外心肺复苏支持	2848	42
成人	64357	48
呼吸支持	28662	57
心脏支持	27250	45
体外心肺复苏支持	8445	29

资料来源：体外生命支持组织（ELSO）。

中国医师协会体外生命支持专业委员会（CSECLS）于2022年6月在第六届中国体外生命支持年会上公布了2021年中国体外生命支持的发展现状。2021年ECMO上报例数为10656例，较2020年的6937例增加53.6%（见图1）。

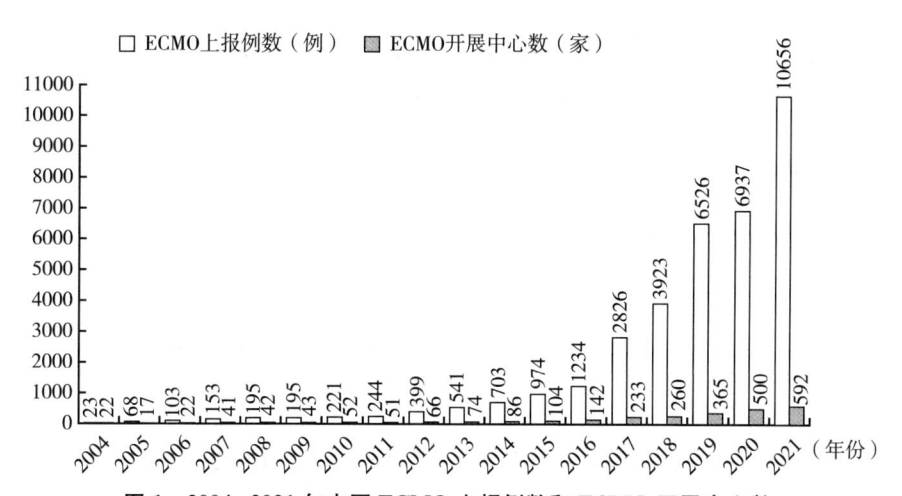

图1 2004~2021年中国ECMO上报例数和ECMO开展中心数

资料来源：中国医师协会体外生命支持专业委员会（CSECLS）。

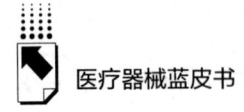

截至 2021 年底，国内 ECMO 开展中心数为 592 家，但约 14%的中心不能持续开展，其中开展 5 例以下的中心占 42%，5~9 例的中心占 17%，10~19 例的中心占 16%，20~29 例的中心占 8%，30~49 例的中心占 8%，50 例及以上的中心占 9%。从患者人群与适应证方面来看，成人患者依旧占绝大多数，但非儿科专科医院的儿科 ECMO 上报例数逐渐增多，应当考虑推动 ECMO 在儿科危重患者的救治中发挥更重要的作用。各医院儿科 ECMO 上报例数如图 2 所示。

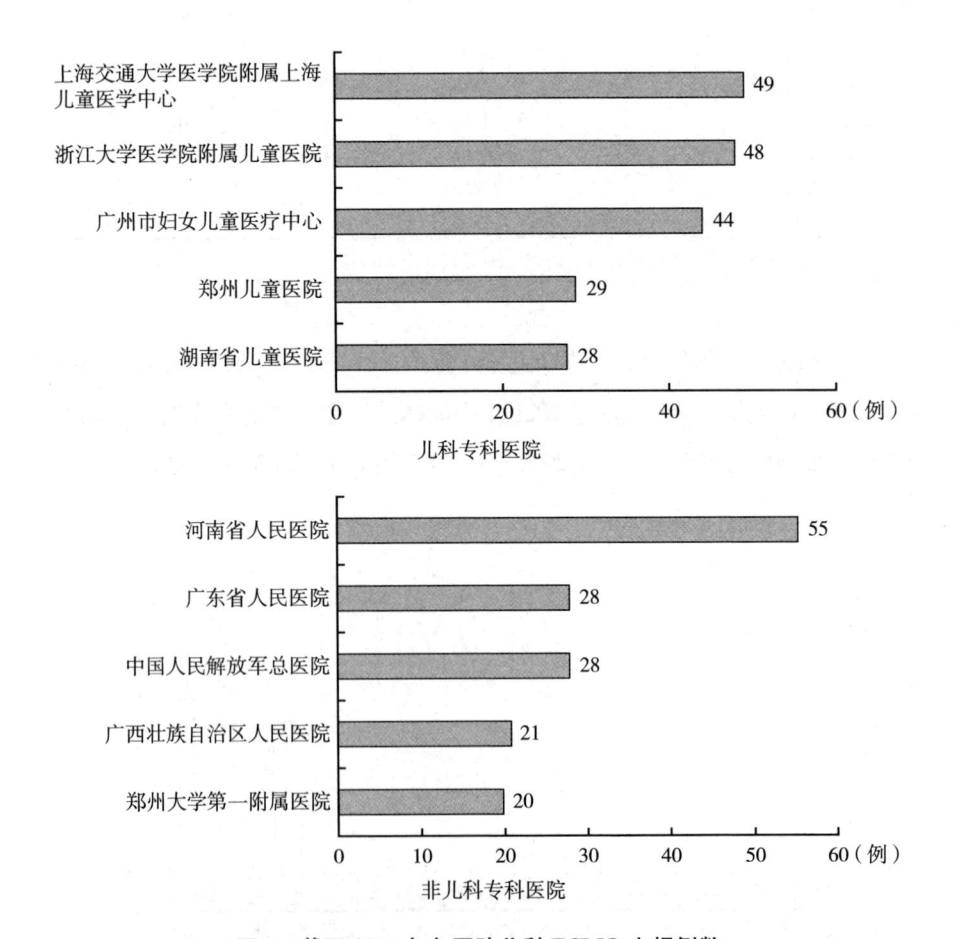

儿科专科医院

- 上海交通大学医学院附属上海儿童医学中心：49
- 浙江大学医学院附属儿童医院：48
- 广州市妇女儿童医疗中心：44
- 郑州儿童医院：29
- 湖南省儿童医院：28

非儿科专科医院

- 河南省人民医院：55
- 广东省人民医院：28
- 中国人民解放军总医院：28
- 广西壮族自治区人民医院：21
- 郑州大学第一附属医院：20

图 2 截至 2021 年各医院儿科 ECMO 上报例数

资料来源：中国医师协会体外生命支持专业委员会（CSECLS）。

2. 费用情况

当下国内外市场上常见的 ECMO 产品主要来自 Maquet、Sorin、Medtronic 三大欧美巨头，其中 Maquet 的产品占据主流，份额在 80% 左右；各 ECMO 厂家所使用的膜肺材料均为固体中空纤维膜丝（PMP 聚烯烃材料），被 3M 公司旗下 Membrana 所垄断。就国内而言，ECMO 设备单套售价在 100 万~300 万元不等，最高采购价达到 347 万元。实际治疗过程中患者所花费的费用除了来源于 ECMO 设备本身高昂的生产成本，还包括了开机启动费、耗材以及其间的检测、药物、专业人士管理费用等。ECMO 的一次性使用耗材包含离心血泵、管道和膜肺等，耗材套包视病人情况而更换，每份价格在 3 万~6 万元；血泵单机价格为 8000 元左右；另外还有诸如设备安装/撤离、更换、人员配置、用药、ECMO 使用时长（100~150 元/小时）、其他耗材等方面的费用，每天在 1 万~2 万元。具体的费用还与病情以及是否伴有并发症相关，因此患者使用 ECMO 治疗的经济负担往往较重。

国外的治疗费用同样较高。1985~2010 年，美国、荷兰等 6 个国家和地区的 ECMO 治理费用整体在 3.8 万~53.8 万美元；2005~2009 年，英国、美国和澳大利亚基本都超过 10 万美元，2009 年澳大利亚用 ECMO 治疗 H1N1 的费用超过了 13 万美元；2007 年英国有病例使用 ECMO 的花费超过 54 万美元[1]。

同时，ECMO 设备操作比较复杂，对医生水平、医疗团队及医院资质都提出了很高的要求，国家卫生健康委办公厅专门印发了《体外膜肺氧合（ECMO）技术临床应用管理规范》，严格规定 ECMO 的运行标准，这使得其相关技术的临床推广面临不小的挑战。此外，ECMO 设备及核心耗材完全由西方国家的公司垄断，导致 ECMO 使用成本居高不下，且随时会有被断供的风险，而这正是 ECMO 国产化的意义所在。

---

[1] 数据来源：华西证券整理。

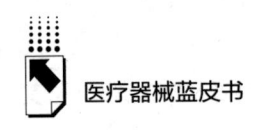

二 国内研制情况

（一）ECMO国内的研发进展

初步统计目前国内已有22家高校、企业在进行ECMO的攻关研制，一些单位的研制进展如下。

作为我国最早开展ECMO研究，最早研发膜式氧合器、灌注管路等医疗器械的单位之一，西安交通大学第一附属医院心血管团队在ECMO的临床应用及相关研究方面已有20多年的经验积累。2021年11月8日，西安交通大学第一附属医院、机械学院以及四川大学国家生物医学材料工程技术研究中心联合研发出ECMO设备，并在西安交通大学第一附属医院由袁祖贻和闫炀教授带领团队率先应用于临床，拯救了两名危重心血管病患者。

微创医疗和汉诺医疗分别是上海与深圳地区的代表性公司。微创医疗于2021年全资收购了ECMO的初创公司——德国Hemovent GmbH，其产品MOBYBOX System特点为体积小、重量轻及依靠纯气体驱动，可在无电力供应时作为应急装置；汉诺医疗借助ECMO项目加入了国家高性能医疗器械创新中心，依托中德联合研发团队，已实现ECMO重要部件包括氧合器、离心泵和系统主机在内的整套设备的功能样机设计定型，即将进入技术转化和产品注册阶段。其泵头转速达到7000rpm，属于高速型ECMO。

江苏赛腾医疗科技有限公司于2018年7月成立，赛腾OASSIST ECMO系统的续航能力和可移动性设计指标水平较高，整套设备的重量为10公斤，其主机和泵头已在中国医学科学院阜外医院动物实验中心进行了10例动物实验，验证了较低流量（2L/min）的辅助，并已于2021年11月在中国医学科学院阜外医院启动临床试验。2009年上海交通大学医学院附属上海儿童医学中心成立了国产离心泵研发小组，由体外循环科王伟主任牵头组建的研发团队，利用 3D 打印、计算机模拟等先进技术，结合单支点支撑、磁力悬浮等传统优势，并借鉴国外先进设计理念，克服动力、磁力耦合、电机温升、材料选用等方面的诸多困难，于 2019 年 6 月 4 日成功设计出具有自主知识产权的机电磁一体化的离心泵。该研发团队完整组装出的实验室样机可满足临床要求，并已完成专利的市场转让，正处于进一步临床试验和调试的阶段。

航天新长征医疗器械（北京）有限公司是中国航天科技集团有限公司第一研究院第十八研究所全资子公司，正开展 ECMO 整机、关键零部件、配套耗材的研发、制造、试验、注册、销售等工作。公司核心团队基于前期人工心脏的研制经验，已完成了 ECMO 主机、耗材的设计与定型，研制的产品便携性和集成化水平较高，适用于临床、急救及转运场景，已在开展动物实验。

（二）ECMO 的研制难点与技术突破口

ECMO 的核心技术点在于血泵和膜肺。对于血泵来说，一方面高速旋转的叶轮通常会破坏红细胞，使红细胞内的游离蛋白渗透出来，可以采用血液动力学的流体仿真技术针对溶血问题进行模拟；另一方面泵头内叶轮的磨损发热和长期使用可能会产生血栓的风险，应重点突破相关驱动技术，使叶轮保持在稳固的位置上。此外泵头作为一次性使用耗材，由于使用过程与循环血液接触，且时间长达 1~2 周，所以其材料需要满足 GB/T 16886 或 ISO 10993 标准中与循环血液长期接触的要求，具备良好的生物相容性，因此材料的选择和生物学评价也至关重要。

人工膜肺需要在长时间（3~8 天甚至数周）的气体交换中做到抗凝和抗血浆渗漏，与此同时还需要保证良好的氧合效率。对此，氧合器内部的流体运动特性至关重要，膜丝的排列方式及氧合器内的流场设计会极大地影响溶血性能和气体交换效率。通过使氧合器更加紧凑和优化血流路径，可以减少膜和热交换器的表面积，从而降低血栓形成和炎症激活的可能性。因此在选定中空纤维膜材料、结构的基础上，利用微观尺度下溶血、血栓、气体交

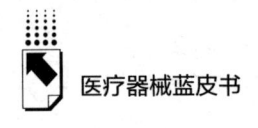

换效率的建模和优化技术对氧合器内部血液流动状态进行仿真研究，构建合理的评价模型是开展膜肺研究的关键。

三 ECMO 发展的潜力与方向

近几年全球 ECMO 的市场规模均呈现增长趋势。不同调研机构都对此进行了预测。QY Research 预计，到 2022 年全球 ECMO 系统销售收入估计将增长到 29300 万美元左右；Grand View Research 发布的研究报告称，到 2026 年 ECMO 的全球市场规模预计将达到 37780 万美元。与此同时，ECMO 在国内的应用也展现出巨大的潜能。

（一）市场的发展潜力

1. 临床需求

在德国平均每 2 万至 4 万人拥有一台 ECMO，而我国目前平均每 280 万人才拥有一台 ECMO。理论上三甲医院均需要配备一定数量的 ECMO 设备，预估全国 1580 家三甲医院每年购置 ECMO 主机的费用约为 9 亿元。ECMO 实现国产自主可控后，如果可普及下沉至二甲医院或县级医院，则市场前景将更大。

2. 应急需求

2020 年 5 月国家卫健委等三部门发布的《公共卫生防控救治能力建设方案》，要求每个城市扩建现有医疗机构，各地区改造升级重大疫情救治基地，每个基地配备不少于 3 台 ECMO 设备，预估全国 ECMO 的市场规模约为 32 亿元，储备的耗材套包将近 2 万套规模约 10 亿元。

（二）ECMO 技术的发展方向

当下的 ECMO 系统依旧普遍面临着容易出现溶血、血栓及操作烦琐等问题，因此相关技术仍在不断迭代中。Maquet 研制的"Cardiohelp 系统 + HLS 泵肺一体式套包"代表了当前行业最先进的水平，它将泵头与膜肺集成一体，救治患者时仅需要接入血管和出血管，大大降低了操作难度，在紧急情况下可快速应用；其集成性可有效降低预充量，从而减少血液稀释，降低了气栓、凝血和气体阻塞的风险。

Medtronic 的新产品 Nautilus™ Smart 膜肺是全球首个集成监测功能的长效氧合器。该设备不需要外接监测装置即可对血氧饱和度、压力、温度等重要指标进行实时、准确的监测，可以让医生更直观地了解病人的情况，有助于实现 ECMO 的移动化管理。这也预示着集监测功能于一体的氧合器系统可能会成为未来的发展趋势。

此外，膜肺的材料也将迎来新的革命。目前普遍使用的第三代人工膜肺是基于 PMP 材料的固体中空纤维膜，虽然具备寿命更长和防血浆渗漏的优势，但由于尺寸与结构限制，与人体的生理肺功能仍相差甚远。最新一代的膜肺是基于微流控技术并采用更高性能膜材料（PDMS）制成的微流体人工肺，能最大限度地接近人体肺功能。使用微流控体技术能够在实验室水平上实现膜厚度高达 10μm，血液通道高达 15μm，与使用中空纤维膜相比，大大提高了气体交换的效率，减少了血液预充体积。

（三）未来展望

整体来看，国内 ECMO 市场依旧被国外企业所垄断。但随着国家政策的大力扶持、科研环境的持续放开，以及疫情的常态化和急救事业的发展，ECMO 的自主国产化时代已经开启，千帆竞发将成为必然趋势。未来，医疗装备与医学服务模式的紧密协同、相互促进，多维度医工协同创新模式的建立，将推动 ECMO 向远程医疗、移动医疗、智慧医疗等新业态全面发展。

B.15
2021年我国透明质酸医疗器械市场状况及发展趋势

郭学平 付杰 任霞*

摘　要： 目前透明质酸在医美、创面敷料、眼科、防粘连市场中应用最为成熟。2021年透明质酸整形用注射填充物保持强劲增长，创面敷料市场规模持续扩大，透明质酸在接触镜护理/润滑液中的应用逐渐增加，眼科粘弹剂市场相对趋于平稳，防粘连市场需求稳中有升。透明质酸在辅助生殖、器械涂层、组织工程等新应用领域也有所拓展。未来，随着中国经济的持续稳定增长及人们对生活质量的要求不断提高，预计透明质酸医疗器械的发展前景将更加广阔。

关键词： 透明质酸　整形用注射填充物　眼科粘弹剂

透明质酸（Hyaluronic Acid，又名玻尿酸、玻璃酸，简称HA，通常应用其钠盐形式，即透明质酸钠），是由β-D-葡糖醛酸和β-D-N-乙酰氨基葡糖双糖单位组成的直链多糖，主要分布在人体的皮肤、眼玻璃体、关节、脐带等部位，是人体内固有的物质，具有保水性、粘弹性和润滑性等特性，以及重要的生理功能，生物相容性良好，在医疗领域应用广泛。

---

* 郭学平，华熙生物科技股份有限公司首席科学家，研究员；付杰，华熙生物科技股份有限公司总经理助理，高级工程师；任霞，华熙生物科技股份有限公司商务拓展，工程师。

一 我国透明质酸医疗器械市场概况

目前绝大多数的 HA 是利用微生物发酵法生产的，少量从公鸡冠中提取得到。我国是全球最大的 HA 生产销售国，2020 年全球市场占比为 81.6%，医药级 HA 全球市场占比为 71.5%[1]；其中 54.1% 的医药级 HA 用于出口，而 95% 的出口产品来自华熙生物[2]。医药级 HA 主要应用于皮肤整形科、骨科、眼科、外科等专科产品中。国内外含 HA 的医疗器械正在逐年增加。

（一）含透明质酸的医疗器械注册情况

截至 2021 年 12 月 31 日，获得国家药品监督管理局（NMPA）批准的，以 HA 为主要成分的医疗器械共计 173 个，其中国产医疗器械 123 个，进口医疗器械 50 个。按预期用途可分为：整形用注射填充物、创面敷料、眼科粘弹剂、接触镜护理/润滑液、防粘连 HA、润滑剂、口腔产品和鼻腔产品等，如表 1 所示。

表 1 国内以 HA 为主要成分的医疗器械注册情况

单位：个

应用领域	管理类别	作用	2021年注册数量（累计注册数量）	
			国产	进口
整形用注射填充物	三类	用于注射到真皮层和/或皮下组织，以填充增加组织容积，改善面颈部细小皱纹和肤质	1(20)	4(25)
创面敷料	二类	多用于浅表性皮肤创面的护理。用于吸收创面渗出液或向创面排出水分，手术后缝合创面等非慢性创面的覆盖	6(60)*	0(0)
眼科粘弹剂	三类	用于产生和维持手术空间，保护眼内组织和便于操作	0(16)	0(12)

---

[1] Frost & Sullivan,《2020 全球及中国透明质酸（HA）行业市场研究报告》。
[2] Frost & Sullivan,《中国透明质酸行业市场研究报告》。

续表

应用领域	管理类别	作用	2021年注册数量（累计注册数量）	
			国产	进口
接触镜护理/润滑液	三类	用于软性角膜接触镜表面沉淀物和其他污染物的冲洗、消毒、湿润及接触镜的储存，帮助缓解配戴镜片时引起的干燥、不适和刺激症状	0(13)	0(8)
防粘连HA	三类	手术中植入体内，施加于易发生粘连的两个组织界面处，用于防术后粘连，体内创伤面渗血区止血、急救止血和手术止血，或腔隙和创面的填充	0(11)	0(2)
润滑剂	二类	用于内窥镜、导管进入人体自然腔道时的润滑	0(2)	0(0)
口腔产品	二类	用于牙周手术后保护牙龈，止血、止痛，固定	0(0)	0(3)
鼻腔产品	二类	用于阻隔过敏物质进入鼻腔，缓解因过敏性鼻炎、过敏性哮喘引发的相关症状	0(1)	0(0)
总　计			7(123)	4(50)

* 包含以HA为主要成分但注册名称中未标明HA的6个注册证。

资料来源：国家药品监督管理局（NMPA）网站。

以HA为主要成分的医疗器械以创面敷料和整形用注射填充物为主，累计注册数量分别占34.7%和26.0%。2021年首次注册的以HA为主要成分的医疗器械共计11个，其中创面敷料6个、整形用注射填充物5个。创面敷料上市产品数量最多且注册增速较快。整形用注射填充物中，已出现注射至面颊部深层及唇部的进口产品；国产产品虽仍以纠正中、重度鼻唇沟为主，但华熙生物、昊海生物等各大厂商已在不同注射层次、注射部位进行布局，相关产品即将上市。

因具有独特的材料特性，HA也被作为辅助成分添加到医疗器械中（见表2），如：其他类创面敷料、精子-HA结合试验试剂盒、避孕套、各类凝胶等。HA也可加在辅助生殖技术用液中发挥抗氧化作用，该类产品目前依赖进口，尚无国产产品获批，但艾伟孚、威高等企业已在该领域布局；HA还可喷涂在导管/导丝等介器械表面辅助介入器械进入特定目标部位，该类产品市场也被国外品牌占据，沛嘉医疗、心玮医疗、江苏尼科等企业已在布局新品。

表2 国内以HA作为辅助成分的医疗器械注册情况

单位：个

产品类别	管理类别	2021年注册数量(累计注册数量)	
		国产	进口
其他类创面敷料	二类	3(28)	0(0)
避孕套	二类	0(3)	0(0)
整形用注射填充物	三类	1(2)	0(0)
疤痕凝胶	二类	0(2)	0(0)
妇科凝胶	二类	0(1)	0(0)
器械涂层	二类或三类	0(1)	0(10)
辅助生殖技术用液	三类	0(0)	0(11)
精子-HA结合试验试剂盒	二类	1(1)	0
总计		5(38)	0(21)

资料来源：国家药品监督管理局（NMPA）网站。

（二）重点产品的市场情况

1. 医美领域产品

2000年至今，以HA为主要成分的整形用注射填充物已代替胶原蛋白成为全球最受欢迎的填充产品，主要用于填充塑形、改善面颈部皱纹等。国际上，目前所有注射填充物中HA成分占比76.8%，其他成分如聚乳酸占比3.9%、羟基磷灰石占比5.9%[①]。20余年来，基于HA立竿见影的效果、良好的生物相容性及通过HA酶降解可复原的特性，HA一直占据整形用注射填充物的绝大部分市场份额。

自2008年第一款以HA为主要成分的整形用注射填充物被批准后，至2021年NMPA共批准了7个国家20家厂商的45个产品，2019~2021年以HA为主要成分的整形用注射填充物年均审批数量为7个，见表3。一般交联度高、浓度高的产品用于填充塑形，微交联或非交联产品用于改善面部细小皱纹及肤质。

---

① ASPS, Plastic Surgery Statistics Report (2020).

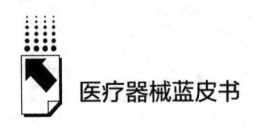

表3　2008~2021年以HA为主要成分的整形用注射填充物年审批数量

单位：个

上市年份	审批数	公司名称
2008	1	Q-Med(1)
2009	1	爱美客(1)
2012	1	华熙生物(1)
2013	2	上海其胜(1)、LG(1)
2014	2	科妍生物(1)、LG(1)
2015	7	爱美客(1)、杭州协合(1)、Humedx(1)、LG(1)、Allergan(1)、蒙博润(1)、
2016	6	爱美客(2)、华熙生物(1)、上海其胜(1)、和康生物(1)、LG(1)
2017	2	山东凯乐普(1)、CROMA(1)
2018	2	常州药物研究所(1)、Q-Med(1)
2019	7	华熙生物(1)、Humedx(1)、Allergan(1)、珈溪(1)、吉诺斯(1)、大熊制药(1)、Q-Med(1)
2020	9	华熙生物(3)、上海其胜(1)、杭州协合(1)、瑞莱思(1)、Allergan(1)、Q-Med(2)
2021	5	杭州科腾(1)、Allergan(2)、Q-Med(1)、安缇思(1)

资料来源：国家药品监督管理局（NMPA）网站。

我国医美HA终端产品市场规模逐年增加，预计2019~2024年复合增长率为12.2%，见图1。

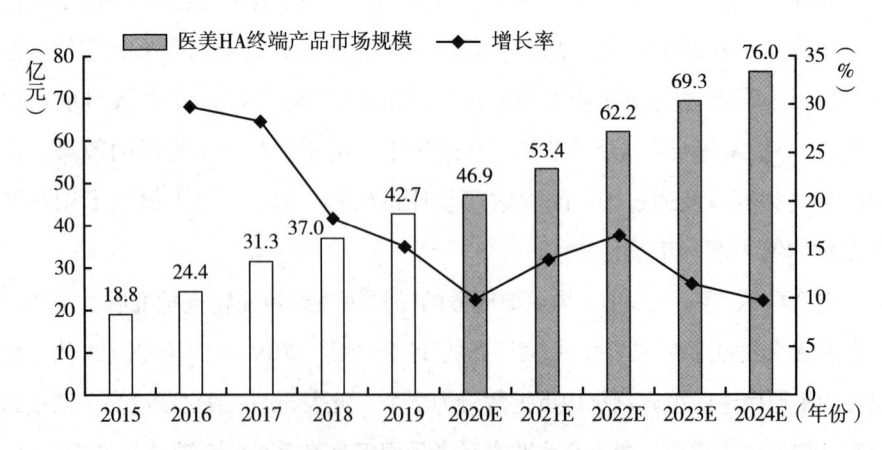

图1　我国医美HA终端产品市场规模及预测

资料来源：东方证券，《玻尿酸行业：黄金赛道　终端产品市场潜力巨大》，https://baijiahao.baidu.com/s?id=1696878505636825816&wfr=spider&for=pc。

从市场销售额占比来看，2021年国外企业占据前两名，分别为韩国LG life（21.4%）和美国Allergan（16.7%）。国内企业排名前三的为爱美客（11.7%）、华熙生物（8.2%）和昊海生物（6.9%）。2017～2021年，排名前三的国内企业市场销售额占比从20.6%提升至26.8%（见表4）。

表4 2017～2021年我国医美HA终端产品市场销售额占比

单位：%

企业名称	2017年	2018年	2019年	2020年	2021年
爱美客	7.0	8.6	14.0	14.3	11.7
华熙生物	5.4	6.6	8.1	8.9	8.2
昊海生物	8.2	7.2	6.0	5.1	6.9
高德美	14.9	12.2	14.5	14.8	13.7
Humedix	13.4	13.2	7.6	3.0	12.3
LG Life	26.4	25.5	22.6	12.7	21.4
Allergan	17.9	19.4	19.7	20.5	16.7
其他	6.8	7.3	7.4	20.7	9.1

资料来源：中国医疗整形美容协会、中华医学美容协会、麦田咨询。

2. 创面敷料

国内批准上市的以HA为主要成分的创面敷料有60个，均按照二类医疗器械管理，预期用途多为用于浅表性皮肤创面（如浅表性创面、手术后缝合创面、机械创伤、小创口、擦伤、切割伤创面、穿刺器械的穿刺部位、Ⅰ度或浅Ⅱ度的烧烫伤创面、激光/光子/果酸换肤/微整形术后创面等）的护理，为创面愈合提供湿性愈合环境。除单独使用外，HA也作为辅助成分与胶原蛋白、聚乙烯醇、甘油等组成敷料，协助主成分促进创面修复。

在美国，以HA为主要成分的创面敷料可通过FDA 510（K）途径认证上市，FDA最早批准的以HA为主要成分的凝胶敷料于1998年上市；在欧盟，以HA为主要成分的创面敷料一般按照ⅡA类医疗器械管理，也有很多同类产品获批。

微创术后皮肤、浅表损伤皮肤等修护和护理产品的需求日益增长，市场规模不断扩大。我国创面敷料市场规模由2016年的2.3亿元增长至2020年的41.8

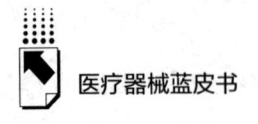

亿元，复合增长率达105.7%，预计2025年，市场规模将达到201.4亿元①。

3. 眼科领域产品

(1) 眼科粘弹剂

以HA为主要成分的眼科粘弹剂可用于白内障手术/人工晶体植入术、角膜手术、玻璃体手术、青光眼手术、视网膜手术、异物摘除术等，保护眼组织。除上述作用外，交联HA还可作为可缓慢吸收的青光眼手术辅助剂，专用于注射入结膜和巩膜组织之间以减少纤维化症状的出现。目前已上市含HA的眼科粘弹剂共28个，其中国产产品16个，进口产品12个（含1个青光眼手术辅助剂）。

我国以HA为主要成分的眼科粘弹剂市场较为集中，2016~2020年复合增长率为13.4%，市场规模在2020年已达5.5亿元，预计2021年可达到6.6亿元②。国产企业占据市场主导地位，昊海生物长期位列销售额首位，2020年市场份额达45.24%，2021年上半年营业收入达到了5349.3万元③。

根据前瞻产业研究院数据，我国60~89岁人群白内障发病率约为80%，90岁以上人群则高达90%以上，预计患者数量还将继续上升，而手术仍是目前白内障的唯一治疗方式；同时，以交联HA为主要成分的眼科粘弹剂作为理想的玻璃体填充物，未来将有可能取代眼用硅油及气体。因此，预测以HA为主要成分的眼科粘弹剂在未来会迎来巨大的市场增长。

(2) 接触镜护理/润滑液

长期佩戴接触镜会导致角膜缺水，引起干眼症或角膜损伤。HA因具有润滑性、保湿性及生物相容性，可添加至接触镜护理/润滑液中，缓解戴镜期间眼部干涩及疲劳等不适症状。截至2021年12月NMPA已批准接触镜护理/润滑液21个，其中国产产品13个，进口产品8个。

GFK（Growth from Knowledge）分析数据显示，2018年接触镜护理/润滑液销售额已超30亿元。近年来，我国角膜接触镜市场规模增长迅猛。

---

① 《敷尔佳科技首次公开发行股票并在创业板上市招股说明书》。
② Frost & Sullivan：《2020全球及中国透明质酸（HA）行业市场研究报告》。
③ 昊海生物：《2021年半年度报告》。

WHO数据显示，2021年中国近视人数已达7亿人，儿童青少年近视率超过52.7%。2021年中国隐形眼镜市场规模达115.6亿元，预测2025年将达到221.3亿元，这将进一步推动未来接触镜护理/润滑液市场需求的增长。彩色接触镜（美瞳）还被部分年轻人视作高频率美妆消耗品，具有较高的用户黏性与复购率。2021年美瞳市场规模达到92.8亿元，预测2025年将接近500亿元，这将进一步激发接触镜护理/润滑液市场的持续增长[1]。

4. 防粘连HA

HA具有良好的粘附性和组织相容性，能在伤口表面形成保护层，可有效避免术后粘连的发生，是优质的防粘连材料。国内批准上市的防粘连HA共13个，均按三类医疗器械管理，产品类型包括医用HA凝胶（11个）和可吸收止血膜（2个）。

我国防粘连产品市场规模2018年达37.8亿元，2019年已达56亿元[2]，其中防粘连HA和纤维素衍生物类约占整个市场的42.09%[3]。而随着我国人口老龄化的持续加剧，在医疗水平提升的大背景下，外科手术量的提升必将带动防粘连HA市场的持续增长。

5. 其他应用

除上述医疗器械领域外，HA在我国也被应用于口腔护理、润滑剂、计生产品等：HA可辅助治疗牙龈炎、牙周炎、复发性溃疡，帮助牙龈修复、再生与伤口愈合，缓解脱牙或术后疼痛、水肿等；作为润滑剂，HA可在导管、窥镜等器械与人体腔道接触时发挥润滑作用，其润滑性优于其他润滑产品，且更安全、不易过敏；HA还可替代硅油在避孕套中起润滑、保湿作用。

二 透明质酸在医疗器械中的新应用

随着对HA特性的研究日益深入和法规的不断更新，更多新应用领域被

---

[1] 头豹研究院：《2022年中国隐形眼镜行业短报告》。
[2] 昊海生物：《2019年年度报告》《2020年年度报告》。
[3] 智研咨询：《2020年中国手术防粘连行业市场规模及主要企业分析》。

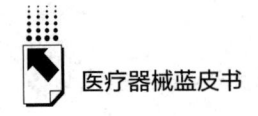

不断开发，如生殖医学、组织工程及载药器械等。

在生殖医学领域，HA由于具抗氧化性，在精子、卵子、受精卵的转运、培养及储存过程中，也常被添加在辅助生殖技术用液中。目前含HA的辅助生殖技术用液已获批进口销售。此外，还可利用HA与成熟精子才会结合的原理筛选精子，提高人工授精成功率。据悉，国外从20世纪初开始开发检测精子成熟度的商业诊断试剂盒。2021年我国首款（国产）该类试剂盒获批上市。

由于HA既具有促愈合作用，又可为细胞生理活动提供适宜的空间和支持，在组织工程领域①，国外已有多款HA结合干细胞、生长因子的产品被开发并应用于临床治疗。与干细胞结合的上市产品包括脂肪干细胞支架、骨髓干细胞支架及间质干细胞支架等；与生长因子结合的产品也已被用于牙周骨内缺损或喉萎缩的治疗。国外研究较多的含HA的组织工程产品还包括：3D打印材料（如骨修复材料）、植入材料（如促进皮肤、软骨、膀胱、血管、脑组织、肌肉修复或再生材料）等。国内除皮肤再生外，尚无以HA为材料的组织工程医疗器械获批。

HA微针具有可溶性、可降解性、可膨胀性，其残留物少，安全性更高，不易产生免疫反应。国内外均已成功对采用HA微针介导蛋白质、多肽、维生素、DNA、生长因子及抗体等的新型治疗方法进行了尝试。

三 存在的问题及未来展望

随着经济规模的扩大，人们生活质量的提高，以及人们思想观念的逐渐转变，市场对医疗器械的需求日益增加。含HA的医疗器械虽然还存在一些问题，但因具有重要的临床价值，其仍将受到人们越来越广泛的关注。

我国含HA的医疗器械市场中，仍将以医美产品增长最为迅猛。2021

---

① Valachová K., Šoltés L., "Hyaluronan as a Prominent Biomolecule with Numerous Applications in Medicine," *Int. J. Mol. Sci.*, 2021, 22.

年6月国家出台《打击非法医疗美容服务专项整治工作方案》等政策，整顿非正规产品及过度营销，这将利于正规产品更快获得存量市场份额；医美HA终端产品市场仍以进口品牌为主，但随着国产产品工艺与质量的优化，消费者认可度提高，国产替代将进一步深化；水光针一直存在用途与分类的矛盾，2021年11月国家发布《关于征求〈医疗器械分类目录〉调整意见的通知》，要求"用于注射至面部真皮层，主要通过所含透明质酸钠等材料的保湿、补水等作用，改善皮肤状态"的产品按三类医疗器械管理，水光针改善肤质的市场将被放开，诸多厂家已纷纷布局。伴随医美行业的高速增长，医美HA终端产品市场规模未来有望延续快速扩大的趋势。

国内外多项临床研究证实含HA的辅助生殖技术用液对冷冻、复活及移植过程的益处，含HA的精子试剂盒也被证实有助于提高活产率。2021年"辅助生殖医疗产品的自主研发与生产"等与HA相关的辅助生殖课题被批准列入"十四五"重大专项；近期多个辅助生殖项目也被纳入医保管理范围。以上举措都将推动整个辅助生殖市场扩容，也将为HA在生殖领域带来广阔市场前景。

随着电子产品的普及，夜间用眼、蓝光损伤都将导致黄斑病变、干眼症、近视等眼部健康问题，含HA的眼科粘弹剂市场需求将进一步扩大；角膜塑形（OK）镜、美瞳的应用普及，亦将推动含HA的接触镜护理/润滑液市场继续增长。未来新型隐形眼镜式AR的开发及突破也将促进眼科HA终端产品的市场需求进一步扩大。

"干细胞研究与器官修复"被列入"十四五"国家重点研发计划，预示着伴随干细胞的应用拓展，HA作为重要的组织工程支架，也将被开发出更多用途。很多企业都在布局该领域，开展骨科、面部填充、眼科等方面的相关临床研究。随着我国监管政策的进一步明确，在生物材料创新平台的支持下，以HA为基质的组织工程支架也将成为未来重要的发展方向，具有十分广阔的市场前景。

B.16
2021年我国人工耳蜗市场状况及发展趋势

黄穗 韩彦 孙晓安*

摘　要： 我国人工耳蜗市场经过近30年的发展，在各方面都取得了长足的进步，给广大重度或极重度听障人士带来了福音。随着国产人工耳蜗的问世，国内人工耳蜗市场进入了量升价跌质优的良性竞争阶段。未来随着国家经济水平的进一步提高和老龄化时代的到来，人工耳蜗双侧植入和老年人植入将成为市场容量的主要增长点。一方面，政府在产业和科技层面出台各项政策支持和扶持国产人工耳蜗品牌的发展；另一方面，监管则更为规范，相关标准也实现了与国际标准的接轨，确保了我国人工耳蜗市场产品的品质。尽管，目前我国人工耳蜗的营销环境面临着手术医生、听力师和康复学校不足的情况，但是在国家医保和残联政策以及相关公益组织等多方支持下，未来我国人工耳蜗市场将在相当长的一段时间内保持蓬勃发展、欣欣向荣的局面。

关键词： 人工耳蜗　听力康复　国产替代

人工耳蜗是学术界和工业生产界有机成功合作的典范，经过50年的发展，已成为至今为止最成功的器官替代类有源植入式医疗器械。对于重度和

---

* 黄穗，博士，浙江诺尔康神经电子科技股份有限公司企业研究院副院长，高级工程师；韩彦，博士，浙江诺尔康神经电子科技股份有限公司重点实验室副主任，高级工程师；孙晓安，博士，浙江诺尔康神经电子科技股份有限公司企业研究院院长，教授级高级工程师。

极重度听障人士，人工耳蜗能够有效地帮助他们恢复听力，重新开启正常的生活。特别是对于幼儿来说，人工耳蜗的出现对于他们在言语发育、智力发展和心理健康等方面起到了关键性作用，社会价值巨大。我国人工耳蜗行业经过 25 年的发展，取得了可喜的成绩。社会各界普遍重视和认可该医疗器械的效果，听力筛查和科普教育慢慢深入人心，相关从业人员和机构数量急剧增加，国产人工耳蜗品牌逐渐崛起，具有人工耳蜗植入能力的医院和医生数量稳步提升，这些都为人工耳蜗行业在我国进一步发展打下了扎实的基础。本报告系统性地阐述了我国人工耳蜗的发展历史和现状，详细地分析了未来市场和营销环境，讨论了限制我国人工耳蜗行业发展的瓶颈问题，并对我国人工耳蜗行业发展趋势进行了展望。

一 我国人工耳蜗的发展历史和现状

（一）人工耳蜗的工作原理和适应证

人工耳蜗是一种使重度和极重度听力障碍患者恢复或获得听力的有源植入式医疗器械，是目前世界公认的唯一能够有效地帮助聋残病人恢复听觉的装置。人工耳蜗分为体外部分和植入部分。体外部分收集声音信号，并对信号进行处理和编码后，通过无线耦合的方式将信号发至植入部分。植入部分接收到信号后，将对应的刺激电流信号送至刺激电极，并引发听神经产生神经冲动，最终实现听觉恢复。因此，人工耳蜗植入需要进行手术，手术需要在全身麻醉条件下实施。人工耳蜗效果非常显著，平均言语识别率一般能达到 80% 以上，能够帮助用户回归社会，进行正常生活[1]。特别对于 6 岁以下的儿童，相当大一部分聋残儿童可以通过听力的恢复实现语言功能，避免了"由聋致哑"的问题，极大地节省了社会成本。

---

[1] 曾凡钢等：《诺尔康 26 电极人工耳蜗植入系统的开发及评估》，《中国听力语言康复科学杂志》2015 年第 2 期。

（二）我国人工耳蜗的发展历史与市场现状

1995年多导人工耳蜗率先由澳大利亚的Cochlear引入我国。之后，奥地利MED-EL和美国Advanced Bionics的产品相继进入我国市场。进口人工耳蜗售价极高，非普通家庭所能承受，在1995~2002年的七年中，仅有1197位病人植入了人工耳蜗[①]。

2011年，浙江诺尔康神经电子科技股份有限公司（简称"诺尔康"）和上海力声特医学科技有限公司（简称"力声特"）分别推出了CS-10A人工耳蜗系统和REZ-1型人工耳蜗，并先后获得了国家药监局三类医疗器械产品注册证。其中，诺尔康的人工耳蜗产品2015年获得了国家科技进步二等奖，并在2012年和2021年获得了欧盟CE认证，出口至西班牙、俄罗斯、墨西哥等十几个国家和地区，标志着国产人工耳蜗技术得到了国内外一致认可。

目前我国人工耳蜗市场上各公司最新型号产品情况见表1。

表1 我国人工耳蜗市场上各公司最新型号产品情况对比

公司名称	诺尔康	力声特	Cochlear	MED-EL	Advanced Bionics
植入体型号/注册年份	CS-20A/2021	LCI-20PI/2019	CI522/2018	CONCERTO/2013	HiRes 90K/2016
体外机型号/注册年份	Voyager/2021	LSP-20B/2019	CP910/2015	SONNET/2020	Naida CI/2020
电极通道数	24	22	22	12	16
多种长度电极	有	无	无	有	有
App操控	有	无	无	有	有
汉声策略	有	有	无	无	无
虚拟通道	有	无	无	无	有
双麦克风	有	有	有	有	有
零售指导价	22.8万元	18.1万元	32.8万元	29.8万元	32.8万元

国产品牌的人工耳蜗上市后，人工耳蜗市场价格迅速下降，植入者数量明显上升。中国残疾人联合会协同各级地方残联开展"'十三五'残疾人精

---

① 韩德民：《人工耳蜗》，人民卫生出版社，2003年。

准康复服务"项目，累计为12192名患者植入人工耳蜗，其中诺尔康产品占34.3%，Cochlear产品占24.7%，MED-EL产品占27.5%，Advanced Bionics产品占13.5%。①

二 我国人工耳蜗市场状况分析

（一）我国人工耳蜗市场总体需求

第二次全国残疾人抽样调查结果显示，我国是世界上听力残疾人数最多的国家，现有听力残疾人2780万人，其中，0~6岁的听力残疾儿童约13.7万人，每年新增听障儿童2万~3万人。适合植入人工耳蜗的患者总数量约740万人②。

全球人工耳蜗植入总数量已经超过了60万例，而且绝大多数在发达国家，我国目前人工耳蜗植入数量仅5万例左右，占需求的比例仅为0.68%，植入比例明显偏低③。目前我国老年聋市场几乎还处于未开发状态。河南省人民医院史凌改等人观察了国产诺尔康人工耳蜗（CS-10A）植入对120例双耳重度感音神经性聋老年语后聋患者的听觉行为、言语能力及耳鸣状况的影响④。结果表明，人工耳蜗能够极大地提升老年语后聋患者的听觉能力，帮助其恢复言语，并一定程度上改善患者的耳鸣状况，提高患者的生活质量和幸福感。

近年来，双耳植入逐渐成为潮流，相较于单耳植入，双耳植入患者在噪音中的听声效果、声源定位和声音细节分辨方面有明显的提高，受到了广大

---

① 各年《"十三五"残疾人精准康复服务地方残联委托人工耳蜗采购中标公告》。
② 第二次全国残疾人抽样调查办公室：《第二次全国残疾人抽样调查主要数据手册》，华夏出版社，2007。
③ 中意科创市场调查（北京）有限公司：《2020~2026年中国人工耳蜗行业发展分析及投资前景预测报告》。
④ 史凌改等：《人工耳蜗植入对老年双耳重度感音神经性聋患者的听觉及言语能力影响》，《中华老年医学杂志》2017年第8期。

听障人士的欢迎①。另外，随着植入者数量进一步增加，植入者体外设备的升级换代也逐渐成为各大公司重要的收入来源。以澳大利亚Cochlear为例，其29%的收入来自用户升级体外设备、购买配件或者其他服务②。

在国家康复项目支持、国产替代降低产品价格和人工耳蜗厂商加大宣传的影响下，听障患者接受人工耳蜗的需求将被激发，人工耳蜗市场规模将进一步扩大。同时，居民的消费从生理需求向安全需求升级，说明居民的保健意识正在积极发生转变；稳步增长的可支配收入为居民购买医疗器械保障健康提供了坚实的物质基础，听障患者消费人工耳蜗的意愿随之增强，潜在的人工耳蜗需求转换成实际的交易量，也将促进人工耳蜗市场规模进一步扩大。

根据Frost & Sullivan的预测，2020~2025年，我国人工耳蜗植入数量和市场销售额将分别由9219例和6.5亿元增加至22922例和15.38亿元，年复合增长率分别为20.7%和18.8%；到2030年，将进一步分别增长至43159例和28.25亿元，年复合增长率分别为13.5%和12.9%③。

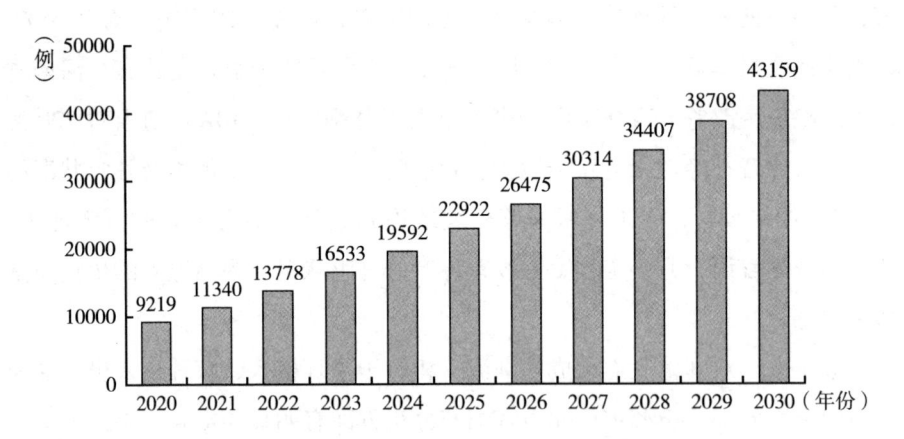

图1 2020~2030年我国人工耳蜗植入数量预测

---

① 郑文芳等：《9例双侧人工耳蜗植入儿童双音节词识别效果分析》，《中国听力语言康复科学杂志》2022年第1期。
② 《Cochlear公司2021财年财务报告》，2021。
③ Frost & Sullivan, "Global Market Analysis of Neuroelectronic Medical Device Independent Market Research Report", 2021.

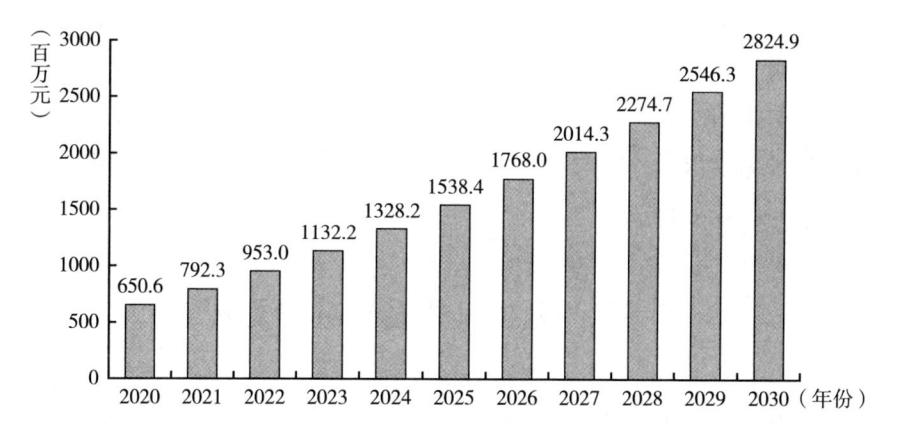

图2 2020~2030年我国人工耳蜗市场销售额预测

（二）我国人工耳蜗法规政策分析

国家层面对于国产人工耳蜗的研发始终是高度支持的。2008年科技部"十一五"国家科技支撑计划设立重点项目"多道电子耳蜗的国产化研发及辅助设备配套研制"，指定诺尔康会同中国科学院声学研究所、清华大学深圳研究生院、中国人民解放军总医院、中国聋儿康复研究中心和首都医科大学附属北京同仁医院等单位共同开发国产人工耳蜗。2011年和2013年诺尔康人工耳蜗系统分别获得了国家药监局适用6岁以上和6岁以下人群的三类医疗器械注册证，该系统有24个刺激通道，是世界上刺激通道数最多的人工耳蜗产品，诺尔康也由此成为国内第一家具有全年龄段人工耳蜗注册证的生产制造商，打破了国际垄断，实现了零的突破。

在加强人工耳蜗产业发展的同时，国家对产业的监管也越来越规范和严格。2013年国家食药监总局颁布了《人工耳蜗植入系统临床试验指导原则》，对人工耳蜗临床试验年龄段和例数进行了明确规范。2017年国家食药监总局又颁布了《人工耳蜗植入系统注册技术审查指导原则》，自此人工耳蜗的注册监管工作进入了有据可依的新阶段，同时期大量出台的医疗器械相关法规，也进一步提升了监管的质量。2017年由上海市医疗器械检测所起草,全国医用电器标准化技术委员会医用电子仪器标准化分技术委员会发布的《YY0989.7-2017手术植入物 有源植入式医疗器械 第7部分:人工耳蜗植入系统的专用要求》,确立了人工耳蜗的行业标准,为之后人工耳蜗研发提供了标准依据。国内人工耳蜗研发正逐渐走向正规化和规范化,并基本完成了与国际接轨。

三 我国人工耳蜗营销环境分析

人工耳蜗行业牵涉到承担多种职责的人和机构,主要有手术医生、听力师、康复老师、残疾人联合会、卫健部门、各种基金会项目、助听器经销商、听障人士和植入者及他们周边的人员等。

20世纪90年代,在人工耳蜗刚刚进入我国市场时,只有北京和上海少数几个三甲医院具备成熟的人工耳蜗植入手术能力。但是随着人工耳蜗的逐渐普及,特别是国产人工耳蜗的出现,目前除西藏外全国30个省(区、市)超过200家医院可以开展人工耳蜗植入手术。尽管如此,由于人工耳蜗对医生专业技术要求极高,目前能够熟练开展该手术的医生数量仅150人左右,而面对上百万的需要植入人工耳蜗的患者,医生数量还远远无法满足现在的需求,也从某种程度上限制了人工耳蜗的进一步推广[1]。

听力师是个非常年轻的行业,2015年听力师才被列为新职种,被列入国家职业分类体系。目前,浙江中医药大学、滨海医学院、宁波卫生职业技术学院等一批医学相关学校纷纷开设了听力学专业,为听力师队伍输送了大量的人才。目前听力师实际从业人数不足2万人,实际需求超过5万人[2]。而人工耳蜗需要非常严谨的听力学测试,听力师的缺失或者水平不够会导致一部分需要进行人工耳蜗植入的病人无法被成功筛查出来。

康复学校是人工耳蜗营销环境非常重要的一个组成部分,对于语前聋患

---

[1] 韩德民:《在人工听觉技术培训基地启动仪式(暨)人工耳蜗技术培训项目研讨班上的演讲》,2016。
[2] 龙墨、郑晓瑛、卜行宽主编《中国听力健康报告(2021)》,社会科学文献出版社,2021。

者，只有进行专业的康复才能取得令人满意的效果，这决定了品牌的口碑以及用户及其家属对于人工耳蜗产品的信心。根据一项人工耳蜗植入儿童术后3年走向的跟踪研究，术后一年儿童进入普通学校上学的比例为58.6%，而术后3年该比例上升至93.2%[1]。由此可见，康复对人工耳蜗用户，特别是语前聋小儿用户极为重要。但是目前康复学校城乡区域分布非常不均衡，广大经济欠发达地区和农村地区缺乏听力语言康复机构，听力残疾儿童难以就近康复，这对于有听障儿童的家庭来说，是一个沉重的负担，很多家庭因此被迫一人放弃工作专门进行康复陪护。

在我国人工耳蜗市场，政府采购或者残联、卫健部门、医保政策补贴也占据着非常重要的地位，对人工耳蜗用户特别是儿童用户有着举足轻重的作用，极大地缓解了用户家庭的压力。我国于2004年启动了"听力助残"项目，开始了对听障儿童的资助。2018年国务院出台了《关于建立残疾儿童康复救助制度的意见》，要求各级政府确保对0~6岁听障儿童应植入人工耳蜗的尽植入，并确保残疾儿童得到应有的康复，该政策从国家层面保障了听障儿童恢复听力的权利，获得了社会各界的广泛好评。

十余年来安徽、河南、浙江和广东等地陆续开展了将人工耳蜗纳入新农合和医保的项目。各地政策各具特色。安徽的新农合报销力度最大，可以为每位符合条件的人工耳蜗植入者报销11万元；浙江医保覆盖范围最广，各个年龄阶段的聋人都可以享受医保待遇，一般医保自费金额在2万~3万元[2]。从大形势来看，在提倡"双循环"和"国产替代"背景下，未来国产人工耳蜗将会得到更多政府采购等政策支持。

由于社会价值巨大，人工耳蜗也是民间公益机构和社会慈善团体重点关注的领域。表2列举了近年来比较重要的人工耳蜗公益项目。从目前情况来看，儿童的人工耳蜗植入受到公益机构和社会慈善团体的广泛重视，但是对

---

[1] 胡向阳等：《人工耳蜗植入学前儿童1422例康复效果进步幅度的影响因素分析》，《中华耳鼻咽喉头颈外科杂志》2016年第5期。

[2] 薛静：《全国各省市听障儿童救助项目资源汇总》，《中国听力语言康复科学杂志》2015年第Z1期。

成年人特别是老年人的扶助和救治还非常少，听力公益事业需要加大对成年特别是老年听障人群的关注力度。

表2　我国近年人工耳蜗公益项目情况

序号	公益活动名称	发起组织	发起时间
1	"听力重建　起聪行动"项目	台塑关系企业暨财团法人王永庆先生与中国残疾人福利基金会	2005年
2	"集善工程——助听行动"	中国残疾人福利基金会	2010年
3	"爱的分贝"项目	中华思源工程扶贫基金会	2012年
4	"聪慧行动"	中国儿童少年基金会	2017年
5	"牵手行动·听力重建——人工耳蜗千人救助计划"	中国听力医学发展基金会	2017年

四　总结与建议

在先后经历了国际品牌垄断、国产品牌崛起、人工耳蜗价格明显下降、品质显著提升的阶段后，我国整个人工耳蜗市场进入了良性竞争阶段，而终端的植入者成为最大的受益方。

虽然经过了20多年的发展，我国人工耳蜗市场仍处于待开发的早期阶段，存在手术医生和听力师不足、相关康复机构数量不够、人工耳蜗植入人群覆盖面不够等问题，但是在国家医保政策的强力支持和我国残联以及各类公益组织的共同努力下，人民群众对美好生活的需要将得到更好满足，预计我国人工耳蜗市场在未来十年将有比较大的成长，进入黄金时期。

随着我国国力和科技水平的进一步提高，相信国产品牌未来将会展现出更强的实力，实现进口替代，并在海外市场的激烈竞争中有更好的表现。

B.17 2021年我国房颤与卒中相关医疗器械市场状况及发展趋势

马志伟 周庆亮 孟 坚[*]

摘 要： 房颤治疗方法分为药物治疗和器械治疗。房颤药物治疗为服用抗栓和控制心室率药物，器械治疗分为心内科治疗和心外科治疗。心内科器械有射频、冷冻、脉冲导管及冷冻球囊；心外科器械有射频钳、笔及冷冻探针。卒中药物治疗为口服抗凝药，手术干预分为心内科介入封堵左心耳和心外科内缝合、结扎或切除及左心耳夹闭术。我国房颤器械治疗中心内科导管消融市场占有率较高，心内科冷冻消融和心外科射频消融市场占有率相当。目前我国卒中治疗方式中以心外科处理左心耳为主要术式，依据国际市场推断内科介入封堵左心耳和外科闭合左心耳未来将成为治疗左心耳预防卒中的主要方式。目前房颤及卒中患者越来越多，治疗房颤和卒中相关医疗器械的市场容量也越来越大。"心脑同治、卒中干预"是一个全新的治疗方式，高度贴合国际最先进的治疗理念，具有科学性及先进性。

关键词： 房颤 卒中 心脑同治 卒中干预

---

[*] 马志伟，北京迈迪顶峰医疗科技股份有限公司研发经理，中级工程师；周庆亮，北京迈迪顶峰医疗科技股份有限公司研发总监，高级工程师；孟坚，北京迈迪顶峰医疗科技股份有限公司总裁，医师。

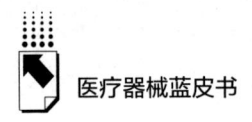

房颤及脑卒中发生率高、危害大，近年来，在国家的大力支持和政策的引导下，我国治疗房颤与卒中的医疗器械发展迅速，取得了很大进步。本报告旨在通过阐述、分析国内现有治疗房颤及卒中的相关术式，阐明未来治疗房颤和卒中相关医疗器械的发展方向，指引我国企业研发制造出更高水平的医疗器械，服务于广大患者。

一 我国房颤与卒中医疗器械行业现状

（一）治疗房颤相关医疗器械

1. 房颤的治疗方式

房颤治疗方法有药物治疗和器械治疗。药物治疗为服用抗栓和控制心室率药物，器械治疗分为心内科治疗和心外科治疗。心内科器械有射频、冷冻、脉冲导管及冷冻球囊；心外科器械有射频钳、笔及冷冻探针。

2. 治疗房颤医疗器械

截止到2022年2月，已获得国家药品监督管理局（NMPA）批准上市的国产及进口治疗房颤医疗器械如表1至表4所示[①]。

表1 我国国产心外科治疗房颤医疗器械

序号	产品名称	注册人名称	注册证编号	适用范围
1	射频消融系统	北京迈迪顶峰医疗科技股份有限公司	国械注准20153011581	用于心、胸外科射频消融手术中对房颤的治疗
2	一次性使用无菌双极射频消融笔	北京迈迪顶峰医疗科技股份有限公司	京械注准20192010594	用于心、胸外科手术中心脏电生理检查（起搏、标测）
3	一次性使用无菌双极射频消融钳	北京迈迪顶峰医疗科技股份有限公司	京械注准20192010595	用于心、胸外科手术中对组织的消融

---

① 国家药品监督管理局网站公开数据，http://app1.nmpa.gov.cn/data_nmpa/face3/base.jsp。

表2　我国进口心外科治疗房颤医疗器械

序号	产品名称	注册人名称	注册证编号	适用范围
1	双极射频消融隔离钳及连接带	爱创科股份有限公司	国械注进20163015121	心胸外科手术中对心脏组织进行消融
2	双极射频消融笔	爱创科股份有限公司	国械注进20163011995	用于对心脏组织进行消融
3	外科消融系统附件	美敦力公司	国械注进20173011933	心脏外科手术中利用射频能量治疗心律失常

表3　我国国产心内科治疗房颤医疗器械

序号	产品名称	注册人名称	注册证编号	适用范围
1	心脏射频消融导管	上海微创电生理医疗科技股份有限公司	国械注准20163010650	用于治疗有明确临床症状发作及心电资料证实的心律失常
2	心脏射频消融导管	乐普（北京）医疗器械股份有限公司	国械注准20173013001	用于快速性心律失常的心脏内腔射频消融介入治疗手术
3	可控射频消融电极导管	深圳惠泰医疗器械股份有限公司	国械注准20163012523	用于心脏电生理标测、刺激和记录；可用于进行心内消融术，用于心动过速治疗
4	一次性使用心脏射频消融导管	四川锦江电子科技有限公司	国械注准20203010014	用于心脏电生理手术中对心内膜进行消融，治疗阵发性室上速

表4　我国进口心内科治疗房颤医疗器械

序号	产品名称	注册人名称	注册证编号	适用范围
1	一次性使用磁电定位压力监测消融导管	圣犹达医疗用品有限公司	国械注进20203010469	用于药物难治性阵发性房颤的治疗
2	磁定位微电极盐水灌注消融导管	波士顿科学有限公司	国械注进20193010545	用于心脏射频消融手术中心内组织的标测、刺激和消融，来治疗持续性或复发Ⅰ型房扑

续表

序号	产品名称	注册人名称	注册证编号	适用范围
3	一次性使用冷冻消融导管	美敦力快凯欣有限合伙企业	国械注进20163010390	用于治疗心律失常的患者，包括房室结折返性心动过速、房室折返性心动过速、房扑、房颤和室性心动过速
4	球囊型冷冻消融导管	美敦力快凯欣有限合伙企业	国械注进20163011857	用于治疗药物难以治疗的有复发性症状的阵发性房颤

（二）治疗卒中相关医疗器械

1. 治疗卒中方式

当前治疗卒中的方式有药物治疗和手术干预。药物治疗为口服抗凝药物，手术干预分为心内科介入封堵左心耳和心外科内缝合、结扎或切除及左心耳夹闭术。

2. 治疗卒中医疗器械

截止到2022年2月，已获得国家药品监督管理局（NMPA）批准上市的国产和进口治疗卒中医疗器械如表5至表7所示①。

表5 我国国产心外科治疗卒中医疗器械

序号	产品名称	注册人名称	注册证编号	适用范围
1	左心耳闭合系统	北京迈迪顶峰医疗科技股份有限公司	国械注准20193130278	适用于房颤需要进行左心耳闭合的患者，以及不适合传统左心耳切除/结扎的开胸手术治疗

① 国家药品监督管理局网站公开数据，http://app1.nmpa.gov.cn/data_nmpa/face3/base.jsp。

表6 我国国产心内科治疗卒中医疗器械

序号	产品名称	注册人名称	注册证编号	适用范围
1	左心耳封堵器系统	上海形状记忆合金材料有限公司	国械注准20203130560	适用于CHADS2评分≥1,且不适合抗凝药物治疗的非瓣膜性房颤患者
2	左心耳封堵器系统	上海普实医疗器械科技有限公司	国械注准20193130279	适用于CHADS2评分≥1,且不适合长期使用华法林抗凝药物治疗的非瓣膜性房颤患者
3	左心耳封堵器	先健科技(深圳)有限公司	国械注准20213130668	适用于CHA2DS2-VASc评分≥2,且有长期口服抗凝药禁忌证或抗凝治疗后仍有卒中风险的非瓣膜性房颤患者

表7 我国进口心内科治疗卒中医疗器械

序号	产品名称	注册人名称	注册证编号	适用范围
1	左心耳封堵器	波士顿科学有限公司	国械注进20183771562	用于预防左心耳中可能形成的血栓栓塞并降低适合抗凝治疗或对抗凝治疗存在禁忌证的非瓣膜性房颤患者出现致命性出血事件的风险
2	左心耳封堵器	圣犹达医疗用品比利时有限公司	国械注进20203130260	用于防止非瓣膜性房颤患者出现来自左心耳的血栓栓塞,有长期口服抗凝药禁忌证,或者口服华法林仍发生卒中或相应事件者

(三)我国房颤与卒中相关医疗器械行业现状

1. 我国房颤相关医疗器械行业现状

国家卫健委网相关资料显示,自2010年起射频消融手术量持续迅猛增长,年增长率为13.2%~17.5%。根据全国房颤注册研究网络平台资料,房颤导管消融手术比例逐年增加,2016~2019年房颤导管消融手术占总消融手术的比例分别为23.1%、27.3%、31.9%和33.0%[1]。据统计2020年中国共进行81900例房颤导管消融手术,其中9800例为冷冻消融手术;

---

[1] 《中国心血管健康与疾病报告2020》,国家心血管病中心,2021年4月。

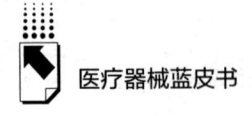

72100例为射频消融手术①,包括心外科射频消融手术大约9000例,心内科射频消融手术大约63100例。由上述可知,在我国房颤器械治疗中心内科导管消融市场占有率较高,心内科冷冻消融和心外科射频消融市场占有率相当。

2. 我国卒中相关医疗器械行业现状

2014年波士顿科学有限公司的Watchman成为在我国上市的首个左心耳封堵器,由先健科技(深圳)有限公司自主研发的第一个国产左心耳封堵器系统LAmbre于2017年6月上市。Watchman自上市以来,2014年植入178例,2017年植入1700例,三年复合增长率为112%。截止到2019年8月,植入量突破5000例。2017年,我国左心耳封堵术共完成2214例,从各公司产品植入量占比看,波士顿科学有限公司约占77%,圣犹达医疗用品比利时有限公司约占20%,先健科技(深圳)有限公司约占3%②。相关统计数据表明2021年中国左心耳封堵器植入量在14000例左右③。

据统计目前我国心外科每年左心耳处理手术量大约3万例,处理方式几乎全是切割、缝合的方式。由北京迈迪顶峰医疗科技股份有限公司自主研发的国内第一个左心耳闭合系统E-Clip于2019年4月上市,目前正在推广前期。由于其具有闭合成功率高、风险低、易操作、学习曲线短的特点,逐渐获得市场认可。国外等同产品AtriClip目前全球植入量已超过34万例④,该项技术的安全性和有效性已得到充分验证。

由上述可知,目前我国卒中治疗方式中以心外科处理左心耳为主要术式,依据国际市场推断内科介入封堵左心耳和外科闭合左心耳未来将成为治疗左心耳预防卒中的主要方式。

---

① 《2022年中国房颤行业市场数据预测分析:冷冻消融手术效果更理想》,中商情报网,2022年2月19日。
② 陈维、阮成民、常晓鑫:《2019年我国左心耳封堵器市场状况及发展趋势》,载于王宝亭、耿鸿武主编《中国医疗器械行业发展报告(2020)》,社会科学文献出版社,2020。
③ 张晓春:《经导管左心耳封堵2021年报告》,2022年。
④ Atricure, https://www.atricure.com/about-atricure。

二 我国房颤与卒中治疗方式分析

（一）我国房颤治疗方式分析

服用药物对阵发性房颤患者进行治疗的优点是不需要手术；缺点是必须同时进行抗栓治疗，只能减少发作，无法根治，总体疗效不高且不良反应大。心内科导管治疗优点是创伤小，患者术后恢复快；缺点是治疗效果不佳、复发率高，尤其对于持续性房颤患者疗效不佳，且术中有消融造成食管瘘的风险。心外科治疗使用双极射频钳进行 COX-MAZE Ⅳ 手术，治愈率可达 90%[1]，对于阵发性和持续性房颤患者均表现出治愈率高、远期效果好的优点；但也有创伤大，病人术后恢复期长的缺点。脉冲消融作为一种新兴的技术在我国仍处于临床试验阶段，其安全有效性有待进一步考证。

（二）我国卒中治疗方式分析

在临床中，服用华法林、阿司匹林等抗凝药物具有一定的出血风险，必须频繁监测，禁忌证比较多，长期服用抗凝药物有导致骨质疏松和软组织坏死的风险。内科介入封堵有创伤小、恢复快的优点，但左心耳特殊、多样的解剖结构，造成很难有一种封堵器能适用于所有类型的左心耳。外科手术干预，内缝合与结扎优点是费用低，但容易发生心耳再通和撕裂的风险，且因手术后部位不平滑易产生血栓，大大增加卒中的风险；切除难以作用到心耳根部，术后残端易形成憩室，形成血栓，患者仍然有卒中风险。对左心耳进行心外闭合是目前国外大量应用于临床的治疗方式，缺点是创伤大，优点是适用范围广，能够满足各种形态的左心耳闭合，操作方便且闭合成功率高，代表性产品 AtriClip 目前已获得欧洲 CE 和美国 FDA 双重认证，临床试验中

---

[1] Timo Weimar, Marci S. Bailey, Yoshiyuki Watanabe, et al., "The Cox-maze IV Procedure for Lone Atrial Fibrillation: A Single Center Experience in 100 Consecutive Patients," *J. Interv. Card Electrophysiol*, 2011, 31: 47-54.

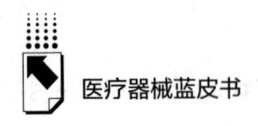

左心耳闭合率高达95.7%①，明显优于其他闭合左心耳的方法。心外闭合左心耳，这种安全、可靠的方式，正在得到快速推广。

三 我国房颤与卒中相关医疗器械行业发展趋势

（一）房颤与卒中相关医疗器械市场发展趋势

我国35周岁以上人群房颤患病率为0.77%，目前房颤患者约有487万人②。Framingham研究提示，房颤人群发病率随年龄增长而提高，80岁以上的老人患病率高达7.5%。随着我国人口老龄化社会的到来，房颤病人会随着时间的推移越来越多。预计房颤射频消融手术量在2022年将达到131000例，今后每年房颤射频消融手术量增长率可达到30%以上③。

有关文献表明，我国现有脑卒中患者数量约1300万人④，随着卒中危险因素的流行，我国卒中疾病患者呈爆发式增长的态势，推测2030年我国脑血管病事件发生率将较2010年升高约50%⑤，而口服药物治疗有出血风险、对存在抗凝禁忌证的患者不适用，由此可见，未来治疗卒中的医疗器械市场需求巨大。

（二）房颤与卒中治疗的发展趋势

国际上治疗房颤及卒中目前已形成了稳定的术式，即通过射频或冷冻消融手术治疗房颤的同时对左心耳进行干预，同步治疗房颤及预防卒中的发

---

① 孟旭：《左心耳闭合——外科医生的视角》，2016。
② 国家心血管病中心：《中国心血管健康与疾病报告2020》，科学出版社，2021。
③ 《2022年中国房颤行业市场数据预测分析：冷冻消融手术效果更理想》，中商情报网，https://baijiahao.baidu.com/s? id=1725069755514708511&wfr=spider&for=pc，2022年2月19日。
④ 《中国脑卒中防治报告2019》编写组：《〈中国脑卒中防治报告2019〉概要》，《中国脑血管病杂志》2020年第5期。
⑤ 国家心血管病中心：《中国心血管健康与疾病报告2020》，科学出版社，2021。

生。欧洲房颤外科消融治疗指南将房颤外科消融同时结合左心耳切除或隔离列为ⅡA类推荐[1]。

在房颤和卒中疾病防治领域，北京迈迪顶峰医疗科技股份有限公司提出了"心脑同治、卒中干预"的疾病整体治疗解决方案。即对房颤患者进行外科射频消融手术，治疗房颤，使患者心率恢复正常，同时对左心耳进行心外夹闭，治疗房颤同时从根本上预防卒中的发生，降低房颤术后并发症的发生，提高患者愈后生活质量。这一治疗方案高度贴合国际治疗理念，具有科学性和先进性。

近年来我国高度重视医疗器械行业的健康快速发展，鼓励医疗器械创新发展，我国医疗器械行业发展面临着良好机遇。但同时国内市场和国际市场相比，无论是在上市产品数量上还是在先进性上都还有一定的差距，这就需要医疗器械研发企业攻克相关领域的技术关键点和难点，提升疾病治疗的整体能力，为临床提供急需的、能够大幅度服务民生的创新医疗器械产品。

---

[1] V. Bahwar et al., "The Society of Thoracic Surgeons 2017 Clinical Practice Guidelines for the Surgical Treatment of Atrial Fibrillation," *Ann. Thorac. Surg.*, 2017, 103: 329-341.

B.18
2021年我国质子放射治疗装置市场状况及发展趋势

遆亚林*

摘　要： 伴随着人口老龄化，我国面临着癌症发生及死亡人数高居全球第一的压力，患者对高质量医疗的需求日益增长。质子放射治疗相较于常规光子放射治疗具有显著的物理及生物学优势，可提供高适形度的肿瘤治疗靶区照射、降低正常组织辐射剂量、增强对危及器官的保护，从而获得更好的肿瘤控制率并降低正常组织并发症概率。国际上质子放射治疗系统的产品技术及产业目前已步入较为成熟的阶段，而我国质子放射治疗系统的临床配置及产业发展尚处于成长期。当前，国内运营及在建的质子治疗中心仍主要采用国外主流厂商产品，整体装备产业链的国产化水平急需提升。在市场需求激励及国家政策扶持下，近年来我国科研院所及企业已经逐步突破关键核心技术，完成自主产品研发并建立产业基地。我国现在已利用后发优势，认清差距，及时把握质子放射治疗技术及产品的前沿发展趋势，可预期我国质子放射治疗装置产业会在未来5~10年内加速发展，前景可期。

关键词： 质子放射治疗装置　质子放射治疗技术　质子加速器　肿瘤治疗

随着全球人口老龄化加剧、人口增长及饮食、肥胖、吸烟、空气污染等致

---

* 遆亚林，生物医学工程博士，瓦里安医疗（西门子医疗一员）亚太区医学及临床事务总监。

癌因素流行率的提升，癌症发生率与致死率也不断增长。[①]我国作为世界人口大国，2020年新发癌症人数约457万人，居全球第一，占世界比例为23.7%。[②]

作为癌症治疗的重要手段之一，放射治疗可适用于60%~70%的患者。[③]我国目前接受放射治疗的癌症患者比例约为30%，主要受限于先进放疗设备配置不足、临床专业人员短缺及放疗系统化标准化水平仍不高。据国际粒子治疗协作组（PTCOG）统计，截至2020年，全球约有25万癌症患者接受质子放射治疗，年增长率约20%。

国际上质子放射治疗系统的产品技术及产业发展目前已步入较为成熟的阶段，Varian、IBA、Mevion、ProNova、Protom、Hitachi、Sumitomo等主要厂商的产品已在全球市场推广应用多年。与之相比，我国质子放射治疗系统的临床配置及产业发展尚处于成长期。

近年来，国内越来越多的医疗机构、科研院所及厂商投入质子放射治疗中心的建设运营、质子放射治疗设备的研发和生产中。在此背景下，参照国际质子放射治疗的发展情况对我国的发展情况做阶段性的梳理总结，将有助于系统地了解国内发展现状，借力国家政策、市场及相关技术基础，迎头赶上，推动我国医疗产业发展，造福广大癌症病患。

一 质子放射治疗全球发展状况

（一）质子放射治疗及装置

1. 质子放射治疗

不同于常规光子放射治疗，高能质子束进入组织后的能量释放随深度增

---

① WHO, "Global Health Estimates 2020: Deaths by Cause, Age, Sex, by Country and by Region, 2000-2019," 2020.

② Sung H., et al. "Global Cancer Statistics 2020: Globocan Estimates of Incidence and Mortality Worldwide for 36 Cancers in 185 Countries," *CA. Cancer J. Clin.*, 2021, 71 (3): 209-249.

③ Baumann M., et al., "Radiation Oncology in the Era of Precision Medicine," *Nat. Rev. Cancer*, 2016, 16 (4): 234-249.

加而增加，在接近停止时到达峰值，形成布拉格峰（Bragg Peak）效应。

质子放射治疗相较于常规光子放射治疗具有显著的物理及生物学优势，如靶区照射的高适形度、陡峭的剂量梯度、累积剂量减少、正常组织辐射剂量降低、对危及器官的保护增强，从而能够在获得更好的肿瘤控制率（TCP）的同时降低正常组织并发症概率（NTCP）。碳离子虽然相对于质子具有更高的相对生物效应，但相对生物效应变化较大，且碳离子能量释放具有碎片拖尾，这些都增加了放疗计划的复杂度和治疗效果的不确定性。在经济层面上，碳离子放射治疗系统造价及运营成本更高。因此质子放射治疗系统作为我国高端放疗装置升级的选择具有更高的性价比和实施性。

质子放射治疗以其独有的优势尤其有利于治疗儿童癌症、额叶运动区的耐放射性肿瘤以及靠近关键器官的不规则病变。目前，质子放射治疗已被广泛应用于儿童肿瘤、眼部肿瘤、中枢神经系统肿瘤、颅底肿瘤、头颈部肿瘤、鼻旁窦癌、脊柱肿瘤、肝细胞肿瘤、胃肠癌、乳腺癌、肺癌、前列腺癌及骨与软组织肿瘤等临床领域。[1] 国际粒子治疗协作组（PTCOG）近年发表了一系列国际质子放射治疗共识指导原则，覆盖了早期及局部晚期非小细胞肺癌、儿童恶性肿瘤、前列腺癌、间皮瘤、乳腺癌。[2]

2. 质子放射治疗装置

质子放射治疗装置主要包括医用质子加速器及控制系统，束流传输系统，机架、治疗头、治疗床，治疗控制和监控系统、束流管理系统，并辅以相应的

---

[1] Kim K. S., H. G. Wu, "Who Will Benefit from Charged-Particle Therapy?" *Cancer Research and Treatment*, 2021, 53 (3): 621–634.

[2] Bryant C. M., et al., "Consensus Statement on Proton Therapy for Prostate Cancer," *Int. J. Part Ther.*, 2021, 8 (2): 1–16; Chang J. Y., et al., "Consensus Statement on Proton Therapy in Early-Stage and Locally Advanced Non-Small Cell Lung Cancer," *Int. J. Radiat. Oncol. Biol. Phys.*, 2016, 95 (1): 505–516; Mutter R. W., et al., "Proton Therapy for Breast Cancer: A Consensus Statement From the Particle Therapy Cooperative Group Breast Cancer Subcommittee," *Ibid.*, 2021, 111 (2): 337–359; Weber D. C., et al., "Proton Therapy for Pediatric Malignancies: Fact, Figures and Costs. A Joint Consensus Statement from the Pediatric Subcommittee of Ptcog, Pros and Eptn," *Radiother. Oncol.*, 2018, 128 (1): 44–55; Zeng J., et al., "Consensus Statement on Proton Therapy in Mesothelioma," *Pract. Radiat. Oncol.*, 2021, 11 (2): 119–133.

位置确认、监控、控制、服务支持、人员防护及患者数据服务等软硬件系统。

医用质子加速器为质子放射治疗装置的核心，主流产品目前多采用等时回旋加速器、同步回旋加速器或同步加速器。在此基础上，加速器超导线圈、机架内超导磁铁等新技术设计的应用，都不断推动着系统的紧凑化及轻量化。治疗头内的照射系统已普遍使用笔形束扫描（PBS）技术以实现调强质子放射治疗（IMPT）。

质子放射治疗系统可设计为独立加速器配置单个或多个治疗室（厂商如 Varian、IBA、Hitachi、Protom、ProNova），或加速器集成于旋转机架的紧凑单室系统（厂商如 Mevion）。

（二）全球质子放射治疗装置产业状况

质子放射治疗装置在全球的安装使用自 2010 年后呈现迅速增长的趋势。1961~2021 年全球投入运营质子中心数量见图 1。目前全球在运营和在建质子中心的分布情况见表 1，美国与日本目前的在运营质子中心数大幅领先于其他国家或地区；在建质子中心中有近一半采用了 Varian 的质子放射治疗装置，见表 2。

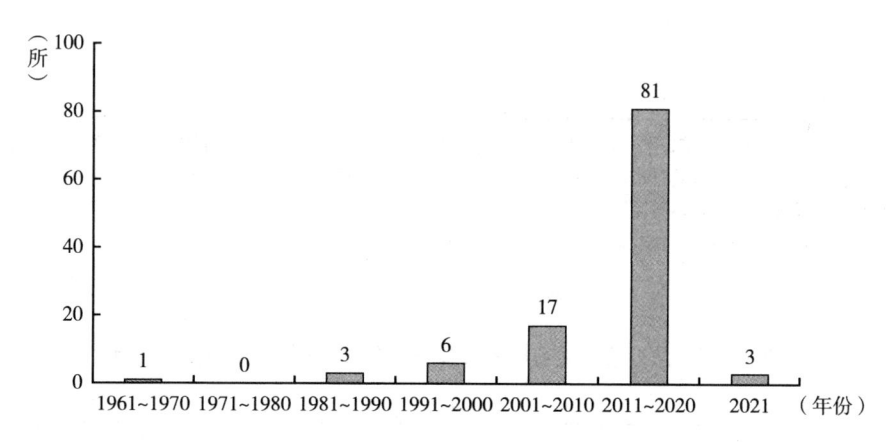

图 1　1961~2021 年全球投入运营质子中心数量统计

资料来源：Ptcog, "Facilities-in-operation," 2022, https://www.ptcog.ch/index.php/facilities-in-operation。

表1 全球各国或地区在运营及在建质子中心数统计

单位：所，%

国家/地区	在运营质子中心数	所占比例	国家/地区	在建质子中心数	所占比例
美国	41	41	中国大陆	9	28
日本	18	18	美国	5	16
英国	6	6	印度	2	6
德国	5	5	日本	2	
俄罗斯	5	5	挪威	2	6
中国大陆	2	2	新加坡	2	6
法国	3	3	中国台湾	2	6
意大利	3	3	阿根廷	1	3
荷兰	3	3	澳大利亚	1	3
韩国	2	2	阿联酋	1	3
西班牙	2	2	俄罗斯	1	3
中国台湾	2	2	沙特阿拉伯	1	3
奥地利	1	1	斯洛伐克	1	3
比利时	1	1	泰国	1	3
捷克	1	1	英国	1	3
丹麦	1	1	总计	32	100
印度	1	1			
波兰	1	1			
瑞典	1	1			
瑞士	1	1			
总计	100	100			

注：数据为截至2022年2月的数据。上海瑞金医院肿瘤（质子）中心目前尚在注册临床试验中，故中国大陆在运营质子中心数由3所修正为2所，在建质子中心数由8所修正为9所；中国台湾现有中国医药大学附设医院及台湾大学质子中心在建，故台湾在建质子中心数由1所修正为2所。

资料来源：Ptcog, "Facilities-in-operation," 2022, https://www.ptcog.ch/index.php/facilities-in-operation。

表2 质子放射治疗装置厂商所参与的在建质子中心数及所占比例

单位：所，%

厂商	参与的在建质子中心数	所占比例
Varian	14	44
IBA	8	25
Hitachi	3	9

续表

厂商	参与的在建质子中心数	所占比例
Mevion	1	3
Sumitomo	1	3
Protom	1	3
待确定	4	13
总计	32	100

资料来源：Ptcog,"Facilities-in-operation," 2022, https：//www.ptcog.ch/index.php/facilities-in-operation。

二 我国质子放射治疗装置产业发展现状及面临的挑战

（一）产业发展现状

当前我国质子放射治疗装置产业市场份额主要由以 Varian 和 IBA 为代表的外资厂商所占据。相较深耕多年的外资厂商，我国自主研发的国产质子放射治疗装置尚处于起步阶段。上海艾普强于 2021 年底方完成首台国产质子放射治疗装置研制验收，由上海瑞金医院肿瘤（质子）中心采用，2022 年初仍处于注册临床试验阶段。

国内市场上主要的质子放射治疗装置产品仍以进口品牌为主。上海艾普强、Mevion、中广核技牵手 IBA 近年来在国内建立了产业化制造基地。值得期待的是，我国在医用粒子加速器方面的技术积累历经近 30 年已初见成效。2020 年 9 月，中核集团研发的超导回旋质子加速器束流能量首次达到 231MeV。2021 年 3 月中国科学院等离子体物理研究所宣布研制成功紧凑型超导回旋质子加速器，实现 200MeV 稳定束流的引出。由中国科学院近代物理研究所及其产业化公司研制和维护、武威肿瘤医院负责临床运营的甘肃武威碳离子治疗系统已于 2019 年 10 月获得国家三类医疗器械

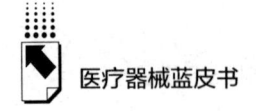

注册批准，并正式投入临床治疗使用。同属粒子治疗系统，碳离子治疗系统的技术研发及建设经验可为国产质子放射治疗系统所利用与借鉴。而上海瑞金医院肿瘤（质子）中心安装的首台国产质子放射治疗设备，其整个系统的研制是由中国科学院上海应用物理研究所直接作为研发责任人的。

PTCOG数据显示，我国已接受质子放射治疗的人数约为2000人。我国2020年新发癌症人数有457万人，约60%的患者需要接受放疗，其中17%的潜在患者，约47万人可受益于质子放射治疗。为满足巨大的社会医疗需求，2019年7月末，国家卫健委对2018~2020年大型医用设备配置规划进行了调整，大幅提升了大型放疗设备的配置规划，包括在全国新增16台质子放射治疗设备。2021年底，国家在《"十四五"医疗装备产业发展规划》中进一步将突破质子放射治疗计划系统（TPS）等关键技术、提升质子放射治疗系统等高可靠放疗设备作为专项行动之一。

与之相对应，随着一大批质子中心的陆续规划、建成，我国的质子放射治疗装置产业市场也将在未来十年内加速发展。目前我国有9个质子中心项目在建设中。而从各国家或地区当前在建质子中心数目来看，我国目前在建质子中心数量远高于其他国家。

（二）面临的挑战

1. 装备产业链国产化水平急需提升

质子放射治疗在我国尚未被广大癌症患者所了解。已投入运营的质子中心数量和布局水平与国内医疗市场需求有较大的差距。

目前，我国首台国产质子放射治疗设备尚未完成上市注册。除质子放射治疗装置本身之外，与之配套的国产放射治疗计划系统、肿瘤信息管理系统亦是待开发的薄弱环节。整体装备产业链的国产化水平急需提升。国产厂商可借力于后发优势，基于前期国际及国内产品技术积累，压缩技术路径选择的时间和成本，在国家政策的大力支持下加速产业化、市场化进程。

2. 临床及运营维护专业人员不足

质子中心的运营成本主要由商务成本（约占42%）、人员成本（约占28%）及维护服务成本（约占21%）组成。① 放射治疗需要由放射肿瘤医师、医学物理师和治疗师组成的综合临床团队。据统计，我国2018年从事放射治疗的工作人员共29096人，放疗医师与物理师比例为3.51∶1，远低于美国1∶1的水平。② 该情况在质子放射治疗领域更为明显，尤其体现在医学物理师及治疗师的人员配置上。

质子放射治疗装置结构复杂，需驻地的服务团队对系统进行维护，及时应对设备故障。此类人才需要长时间现场运行经验的积累，目前也是质子放射治疗行业人才资源短板之一。

3. 注册审批周期有待缩短

质子中心建设所需资金、人力、物力投入巨大。从设备安装至投入临床使用需5年以上的时间。缩短注册审批周期有助于降低商务成本，促进质子中心的健康运营，提早惠及病患。目前，随着国家将医疗器械创新作为发展重点，已分别有国产及进口质子放射治疗装置进入创新医疗器械特别审批程序，获得优先审评审批。

鉴于质子放射治疗装置的注册审批遵循逐台检测的原则，未进入创新审批通道的产品，仍需面对较长的注册周期，现从以下两方面提出建议。一是，由于质子放射治疗装置需要现场安装，涉及部件数量多，调试环节复杂，建议注册检验机构提前介入，边安装边检测，优化检测流程，寻求与客户验收检测内容的共享。二是，从注册监管角度来说，对于已有等同或相似产品上市的质子放射治疗装置设置注册预审评环节，提前确认临床试验必要性，从而降低产品注册资料准备的不确定性，并缩短审批周期。

---

① Goitein M., M. Jermann, "The Relative Costs of Proton and X-ray Radiation Therapy," *Clinical Oncology*, 2003, 15（1）: S37-S50.
② 张烨等：《2019年中国大陆地区放疗人员和设备基本情况调查研究》，《中国肿瘤》2020年第5期。

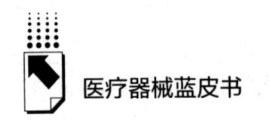

三 未来国际及国内发展趋势

（一）质子放射治疗技术的前沿趋势

目前质子放射治疗接近临床的前沿探索主要集中在 FLASH 疗法和迷你质子束放疗（pMBRT）两个方向上，两者分别从时间与空间结构维度对质子束展开超越常规放疗设定的研究，主要目的皆为增强正常组织放射耐受性、降低正常组织并发症概率（NTCP）从而扩宽治疗窗口。两者间，FLASH 疗法更具产品化潜力，因此也成为主流质子放射治疗装置厂商研发的主要方向之一。

1. FLASH 疗法

FLASH[①] 疗法是在通常小于 1 秒的时间内以超高剂量率向治疗部位实施放射治疗的一种实验性治疗模式。临床前研究显示，相较于常规放疗，超高剂量率照射可以在降低对正常组织放射毒性的同时保持抗肿瘤效应水平。超高剂量率照射形成的短时组织内放射化学耗氧被认为是提升健康组织放射耐受性的主要贡献因素。此外 FLASH 疗法还显示出潜在的免疫学效应。研究结果显示，FLASH 疗法治疗效能的显现需要满足剂量率≥40Gy/s；≥10Gy 的总剂量；质子束释放脉冲频率≥100Hz；脉冲剂量≥1Gy；且基于质子束准连续态特性，其单个脉冲内的剂量率需达到≥10^6Gy/s。[②]

FLASH 疗法近年来已成为放射治疗界的关注热点，主要质子放射治疗装置厂商如 Varian、IBA 等皆利用其质子放射治疗装置展开研究，以推动产品化进程。Varian 与辛辛那提儿童医院医学中心、辛辛那提大学医学中心质

---

① Favaudon V., et al., "Ultrahigh Dose-rate Flash Irradiation Increases the Differential Response between Normal and Tumor Tissue in Mice," *Sci. Transl. Med.*, 2014, 6 (245).
② Weber D. C., et al., "Proton Therapy for Pediatric Malignancies: Fact, Figures and Costs. A Joint Consensus Statement from the Pediatric Subcommittee of Ptcog, Pros and Eptn," *Radiother. Oncol.*, 2018, 128 (1): 44-55.

子中心合作，于2020年11月启动了世界首个FLASH临床试验（FAST-01），重点对质子放射治疗用于症状性骨转移癌的可行性进行研究。

2. 迷你质子束放疗（pMBRT）

迷你质子束放疗属于空间分割放疗。其原理基于研究发现具有高峰谷比且谷值较低的不均匀放射剂量空间分布可提升正常组织的放射耐受性。[1]

迷你束放疗（500微米~700微米级束流）平衡了栅格疗法（厘米级束流）和微型束疗法（25微米~100微米级束流）两者的特点，可以在满足剂量学及定位要求条件下使用比微型束疗法更高的能量进行照射。近年来，随着质子放射治疗的发展，质子束与迷你束放疗结合形成迷你质子束放疗，并在临床前动物试验中验证了其可行性及正常组织保护效果。[2][3]

（二）产品发展趋势

1. 产品小型化

基于市场对于降低成本、减少占地空间及缩短建设周期的需求，目前主要质子放射治疗装置厂商都将产品小型化作为研发和推广的重要方向。例如，采用超导加速器、缩短束流传输路径、单治疗室配置等设计推进产品的轻量化及紧凑化。目前主流厂商推出的最新紧凑型单室质子放射治疗装置如表3所示。

需要指出的是，追求紧凑化设计也会产生相关的问题。例如，为大幅度减小加速器尺寸选择高磁场同步加速器需要使用被动再生引出，这会导致脉冲式束流、引出效率较低、引出流强偏小等问题。

---

[1] Yan W., et al., "Spatially Fractionated Radiation Therapy: History, Present and the Future," *Clin. Transl. Oncol.*, 2020, 20: 30-38.

[2] Prezado Y., et al., "Proton Minibeam Radiation Therapy Spares Normal Rat Brain: Long-Term Clinical, Radiological and Histopathological Analysis," *Scientific Reports*, 2017, 7.

[3] Prezado Y., et al., "Proton Minibeam Radiation Therapy Widens the Therapeutic Index for High-grade Gliomas," *Scientific Reports*, 2018, 8 (1).

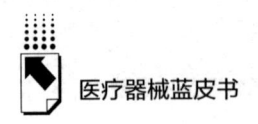

表3　主流厂商紧凑型单室质子放射治疗装置

厂商	设备型号	多室可扩展性	加速器类型
Varian	ProBeam 360°	有	超导等时回旋加速器
IBA	Proteus ONE	无	超导同步回旋加速器
Mevion	S250	无	超导同步回旋加速器
Protom	Radiance 330	有	紧凑型同步加速器
Hitachi	ProBeat	有	同步加速器
ProNova	SC360	有	超导等时回旋加速器

资料来源：根据各厂商公开资料整理。

2. 新治疗方式驱动产品升级

FLASH疗法中超高剂量率的施放对质子放射治疗装置的相关功能设计及指标提出更高的要求。目前多数主流厂商的设备可以达到FLASH疗法要求的剂量率输出，但由于照射面积与加速器束流强度成正比，要满足临床应用的可行性需求，需要足够大的引出流强（≥400nA），以覆盖临床所需的照射范围。

B.19
2021年我国医疗器械行业投融资状况与发展趋势

刘松陵 嵇磊 张敏*

摘　要： 资本是医疗器械行业发展中最活跃的市场元素，对我国医疗器械行业投融资的价值取向和发展方向进行研究，是实现医疗器械行业高质量高端化发展的关键，尤其在被国外"卡脖子"的核心技术突破方面资本更是起到决定性作用。面对国内外形势以及当前市场的不确定情形，要实现行业的发展就必须抓住行业最本质的特性——创新发展。要实现创新发展，就必须从提升企业活力、创新力和竞争力等根本之处着手。资本是医疗器械企业创新发展的原动力，必须提高行业投融资效率和价值，必须针对性地做好在科技成果产业化过程中人力、市场以及资本等方面服务的全链条化和专业化工作。我国医疗器械行业实现高质量创新发展是一个渐进的过程，坚持"做好自己"是根本，选择正确的发展方向和有效利用资本是关键。

关键词： 医疗器械　投融资　创新发展

在政策引领、经济拉动和资本的助推下，我国已成长为全球第二大医疗器械市场和世界医疗装备制造基地。在迈向第二个一百年奋斗目标之际，作为我国战略性新兴产业的医疗器械正处于由低端向高端、由大市场变强产业

---

* 刘松陵，医伴健康产融研究院院长；嵇磊，医伴金服集团董事长；张敏，医站通创始人。

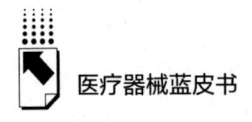

的爬坡阶段，同时还面临着当下国内外多种不确定因素的影响和挑战，可谓任重道远。本报告通过回顾2021年我国医疗器械行业投融资活动，从行业发展和科技创新角度，重点对在复杂多变的时代背景下医疗器械行业投融资的价值取向和发展方向进行分析，以期为医疗器械行业投融资能更有效地助力行业发展、服务企业和实现资本增值提供参考。

一 2021年我国医疗器械行业投融资状况

（一）投融资事件统计

在疫情影响的持续发酵背景下，资本进一步向医疗器械领域汇聚，2021年我国医疗器械投融资事件达到了386次，同比增长7.2%，充分证明了资本对医疗器械领域的高度关注。价值细分领域投资热度不减，主要集中在IVD、心血管、医疗机器人、医学影像等"热门赛道"；2021年医疗器械行业一级市场融资规模489亿元，同比减少7%，主要是由投资前移，IPO阶段大额投资明显减少造成的。具体见表1至表3。

表1 2020~2021年我国医疗器械行业融资事件和企业上市情况

年度	一级市场融资事件（次）	一级市场融资总额（亿元）	IPO企业数量（家）	上市融资总额（亿元）
2020年	360	527	21	288
2021年	386	489	37	596

资料来源：众成数科、医伴金服。

表2 2020~2021年我国医疗器械行业融资事件时间维度统计

单位：次

月份	1	2	3	4	5	6	7	8	9	10	11	12
2020年	18	6	22	26	16	27	42	31	55	27	32	58
2021年	28	32	25	35	34	34	40	44	39	37	23	15

资料来源：众成数科、医伴金服。

表3 2020~2021年我国医疗器械四大"热门赛道"融资事件数量

单位：次

年份	IVD	心血管	医疗机器人	医学影像
2020	121	33	23	26
2021	120	37	27	24

资料来源：众成数科、医伴金服。

1. IVD领域

IVD领域融资事件数量连续两年位居榜首，最直接的原因是新冠肺炎疫情的持续影响和民众健康意识的提高。资本的热捧促进了之江生物、硕世生物和圣湘生物等企业跻身分子诊断领先梯队，催生了博拓生物、美联泰科和微岩医学等一批行业新锐，加速了我国IVD的发展进程。生化、发光等领域国产产品份额在逐步提高，未来几年POCT、流水线、微流控等国外优势领域将成为我国IVD行业持续拓展的重点。

2. 心血管领域

心血管领域是仅次于IVD的医疗器械第二大价值细分领域。心血管医疗器械临床需求量大，技术和产品创新最为活跃，2021年发生的融资事件主要分布在冠脉、瓣膜、人工心脏、电生理领域。从产品管线和市场份额两个维度看，国产支架、心脏封堵器等替代进口已取得突破，心脏电生理、起搏器、外周血管支架和球囊导管等国产替代有待加强。资金正持续向领域内细分龙头企业集中，未来几年具有全球化、规模化、平台化和技术领先特征的企业也将会出现。

3. 医疗机器人领域

在一级市场，据不完全统计，2021年国内有超过10家手术机器人公司获得超亿元融资，其中精锋医疗一年内完成6亿元B轮和2亿美元C轮融资；长木谷完成1.2亿元Pre-B轮和5.4亿元B轮融资。整个"赛道"融资接近百亿元，主要分布在骨科、腔镜、血管介入手术机器人领域[①]。医疗

[①]《去年吸金近百亿的手术机器人赛道融资又开启了》，https://baijiahao.baidu.com/s?id=1722273646775895009&wfr=spider&for=pc，2022年1月18日。

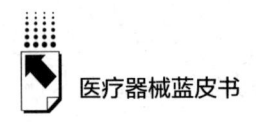

机器人是集成硬核科技元素较多的领域，可形成较高的技术壁垒，同时近几年可避开集采的影响，未来拥有跨科室开放式平台的手术机器人可在竞争中获取较大的优势，如微创手术机器人。

4. 医学影像领域

2021年底，联影医疗申请科创板上市获受理，成为全年医学影像领域的"压箱巨作"。随着5G和AI技术的融合，医学影像作为精准医学、微创医学和临床诊疗最主要的信息来源和支撑，在整个医疗流程中的价值和地位剧增。目前已有超20款医学影像AI产品获得国家药监局（NMPA）三类医疗器械注册证书；2021年该领域的鹰瞳科技在港股上市，推想医疗、科亚方舟和数坤科技等公司递交了招股书。当前医学影像AI产品正步入商业化的下半场，西门子、飞利浦、东软医疗等公司都在着手打造自己的平台，努力构建医学影像AI生态圈。另外，医美、牙科、眼科和家庭康养保健器械等消费医疗属性强的领域，受医保影响小又符合人们追求美好生活的需要，未来成长空间大、投资机会多。

（二）融资轮次特点

2021年A轮（含Pre-A和A+）融资占比较2020年增长5个百分点，C轮及以上融资占比较2020年下降2个百分点，投资前移的趋势在一定程度上说明：资本对医疗器械项目的认知更加深入和专业；一些资本希望通过早介入来抵消近两年该领域估值偏高的不利影响。

表4　2020~2021年我国医疗器械行业融资事件轮次分布情况

单位：次，%

年份	天使及以前		A轮(含Pre-A和A+)		B轮(含Pre-B和B+)		C轮及以上		战略投融资	
	次数	占比	次数	占比	次数	占比	次数	占比	次数	占比
2020	23	6	125	35	96	27	66	18	50	14
2021	17	4	153	40	101	26	60	16	55	14

资料来源：众成数科、医伴金服整理。

（三）融资区域分布

2021年全国城市医疗器械融资事件（次）前十名为：上海（73）、北京（68）、苏州（52）、深圳（50）、杭州（32）、南京（13）、广州（11）、常州（9）、南通（7）、成都（7）[①]。再次表明：经济实力、产业基础、人才和资本等发展要素直接影响医疗器械行业的区域分布和发展水平。

（四）资本市场政策利好

北京证券交易所的设立和中央经济工作会议提出要全面实行股票发行注册制，是2021年资本市场最大和最直接的政策利好。对广大中小医疗器械企业来讲，这丰富了企业融资渠道、提高了企业上市效率和融资效率，具有很强的针对性和有效性。在北京证券交易所首批上市的81家公司中医药板块共12家公司，其中医疗器械领域有锦好医疗和鹿得医疗两家公司。

（五）并购促进企业做大做强

2021年是医疗器械企业并购大年，仅上半年产生的并购交易事件，就已超过2020年全年总和。集采和国产替代政策的深化助推了行业并购加速，同时从全球医疗器械行业巨头的发展历程来看，并购业已成为企业把产品线做全、将业绩做大的最快最有效的手段。

表5 2021年我国医疗器械并购TOP5情况

排名	收购方	收购标的	交易金额（亿元）	交易日期	细分领域
1	迈瑞医疗	海肽生物	40.35	2021年9月	体外诊断
2	圣湘生物	科华生物	19.50	2021年5月	体外诊断
3	九强生物	迈新生物	9.48	2021年9月	体外诊断
4	微创医疗	HemoventGmbH	9.23	2021年10月	体外生命支持系统
5	新氧科技	奇致激光	7.91	2021年6月	医美器械

资料来源：医伴金服整理。

[①] 众成数科：《年度分析｜2021中国医疗器械一级市场融资回顾》https://www.cn-healthcare.com/articlewm/20220113/content-1305797.html，2022年1月13日。

二 医疗器械行业投融资存在的主要问题

当前医疗器械行业投融资存在的主要问题可概括为两个方面。

（一）理念上的错位

理念上的错位主要表现为一些投资者背离了"金融服务实体、资本助推发展、共同创造价值"的投资初衷和定位，忽视了在政策引导下对项目的价值发现和创造，一味地追"热点"、炒"概念"，希望通过"击鼓传花"来实现挣"大钱、快钱"的梦想，过度地透支了企业的成长价值。当前在市场层面出现的机构私募难、估值过高和上市屡屡破发等现象，都是近几年在行业投资中存在的变"助推"为"主推"的错位行为的集中体现。有些创新型医疗器械企业迟迟不愿资本进入，不是不需要钱，而是怕资本的"急功近利"影响了项目的技术积累和产品完善，打乱企业成长节奏和发展规划。投资者，摆正位置很重要。

（二）服务上的失位

服务上的失位主要表现为一些投资者只注重项目的投前调查和对价谈判，投后管理大都停留在对主要节点进度的督导上，忽视了服务的系统性和长期性安排，导致项目进度延缓，甚至错失市场机会。尤其是对科创属性特别强的医疗器械行业来讲，很多项目是由科研人员或临床医生拿着技术来创业的，早期创始团队人员水平参差不齐，对政策了解、市场需求把握和企业管理的要求往往是一知半解。这就需要投资者组织专门和专业团队，围绕产品的研发、注册、生产、销售和售后等提供全链条系统性的服务，并围绕企业设立、组织架构、能力提升、阶段性资源导入等提供长期性规划。服务上的失位，既有意识上的也有能力上的。

三 医疗器械行业投融资的发展趋势

在复杂多变的时代背景下，医疗器械行业的投融资必须在价值取向上进一步体现责任和担当；在投资方向上要围绕发展趋势和企业实际，充分发挥资本对产业的渗透力、推动力和对资源的配置功能，补行业短板、解企业痛点、助行业发展。

（一）价值取向：决定资本能走多远

投资是项目、资本和人的决策结合后产生的融资行为，资本创造价值和野蛮生长都是源于其逐利性。投资者要正确认识和把握资本的特性和行为规律，就需要认清行业的政策环境、发展现状、市场需求和竞争格局等确定性因素；就需要在合规、合乎公众利益的情况下开展投资活动；就需要在"百年未有之大变局"的当下，树立起、维护好我国业已形成的世界医疗器械制备基地地位的荣誉感，推动我国医疗器械行业高质量、高端化发展的使命感，助力我国医疗器械企业转型升级、创新发展的责任感。唯有如此，资本才能走得更远。

（二）发展方向：机遇和挑战并存

我国医疗器械行业由大变强是一个渐进的过程。在当前和未来一段时间，提升活力、创新力和竞争力是医疗器械行业亟待完成的任务，是实现行业高质量发展的根本，也是行业投融资的着力点，及体现价值和实现价值的所在。

1. 提升行业活力，兼并重组机会多

我国医疗器械行业活力不足在产业要素上的体现是使用效率偏低。针对在需求拉动和投资拉动下形成的企业"多而不强"现象，国家近几年来不断加大政策调整的力度，如实施了医用耗材统一编码、集中带量采购、零加成等政策。当前医疗器械行业正在向适应市场变化和产业发展规律的规模

化、平台化、体系化和精细化方向（如 OEM、CRO、CDMO 等）转型，并伴随着全行业的产业链、供应链和价值链等的优化和构建。投资活动应积极介入这一变化过程，通过兼并重组，发挥资本的纽带作用和对资源的配置功能，促进行业各要素的有效流动和高效利用。此举，既是资本对行业的投资布局，也能有效提升行业活力。

2. 培育创新能力，投资增值潜力大

当今全球科技革命发展的主要特征是从"科学"向"技术"转化，基本要求是重大基础研究成果产业化。改变我国医疗器械行业大而不强、创新力不足的最有效的现时举措，就是要抓实科研成果的技术化、产品化和市场化，促进产品的国产替代能力和全球化竞争力的提高，同时这也是医疗器械行业投资机构实现价值倍增的切入点和制高点。

（1）帮助"科学家"成长为"企业家"

当前我国医疗器械行业的科研成果大都来源于科研院校和临床。科技成果转化过程实质上是"技术+资本+市场"的要素资源整合过程，且在研发、生产和销售等阶段有着不同的工作内容和需求，这往往是多数科学家的盲点，但这往往又是投资机构的强项。投资机构可根据创始团队的构成结合阶段性要求，及时为其推荐或配备专业的人员或团队，并对其经常性地予以经营管理培训和指导，促进其综合能力的提高，保证科研成果的顺利转化。

（2）提供从"实验室"到"病房"的全链条服务

国家对行业的强监管性，贯穿了医疗器械科技成果产业化的全过程。医疗投资机构的价值体现，就是发挥纽带作用整合人、财、物等各类资源，帮助创始团队打造好从专利到商品的价值创造闭环，包括发明评估、临床试验、质量管理、市场分析、产品注册、生产线、供应链、市场推广、渠道构建和售后服务等系列内容。在当前我国科技成果转化机制和专业中介服务机构尚不完备和成熟的情况下，具有较强专业性和服务意识的医疗投资机构通过集成服务和集约化提供服务，将获取更大的项目成长回报。

（3）促进企业从"销售驱动型"向"创新驱动型"转化

疫情防控常态化和集采政策不断深化，将进一步加剧行业的"内卷"，对大量的"销售驱动型"中小企业来讲转型是其必然的选择。投资机构可以根据企业的核心资源，依照"专精特新"的发展思路，帮助企业定位、调整和优化，促进企业从"销售驱动型"向"创新驱动型"转变。这也符合投资发现价值、聚集价值、提高价值和实现价值的成长逻辑。

区域篇
Regional Reports

B.20
2021年河南省医疗器械产业发展状况及趋势

程文虎　崔书玉　陈　敏*

摘　要： 本报告分析了河南省医疗器械产业发展的具体数据及政策改革创新情况，针对河南省医疗器械产业的整体发展状况、优势及存在的问题、需要改进的地方进行了一一罗列。2021年新冠肺炎疫情反反复复，河南省政府、省药监局根据国家制定的政策方针，结合现有的企业情况，及时制定出适合促进河南省本土企业发展的一系列政策，以便更高效地为企业服务，加快企业的创新发展。同时进一步深化医疗器械产业改革开放，坚持实施更深层次、更宽领域、更大范围对外开放，促进国际合作实现互利共赢；深化医疗器械监管体制改革、产业政策改革，激发各类市场主体活力。同时，对企业发展中遇到的问题，如产品研发能力、

---

* 程文虎，河南省药品监督管理局医疗器械监管处二级调研员；崔书玉，河南省药品监督管理局医疗器械监管处一级主任科员；陈敏，河南省医疗器械商会秘书长，经济师。

成品的配套能力、出口贸易等方面的问题，提出相应的发展建议，力求河南医疗器械产业实现高质量的跨越式发展。

关键词： 河南省　医疗器械产业　研发创新

2021年是"十四五"开局之年，疫情的反复使医疗器械产业版图加速重构，科技的创新使医疗器械产业呈现新的发展态势与特征，技术的转移与产业的重组速度加快。在复杂多变的外部环境下，国家在立法层面上不断地规范医疗器械产业，同时又指引并推动着产业向高质量高水平的方向发展。新版《医疗器械监督管理条例》实施，医疗器械注册人制度试点范围持续扩大，全国多地陆续出台国产医疗器械产业扶持政策，创新医疗器械审批提速，集中带量采购高值医用耗材、低值医用耗材、试剂全覆盖及医保支付政策改革深化，每一项政策、举措的推出，都对医疗器械领域产生了一定的影响。

一　河南省医疗器械产业发展现状

（一）基本情况

截至2021年底，河南省共有医疗器械生产企业1104家，其中规模以上企业500多家，产值在亿元以上的企业50多家；一类医疗器械生产企业698家，二类医疗器械生产企业634家，三类医疗器械生产企业62家；全省医疗器械产值达400多亿元，与2020年相比增长1.2%。一类医疗器械备案4550个，二类医疗器械注册证5268个，三类医疗器械注册证498个。二类医疗器械经营备案企业53235家，三类医疗器械经营备案企业14136家。

河南省医疗器械生产企业中，入选全国工业企业"质量标杆"的企业1家；拥有"中国驰名商标"的企业5家；被选定为国家药监局高级研修学

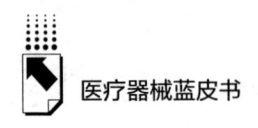

院教学基地的企业2家；被认定为国家企业技术中心的企业3家；实验室被认定为国家级重点实验室的企业3家；拥有博士后研发基地的企业5家；主板上市企业2家。

（二）突出的产业领域

河南省医疗器械产业，在麻醉耗材、体外诊断试剂、医用防护耗材、输注类医用耗材、医用护理耗材、康复设备仪器、义齿原材料及加工等方面的优势较为明显，在国内同行中影响力举足轻重，在国内市场占有率超过了40%。

其中，生产防疫用品、医用棉制品和无纺布系列制品的企业270多家，总产值约230亿元；生产以高分子材料为代表的麻醉系列产品、护理系列产品、输注系列产品、引流系列产品等产品的企业30多家，总产值近100亿元；生产体外诊断试剂及设备仪器的企业30多家，总产值50多亿元；康复设备及仪器系列产品生产企业近100家，总产值40亿元左右；口腔治疗类设备、义齿加工及齿科材料系列产品生产企业110多家，总产值10亿元左右。

（三）产业集聚发展凸显

按照医疗器械生产企业在5家及5家以上（主要通过将生产企业地址与园区地址范围进行匹配）或园区名称包含医疗器械为标准对园区进行统计分析，我国医疗器械产业园区数量从2016年的162个增加到2020年的307个。医疗器械产业园区集聚度（当年医疗器械产业园区/集聚区/主题园区/孵化器内医疗器械生产企业数量÷当年医疗器械生产企业数量×100%），2016年为72.82%，2019年为90.23%，2020年下降至73.97%，下降的主要原因是2020年本不在医疗器械产业园区的大量企业跨界进入医疗器械领域，开始生产防疫用品，2021年产业园区的建设又开始稳步加快。

河南省医疗器械生产企业主要聚集在郑州、长垣、洛阳、新乡等区域，郑州、长垣医疗器械产值占全省总产值的80%，排名前20的企业产值约占全省的60%。目前，河南省各类规模不等的产业园区有30余个，其中已形成规模的有长垣驼人医疗器械产业新城、郑州市电子产业园区西区以及郑州航空港临空生物医药园、郑州安图生物体外诊断试剂产业园等。

（四）产业研发及创新

为贯彻落实中共中央办公厅、国务院办公厅《关于深化审评审批制度改革鼓励药品医疗器械创新的意见》，河南省出台了《关于深化审评审批制度改革鼓励药品医疗器械创新的实施意见》（以下简称《实施意见》），从深化审评审批制度的改革、提升药品医疗器械的创新能力、加大保障力度、临床试验的管理水平四个方面制定了15条具体措施。《实施意见》提出，支持医药高等学校、医学研究机构、医疗机构开展临床试验，将能力评价和临床试验条件纳入医疗机构等级评审；对参与临床试验研究者在职称晋升、职务提升等方面与临床医生一视同仁，积极鼓励临床医生参与药品医疗器械技术创新活动。《实施意见》还提出，推进审批全过程电子化，扩大"串联"改"并联"审批范围。对经审查定为省级第二类创新医疗器械的，优先进行注册检验、体系核查和技术审评。同时，支持引导企业加大研发投入的力度，加快建设企业技术中心、中试中心、工程（重点）实验室、工程（技术）研究中心、技术创新中心等科研平台，实现大中型企业省级以上研发机构全覆盖。2021年6~7月，河南省药品监督管理局印发《河南省第二类创新医疗器械界定审查工作程序》，旨在鼓励二类医疗器械创新和研究，促进医疗器械新技术应用与推广，进一步推动河南省医疗器械产业健康发展；《支持创新医疗器械研发上市工作实施方案》明确了自创为主、创仿结合的创新发展思路，规定凡是仿制国外进口产品、填补国内同类产品空白的，获得国家项目支持或是河南省科技重点研发计划、重大专项的，申报产品为河南省内首创、首仿的，持有发明专利首次生产的，具有重大技术创新、生产工艺有重大改进突破的或产品功能有重大创新提高的，均按照第二类创新医疗器械进行管理，实行特别审批。一系列政策的发布，使整体的产业发展状况正从"多、散、小、弱"向"精、聚、全、强"方向转变。

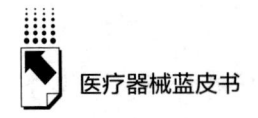

截至2021年底，部分企业建立了国家认定企业技术中心、国家高性能医疗器械创新中心、院士工作站、博士后科研工作站、省重大新型研发机构、省医用高分子材料及技术重点实验室、省高性能医疗器械创新中心工程技术中心等。安图生物研发人员占企业总人数的比例达到32%，公司的研发投入超4亿元，研发投入资金超过销售额的10%。安图生物、驼人集团等企业承接20多项国家级和省部级科技计划项目，包括两项"863计划"项目。安图生物研发的快检核酸试剂盒、驼人集团研发生产的正压防护服，为抗击疫情发挥了重要作用。

目前，河南省约有60%的企业建立了研发机构，有6个国家级研发平台，9个省级研发平台；至2021年底，医疗器械专利申请获批共7000多件。

（五）出口企业数量和出口额在不断扩大

截至2021年底，河南省医疗器械出口总额约7000万美元，产品主要有麻醉用品、防疫防护用品、一次性输注用品、矫正视力（护目）用品、护理耗材、中医治疗仪、康复设备保健器具、新生儿培养箱、监护仪等。产品出口到50多个国家。虽出口企业数量和出口额不高，但年年有所增长，同时企业对国际市场的重视度成倍增加。

（六）商业模式创新方面

随着集中带量采购的深入推进，许多地方政府和企业都在积极探索，谋求新的医疗器械商业模式。其中河南省长垣市作为国内四大医疗器械生产集聚地之一，已建成了国际医疗器械交易中心，下一步将在郑州建设远程控制联动中心，拟覆盖100%医疗器械品种，提供采购展示、交易、仓储、物流配送、结算等一站式服务，实现医保监管采购端到端全流程，节约医院的选购时间成本和采购费用，并打通医保局集采后的直接结算环节，为医疗器械采购交易提供了新思路。

随着抖音、快手、小红书等自媒体的快速发展，新的销售渠道逐渐扩大，越来越多的生产企业，通过自建网络销售平台或与电商合作销售防护、民用医疗器械产品。2021年全省医疗器械网络销售额近20亿元。社会的不断发展及新模式的不断出现，给医疗器械企业又注入了一股新鲜的血液，使企业向多元化的方向发展。

二 河南省医疗器械产业发展中存在的问题

（一）企业规模整体偏小

从2021年整体产值来看，河南省医疗器械生产企业以中小企业为主，大企业所占比例较低。截至2021年底，产值在5亿元以上的企业不足1.5%，产值在亿元以上的企业不足5%，超过60%的企业产值低于3000万元。

（二）研发能力有待提升

目前省内没有高精度和配套的零部件加工企业，很多零部件要从沿海发达省市购进，间接影响了河南省医疗器械高端产品的研发能力。政府应积极实施各种优惠政策，不断加大招商引资力度，力求把先进的医疗器械上游制造业企业引入河南省，不断地完善河南省的医疗器械产业链，加快企业创新产品的快速发展，同时确保河南省的优势企业的优势产品继续处于领先地位，以及与这些产品相关的上游制造企业的飞速增长。

（三）企业分布较分散

郑州、长垣、洛阳、安阳等地虽聚集了大多数生产企业，但这些区域企业分散，没有形成真正意义上的医疗器械产业集聚园区，造成企业间难以形成合力，资源不易共享，更不易健全产业链，同时也给政府监管带来一定难度，增加了监管成本。

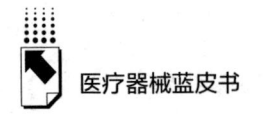

（四）出口贸易重视度不够

部分企业安于现状、不思进取，对美国 FDA、欧盟 CE 等认证缺乏认知。许多医疗器械企业缺乏专业的外贸人才。企业出口的规模小，产品主要集中在低中端产品，特别是卫生材料等低附加值产品上。OEM 模式比较多。另外，进出口渠道来源较少，费用也高，其中 80% 的产品出口都是经其他省份的外贸渠道。

三 促进河南省医疗器械产业发展的政策建议

医疗器械产业关系着人民群众的生命健康，河南省要积极拓优势、重创新，着力构建医疗器械全产业链，打造医疗器械制造强省。

（一）品牌创建，高端突破

进一步做精产品、做优品牌、做大产业。一是，引导企业强化品牌意识，扩大标杆性品牌的影响力，尽快孕育一批名牌企业和名牌产品，让河南制造享誉全国。二是，加强知识产权保护和运用，建立知识产权侵权查处快速反应机制，设立知识产权受理窗口，推动知识产权重点项目建设，促进知识产权与创新资源、产业发展有效融合。三是，鼓励行业组织帮助企业进行品牌策划，开展产品质量控制及质量管理体系建设等经验交流，继续加大力度推动国家、省级以上主流媒体进行深度宣传报道。四是，积极组织产业展会，大力发展会展经济，鼓励医疗器械企业参加国内外展会；同时对企业新研发的产品尤其是获得美国 FDA、欧盟 CE 认证的产品由政府予以财政补贴，对在省内延续注册的或者新注册的三类医疗器械产品也予以一定的补贴。五是，在优势区域规划高端医疗器械产业集聚区，制定招商引资优惠政策，组建优势互补的产业链较完整的产业园区，整合园区企业的优势资源，形成高端的主题产品线。

（二）搭建平台，服务支撑

在科技创新平台方面，积极推动高校科研院所与临床专家和企业合作，建设产品研发平台，按项目成立联盟研发组织，围绕临床需求，联合开展高性能医疗器械及其材料、工艺、技术等科研攻关，把研发成果有效地转换到生产企业，使产品不断推陈出新，为河南省医疗器械产品创新持续提供新鲜血液，确保河南省医疗器械产业高质量发展。在公共服务平台方面，对引进的具有国内领先技术的医疗器械企业，给予相应的房租或者购房财政补贴。同时对由企业牵头成立的国家级、省级医疗器械研发中心、创新中心等公共技术服务平台也予以相应的财政补贴，以鼓励国内外知名医疗器械企业、科研院校和研发机构在河南省落地发展。

（三）集中优势，重点发展

在地理位置相对优越的区域建立医疗器械产业园区，集中引进医疗器械生产企业及相关的上、下游企业，使企业从低端到高端全覆盖，产业园区的上、中、下游企业都能更便利，同时也方便监管部门的日常服务，提高监管水平，进而促进河南医疗器械产业高质量创新发展。

（四）建立省域经济内循环机制

打造政策洼地，创优营商环境。目前河南全省应进一步深化"放管服效"改革，打造审批最少、机制最活、体制最顺、流程最优、服务最好、效率最高的营商环境，在产业集聚度较高的地区，下沉职能，更好地服务企业。

B.21
2021年湖南省医疗器械产业发展状况及展望

宋广征　刘翔　郭武*

摘　要： 近年来，湖南省积极推进将医疗器械产业纳入地方政府重点引导和扶持的新兴产业范围，出台了一系列促进医疗器械高质量发展的政策，实施了"放管服"改革，推行了医疗器械"新政十条"和医疗器械注册人制度，聚力打造湖南省医疗器械"产业高地、政策洼地"，加速推进了全省医疗器械产业高质量快速发展。在新冠肺炎疫情的影响下，湖南医疗器械产业链重构以及供应链重组加速。湖南省各级政府出台了系列扶持政策，积极指导帮扶有条件的生产企业转型转产、复工复产，推动湖南医疗器械产业在危局中孕育出新局面，增加了产业发展的厚度。湖南长沙的"十四五"规划更是明确要打造全国生物医药产业基地。依托政策优势，承接产业转移，湖南省形成了新一轮产业布局和新兴产业崛起的"窗口期"，湖南省的医疗器械产业迎来了发展"黄金期"。

关键词： 医疗器械　湖南省　产业集聚

近年来，湖南省高度重视医疗器械产业的发展，先后出台了一系列产业

---

* 宋广征，湖南省医疗器械行业协会会长、海凭集团董事长；刘翔，湖南省药品审核查验中心副主任药师；郭武，湖南省药品审核查验中心检查员。

扶持政策，医疗器械生产企业大幅增加，推动形成了湖南省医疗器械"产业高地、政策洼地"；同时利用湖南省自贸试验区的区位优势，聚力打造重点产业和专业园区，初步形成了产业发展集群，大力促进了湖南省医疗器械产业的高速发展。

一 湖南省医疗器械产业发展现状

（一）生产企业情况

截至 2021 年底，湖南省拥有医疗器械生产企业 909 家，其中仅取得一类医疗器械备案的企业 273 家，取得二、三类医疗器械注册证的生产企业 636 家，可生产二类医疗器械的企业 626 家，可生产三类医疗器械的企业 28 家。湖南省虽然医疗器械生产企业数量较多，但分布不均匀，主要集中在省会城市长沙，长沙二、三类医疗器械生产企业数量占全省的 52.83%，如图 1 所示。

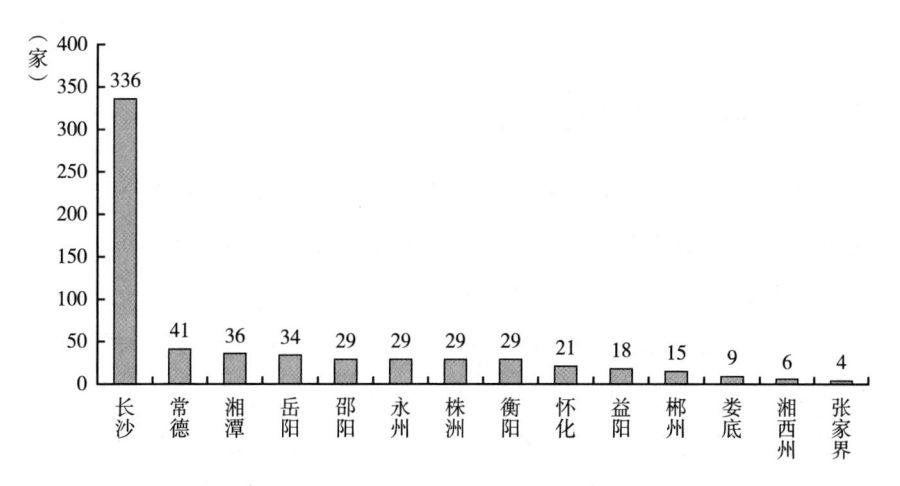

图 1 2021 年湖南省各地市二、三类医疗器械生产企业分布

资料来源：根据湖南省药监局网站数据整理。

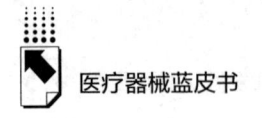

（二）经营企业情况

截至 2021 年底，湖南省共有医疗器械经营企业 18903 家，有实施许可证管理的同时经营二类、三类医疗器械的企业 4482 家，提供医疗器械网络交易服务第三方平台服务的企业 23 家，如图 2 所示。

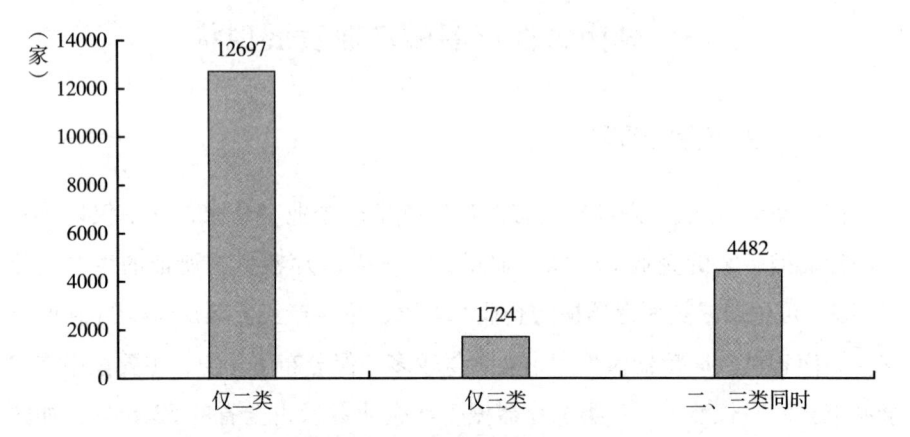

图 2　2021 年湖南省二、三类医疗器械经营企业数量

资料来源：根据湖南省药监局网站数据整理。

（三）医疗器械产品注册情况

截至 2021 年底，湖南省共有一类医疗器械备案证 3607 个，二、三类医疗器械注册证 5696 个。其中二类医疗器械注册证 5561 个，三类医疗器械注册证 135 个，二、三类医疗器械注册证数量在全国排名第 6，仅次于江苏、广东、北京、浙江、河南。从年度首次注册数据来看，湖南省以 2256 个居全国首位，广东省和江苏省紧随其后，分别以 1909 个、1609 个排名第二、第三。在 5696 个二、三类医疗器械注册证中，按照国家医疗器械分类目录标准，临床检验器械最多，占比高达 52.98%；其中，体外诊断试剂达 2707 个。具体见图 3。

(图表：2021年湖南省二、三类医疗器械注册证分类情况)

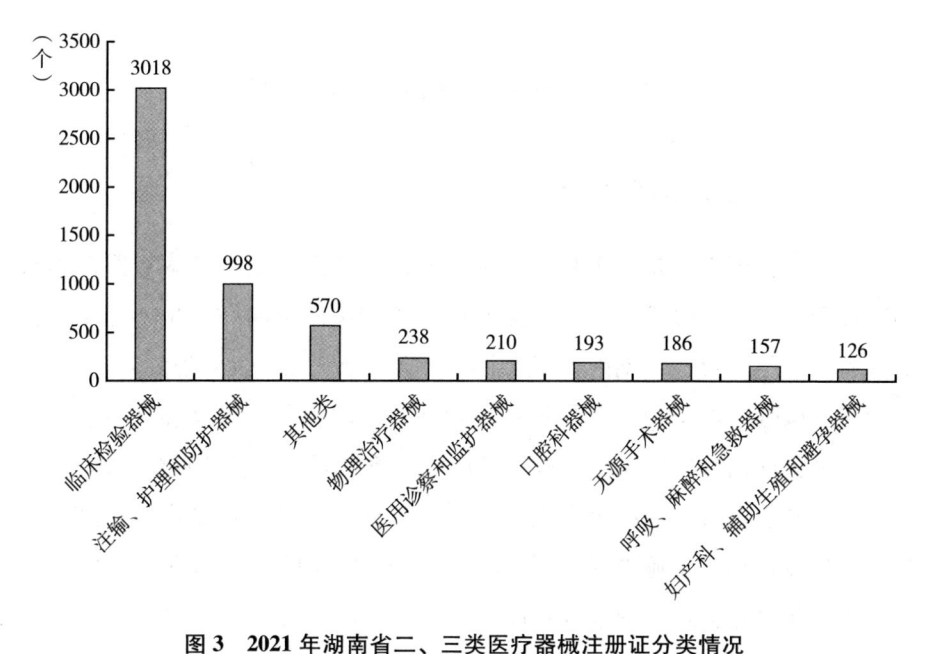

- 临床检验器械：3018
- 注输、护理和防护器械：998
- 其他类：570
- 物理治疗器械：238
- 医用诊察和监护器械：210
- 口腔科器械：193
- 无源手术器械：186
- 呼吸、麻醉和急救器械：157
- 妇产科、辅助生殖和避孕器械：126

图3　2021年湖南省二、三类医疗器械注册证分类情况

资料来源：根据湖南省药监局网站数据整理。

（四）医疗器械上市企业情况

截至2021年底，湖南省共有医疗器械上市企业5家，分别是三诺生物、圣湘生物、爱威科技、可孚医疗及楚天科技，在全国排名第7，仅次于广东、北京、江苏、上海、浙江、山东。

表1　2021年湖南省医疗器械上市企业名单

股票代码	简称	企业名称
300298	三诺生物	三诺生物传感股份有限公司
300358	楚天科技	楚天科技股份有限公司
301087	可孚医疗	可孚医疗科技股份有限公司
688067	爱威科技	爱威科技股份有限公司
688289	圣湘生物	圣湘生物科技股份有限公司

资料来源：根据网络公开资料整理。

二 湖南省医疗器械产业发展特点

（一）产业政策红利不断

近年来，湖南省先后出台多个重要文件，推动形成了湖南省医疗器械"产业高地、政策洼地"，推动产业发展环境持续向上向好。2016年10月，湖南省工信厅出台了《湖南省医疗器械产业"十三五"发展规划》，由此湖南成为全国唯一的出台医疗器械产业发展规划的省份。2017年7月，湖南省政府办公厅出台了《关于促进医药产业健康发展的实施意见》。2018年8月，湖南省委及省政府办公厅出台了《关于深化审评审批制度改革鼓励药品医疗器械创新的实施意见》。湖南省药监局于2019年3月颁布《湖南省第二类创新医疗器械特别审查程序》；2019年10月出台了《湖南省医疗器械注册人制度试点工作实施方案》；2020年10月发布《关于进一步深化"放管服"改革推动我省生物医药产业高质量发展的意见（试行）》；2021年又先后出台了《关于进一步推进行政审批制度改革有关事项的公告》《医疗器械技术审评提质增效行动方案》等，缩短了行政审批时限，提高了审批效能，使承诺时限比法定时限缩短50%以上，最高缩短90%。各种政策的出台有利于加快打造全方位深层次的一流产业发展环境，有力地促进了湖南省医疗器械产业提质升级、快速发展。

（二）产业规模迅速扩大

在我国经济不断发展、湖南省政策红利连续释放的背景下，湖南省医疗器械产业保持持续增长势头。从2016年1月1日至2021年底，湖南省医疗器械生产企业由312家提升到的909家，增长近2倍；医疗器械注册证由746件增至5696件，增长6.6倍；生产企业主营业务收入由91亿元增长到2021年的近500亿元，年均增长率高达33%。二、三类医疗器械注册证数量在全国的排名逐年上升，由2018年的第15名上升至2021年底的第6名；

2021年首次注册获批数量更是领先全国。产业规模目前在我国中部地区处于领先地位，并保持持续增长趋势。

（三）部分领域国内领先

经过近几年的高速发展，湖南省医疗器械产业已在部分产品领域实现国内领先，主要是以核酸检测试剂、呼吸机、防护服和医用外科口罩为代表的防疫产品，以免疫诊断、分子诊断为代表的体外诊断产品，以医用离心机、尿液分析仪器为代表的临床检验器械，以分子筛制氧为代表的医用制氧设备，以导丝导管、蛋白手术缝合线、采血管、一次性输注器材、医用敷料等为代表的医用耗材，以血糖仪、血压计、家用制氧机、家用呼吸机等为代表的家用器械。

（四）骨干企业持续壮大

随着湖南省医疗器械产业的发展，三诺生物、圣湘生物、明康中锦、爱威科技、可孚医疗、平安医械、瑞邦科技、泰瑞医疗、埃普特医疗、比扬医疗、湘仪离心机、健缘医疗等一批骨干企业近年来发展迅速，企业规模持续扩大，其中圣湘生物在2020年实现上市，爱威科技、可孚医疗在2021年实现上市。

（五）产业集聚势头明显

长沙高新区、长沙经开区、长沙开福区、长沙浏阳E中心、湘潭经开区、津市高新区等地出现了产业集聚的良好势头。其中长沙出现了年产值过百亿元的医疗器械专业园区——海凭长沙高新区医疗器械产业园。该产业园成立于2013年，2021年底以110家二、三类医疗器械生产企业数量在全国医疗器械专业园区中排名第一。该园区提供注册办证、受托生产、市场、培训、人才、金税、科技等7项专业服务，通过自主培育和引进，园区中丞辉威世、施爱德医疗、灵康医疗等一批新兴企业正在蓬勃发展。

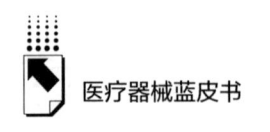

三 湖南省医疗器械产业发展瓶颈

（一）公共服务能力不足

目前湖南省内医疗器械检验检测所数量已远不能满足湖南省快速增长的企业检测需求，且省内第三方检测能力较弱，导致大量产品到外省市检测，严重影响着医疗器械产品的注册效率；省内暂无一家规模以上的受托加工生产平台，制约了注册人制度的实施与发展；缺乏紧密合作的产、学、研、用公共实验室，难以进行高端项目和核心技术的研发和攻关；校企合作不够紧密、成果转化率不高，产学研用结合程度低，导致创新能力严重不足。

（二）产品技术含量不高

从湖南省二、三类医疗器械注册证分布情况可看出，湖南省医疗器械产业产品主要集中在体外诊断产品和注输防护类产品上，部分试剂类、防护类和义齿类产品同质化程度较高、附加值较低。

（三）产业资金投入有限

虽然湖南省医疗器械产业发展迅速，但大部分企业仍普遍存在体量小、资金实力弱等问题。由于缺少产业专项扶持基金引导，缺乏成熟有力的资本市场支撑，湖南省医疗器械产业存在着投资风险大、创新研发能力不强等问题。

（四）自主创新能力不强

湖南省医疗器械产业缺乏高端医疗器械产品，仿制产能型、技术改进型产品多；高端垄断型、全面创新型产品少，以中低端产品为主；缺乏高端医疗器械的创新研发能力；企业存在协同创新体系不完备、创新技术储备明显不足等问题。

（五）高端医工人才缺乏

虽然湖南省一直致力于人才政策的完善，但是受经济发展水平及产业发展状况的影响，相对于长三角、粤港澳大湾区等发达地区，湖南省对医疗器械产业人才特别是高端医工交叉人才的吸引力仍有待加强，医疗器械产业管理、研发、营销、检测、质量控制人才缺乏，高端医工人才更是严重缺乏。

四 促进湖南省医疗器械产业发展的政策建议

（一）发挥政策优势，助推产业发展

继续保持和发扬湖南省在医疗器械、生物医药等方面的政策优势，对标国内重点医疗器械产业发展省市，在产业扶持政策方面不断出台适合湖南省地方发展特点和产业发展需求的针对性政策。

加大公共服务平台的建设，全力搞好医疗器械研发机构、生产企业、流通企业，推动医疗器械创新研发、学术成果转化交易、产品合规上市的深度融合，强化医疗器械产业生态建设。围绕产业发展，由政府引导、鼓励建设促进产业发展的公共服务平台，重点支持公共检测平台、受托生产平台、公共研发平台、国际市场开发平台、临床研究评价中心、公共灭菌中心、高性能医疗器械关键材料和零部件计量测试创新服务平台的建设。

充分发挥湖南自贸试验区政策优势，围绕"把技术和项目引进来、让产品和企业走出去"的目标，吸引聚合海外高端医疗器械项目和国内以出口为主的医疗器械企业，将中国（湖南）自贸试验区长沙片区建设成医疗器械企业技术创新和进出口贸易的前沿阵地。

（二）推动区域整合，优化产业布局

建好产业链和生态圈，打造由点到链再到群的产业生态圈，立足于"十三五"期间形成的"一核多点"的产业格局，加速推进、优化以长沙为

核心，以岳阳、湘潭、常德、衡阳等为多点的产业布局。出台鼓励沿海基础工业企业，特别是模具、新材料、机加工、线路板自动焊接等医疗器械的上游企业落户湖南的政策，力争"十四五"期间形成比较完善的医疗器械产业链。

大力培育企业开发国际市场的能力，鼓励企业"抱团出海"，拓展共建"一带一路"国家的市场，不断提高国际市场竞争力。利用中非经贸博览会永久落户湖南的机会，引导和鼓励企业快速开发非洲市场。

从湖南省具有比较优势的细分领域和新引进的高科技产品中，遴选出科技含量高、质量可靠、市场前景好的产品，进行组织推广，并将其培育成国内知名品牌。

（三）支持专业园区，培育专业人才

鼓励地方政府出台专项政策，支持建设医疗器械专业园区，鼓励医疗器械企业集群发展；鼓励相关部门、协会组织开展专业园区的交流和评选活动，推广示范园区的管理运营经验；鼓励专业园区设立互联可视中心，全过程监督园区企业生产、检验、仓储。

注重人才培养和引进，以高等院校为依托，加强医疗器械相关专业学科建设和专业人才培养。对"高精尖缺"人才，加大人才引进力度，实施"引育留用"协同促进的人才制度体系，为当地产业发展培养和储备更多人才。建立企业与院校研发机构对接机制，实现技术上的突破和跨越，推动科研成果向实际产品的转化。

鼓励高端人才落户湖南，科学制定人才认定标准和奖励办法，鼓励有国际国内知名医疗器械企业工作经历的高端人才、团队来湖南工作，吸引各类医疗器械专业人才不断落户湖南。

（四）强化行业自律，加强文化交流

支持建设在国内外有影响力的医疗器械科技馆、文化馆、文化园，促进文化和产业的融合，提升湖南省在医疗器械领域的知名度，打造医疗器械产

业文化名片,做好行业活动宣传报道工作。

支持湖南省医疗器械行业协会当好政府助手、行业推手和企业帮手;鼓励协会、企业参与政府部门产业政策的研究与制定,为医疗器械产业发展献计献策。

加强医疗器械生产企业的评比表彰,支持医疗器械行业协会组织开展行业诚信评比和体系建设,搭建学习交流平台,开展政策和标准研究,并通过组织开展院企对接会、产销对接会、科技成果对接会等活动发挥对医疗器械产业发展的促进作用。

B.22
2021年山东省医疗器械产业发展状况和展望

吴世福 张 斌*

摘 要： 近年来，山东省委、省政府高度重视医养健康产业，将医养健康产业纳入全省"十强"产业，出台一系列政策措施促进产业发展，同时，持续强化药品医疗器械质量监管，大力实施"安全提升"等三大工程，深入推进"药械创新"等三大计划，推动监管和服务水平稳步提升，产业发展环境不断优化。作为医养健康产业重要组成部分之一，山东省医疗器械产业呈现快速发展的态势，已初步建成产品种类相对齐全的医疗器械产业体系，形成以济南、淄博、威海为核心，青岛、烟台、菏泽、济宁、潍坊等多点布局的产业格局，涌现出威高集团、新华医疗等若干龙头骨干企业，培育出一批品牌过硬、市场占有率高的优势产品，在全国医疗器械领域中具有重要影响力。但同时，山东省医疗器械产业也存在企业创新能力不足等问题，一定程度上制约了产业创新发展。本报告从产业规模、集中度、优势产品等方面介绍了山东省医疗器械产业发展状况，并结合实际提出了促进产业高质量发展的建议。

关键词： 山东省 医疗器械 "药械创新"计划 高质量发展

---

* 吴世福，山东省药品监督管理局医疗器械监督管理处处长；张斌，山东省药品监督管理局医疗器械监督管理处一级主任科员。

近年来，山东省委、省政府高度重视医养健康产业，将医养健康产业纳入全省"十强"产业，出台一系列政策措施促进产业发展，同时，持续强化药品医疗器械质量监管，大力实施"安全提升"等三大工程，深入推进"药械创新"等三大计划，推动监管和服务水平稳步提升，产业发展环境不断优化。作为医养健康产业重要组成部分之一，山东省医疗器械产业呈现快速发展的态势，在全国医疗器械领域中具有重要影响力。

一 山东省医疗器械产业发展现状

（一）产业规模居全国前列

截至2021年底，山东省共有医疗器械生产企业3152家，数量约占全国的1/10[1]，保持逐年增长趋势，具体见图1。2020年医疗器械生产企业总产值约1078亿元，见图2。全省已初步建成产品种类相对齐全的医疗器械产业体系，形成以济南、淄博、威海为核心，青岛、烟台、菏泽、济宁、潍坊等多点布局的产业格局，培育出威高集团有限公司、山东新华医疗器械股份有限公司等一批技术水平高、创新能力强的骨干企业，拥有规模以上医疗器械生产企业170家、产值1亿元以上医疗器械生产企业53家[2]，上市企业9家，上市企业数量占全国上市医疗器械生产企业总数的6.3%[3]，有4家企业进入2021年中国医疗器械行业百强榜单前10名，具体见表1；有5家企业成为医用防疫物资供应主力军、收到国务院应对新型冠状病毒肺炎疫情联防联控机制医疗物资保障组感谢信，威海高新区高端医疗器械产业集群成为山东省被列入国家创新型产业集群试点的4个产业集群之一。

---

[1] 资料来源于国家药品监督管理局药品监督管理统计信息系统。
[2] 资料来源于山东省药品监督管理局。
[3] 资料来源于众成医械研究院。

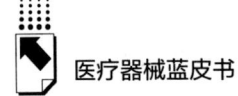

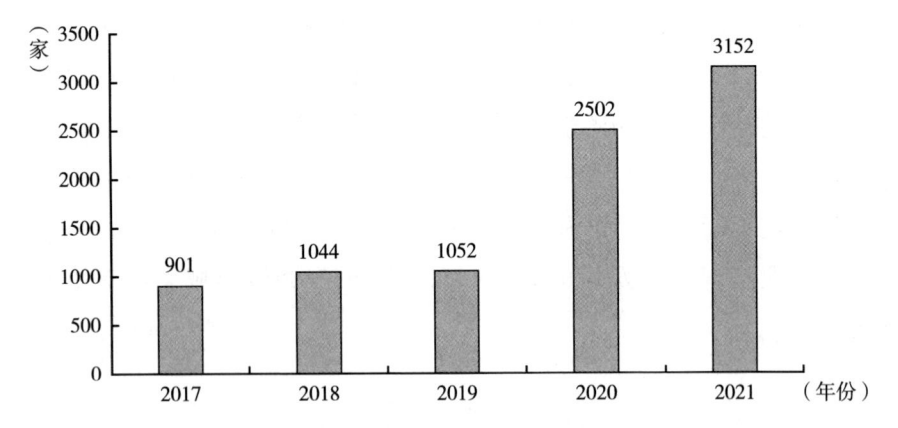

图 1　2017～2021 年山东省医疗器械生产企业数量变化

资料来源：国家药品监督管理局药品监督管理统计信息系统。

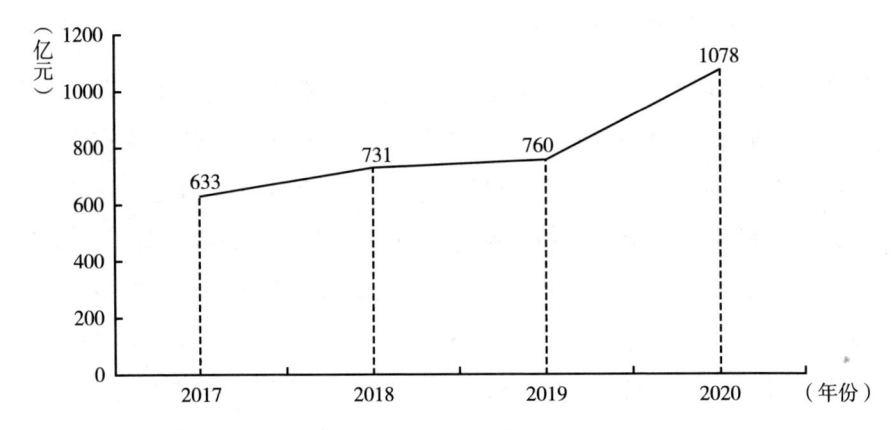

图 2　2017～2020 年山东省医疗器械生产企业总产值变化

资料来源：山东省药品监督管理局。

表 1　进入 2021 年中国医疗器械行业百强榜单前 10 名的山东省企业名单

序号	企业名称	主攻方向	所在地市
1	威高集团有限公司	一次性医疗器械领域服务	威海
2	山东新华医疗器械股份有限公司	感染控制、放疗及影像、手术器械	淄博
3	山东英科医疗用品股份有限公司	医用检查手套、医疗耐用设备	淄博
4	蓝帆医疗股份有限公司	医用检查手套、急救包、医用敷料	淄博

资料来源：《互联网周刊》，2021 年 11 月。

（二）产业集中度相对较高

山东省各市借助资源与区位优势，持续加大对医疗器械产业的引导扶持力度，医疗器械生产企业趋向集中，济南、淄博、威海、青岛、烟台、济宁、菏泽、潍坊等 8 市医疗器械生产企业数量占全省总数的 77%，规模以上企业产值占比达 70%，见图 3。同时，产品品种也相对集中，体外诊断试剂、定制式义齿主要集中在济南、青岛，一次性输注器具主要集中在淄博，医用耗材主要集中在威海，医用高压氧舱主要集中在烟台，手术无影灯和电动手术床主要集中在济宁，医用卫生材料主要集中在菏泽。

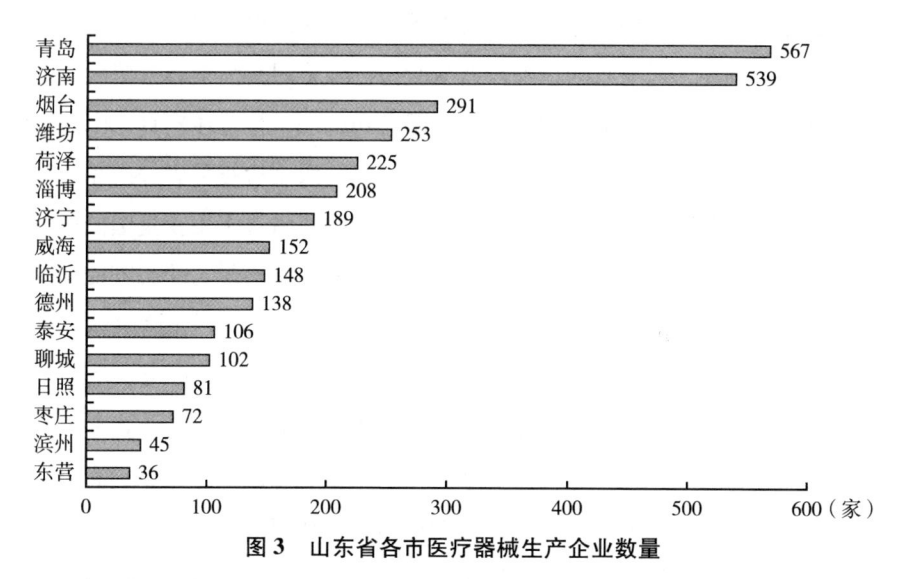

城市	企业数量（家）
青岛	567
济南	539
烟台	291
潍坊	253
菏泽	225
淄博	208
济宁	189
威海	152
临沂	148
德州	138
泰安	106
聊城	102
日照	81
枣庄	72
滨州	45
东营	36

图 3　山东省各市医疗器械生产企业数量

资料来源：山东省药品监督管理行政许可审批系统。

（三）产品种类覆盖面广

山东省医疗器械生产企业中，三类医疗器械生产企业 167 家，占比 5.3%；二类医疗器械生产企业 1046 家，占比 33.2%；一类医疗器械生产企业 1939 家，占比 61.5%。三类医疗器械注册证 739 个、二类医疗器械注册证 4861 个、一类医疗器械备案证 11607 个，占比分别为 4.3%、28.3%、

67.5%，覆盖《医疗器械分类目录》22大类产品以及体外诊断试剂。其中，医用口罩、医用防护服等疫情防控医疗器械生产企业301家，无菌医疗器械生产企业241家，植入性医疗器械生产企业29家，有源医疗器械生产企业254家，义齿类生产企业169家，体外诊断试剂生产企业79家，其他企业产品多数以中低端医用耗材为主，少数企业能够生产可降解冠脉支架等高值医用耗材和磁共振、手术机器人等高端医疗器械。

（四）优势产品不断涌现

山东省医疗器械生产企业质量管理水平持续提升，催生了可吸收生物材料、消毒和灭菌设备、生物安全柜、医用检查手套、一次性输注器具、体外诊断试剂等一批优势产品，如山东新华医疗器械股份有限公司的消毒和灭菌设备及器具、山东威高集团医用高分子制品股份有限公司的一次性输注器具、山东英科医疗用品股份有限公司和蓝帆医疗股份有限公司的医用检查手套等产品全国知名；赛克赛斯生物科技股份有限公司的可吸收硬脑膜封合医用胶是国内首个进入特别审批程序的创新医疗器械，山东吉威医疗制品有限公司的心脏支架成为首次国家医疗器械集中带量采购中标的8个企业产品之一；山东博科生物产业有限公司的生物安全柜产品市场占有率超过50%，山东中保康医疗器具有限公司的一次性使用病毒灭活装置配套用输血过滤器市场占有率达60%；青岛海尔生物医疗股份有限公司的医用冷藏冷冻箱、山东康华生物医疗科技股份有限公司的体外诊断试剂、烟台宏远氧业有限公司的医用高压氧舱、山东康力医疗器械科技有限公司的一次性使用无菌敷料包等在国内也具有相对优势，见表2。

表2 山东省优势骨干医疗器械生产企业及其主要产品

序号	企业名称	优势产品	所在地市
1	赛克赛斯生物科技股份有限公司	可吸收硬脑膜封合医用胶	济南
2	山东博科生物产业有限公司	生物安全柜	济南
3	青岛海尔生物医疗股份有限公司	医用冷藏冷冻箱	青岛
4	青岛伦敦杜蕾斯有限公司	避孕套	青岛
5	山东新华医疗器械股份有限公司	消毒和灭菌设备及器具	淄博

续表

序号	企业名称	优势产品	所在地市
6	新华手术器械有限公司	手术器械	淄博
7	山东英科医疗用品股份有限公司	医用检查手套	淄博
8	蓝帆医疗股份有限公司	医用检查手套	淄博
9	山东中保康医疗器具有限公司	一次性使用病毒灭活装置配套用输血过滤器	淄博
10	山东康力医疗器械科技有限公司	一次性使用无菌敷料包	枣庄
11	烟台宏远氧业有限公司	医用高压氧舱	烟台
12	山东康华生物医疗科技股份有限公司	体外诊断试剂	潍坊
13	山东威高集团医用高分子制品股份有限公司	一次性输注器具	威海
14	山东吉威医疗制品有限公司	心脏支架	威海
15	山东威高骨科材料股份有限公司	骨科植入物	威海
16	威海威高血液净化制品有限公司	血液透析器	威海
17	山东沪鸽口腔材料股份有限公司	弹性体印模材料	日照
18	山东贝诺斯医疗器械有限公司	外科手术引流导管套装	日照
19	东阿阿华医疗科技有限公司	玻璃体温计	聊城
20	山东奥赛特医疗器械有限公司	一次性采血针	菏泽

资料来源：山东省药品监督管理局。

（五）监管服务力度持续加大

一方面，严格监管。相继出台《山东省医疗器械生产企业分类分级管理办法》《山东省体外诊断试剂生产现场检查指南》等一系列规范性、指南性文件，不断完善医疗器械监管制度体系。深入开展"安全提升"工程，创新实施"罚帮并重"等机制，纵深推进医疗器械风险隐患排查治理，不断强化医疗器械全生命周期监管。大力推进"铁军锻造"工程，加强职业化检查员队伍建设，拥有国家级医疗器械检查员24名，数量居全国第一。医疗器械检验能力全国领先，抽检质量分析报告连续7年获国家药品监督管理局表扬。医疗器械不良事件监测工作走在全国前列，全省16市均建立市级监测机构，拥有县级监测机构156个。医疗器械唯一标识制度实施成效显著,生产企业上传数据21万余条,数据量居全国首位①。相继成立山东省义齿行业协会、体外诊断试剂行业协会和山东省医疗器械行业协会,积极推进社会共治。另一方面,优化服务。深入推进"放管服"改革,大力实施"药械创新"计划,在全国第二个出台《关于深化审评审批制度改革鼓励药品医疗器械创新的实施意见》,陆续出台二类医疗器械创新特别审批、优先审批和医疗器械注册人制度试点等有关制度,建立实施重大创新产品、重点建设项目全程帮扶机制,医疗器械产业发展环境不断优化。

(六)政府重视程度不断提高

山东省政府出台的《山东省国民经济和社会发展第十四个五年规划和2035年远景目标纲要》等文件对医疗器械产业发展做出了重要规划,见表3。

表3 山东省支持医疗器械产业发展的有关规划

序号	规划名称	内容摘要
1	《山东省国民经济和社会发展第十四个五年规划和2035年远景目标纲要》	搭建威海高端医疗器械技术创新中心等高端产业技术创新平台,打造淄博、威海等高端医疗器械产业集群,建设食品药品医疗器械创新和监管服务平台,布局威海医疗器械与医疗应急产业示范基地和日照国家级医疗器械应急产业园
2	《山东半岛城市群发展规划》	大力发展高性能医疗器械,加强智能医疗设备、体外诊断、高值医用耗材、生物医学材料等关键技术、主导产品和国产化装备集中攻关
3	《山东省黄河流域生态保护和高质量发展规划》	强化支柱型引领型企业带动作用。聚焦医疗器械等重点产业,深入实施"领航型"企业培育计划,打造若干具有产业生态主导力的领军企业
4	《山东省"十四五"药品安全规划》	建设山东省药品医疗器械咨询服务平台。实施"药械创新"计划。推进医药产业供给侧结构性改革和新旧动能转换,打造山东医药产业发展新高地,实现高质量发展与高水平安全相辅相成、良性互动

资料来源:山东省人民政府网站。

济南、青岛、烟台、威海等市陆续出台促进药品医疗器械产业发展的有关举措,如烟台市政府出台《关于促进全市生物医药产业高质量发展的若

---

① 资料来源于国家药品智慧监管平台。

干意见》，聚焦高端医疗器械等领域，实施链主领航、创新平台、临床协同、载体建设、金融助力、人才培育、数字融合、招引扩容、技术攻坚9大工程，全面培育壮大研发体系、生产基地、物料供应商、技术服务商等产业主链条，提升产业发展支撑能力[①]。

二 促进山东省医疗器械产业高质量发展的建议

医疗器械产业是朝阳产业，也是高新技术产业中最具发展潜力的产业之一，市场前景广阔。近年来，凭借雄厚的产业基础、良好的营商环境、过硬的质量信誉，山东省医疗器械产业取得长足发展，正处于快速发展的"黄金时期"，但也存在企业创新能力不足、产业协同程度不高、高端专业人才紧缺等问题，一定程度上制约了产业创新发展。展望未来，随着健康中国战略的深入实施，人民群众对医疗器械安全有效将寄予新的期盼，因此，突破核心技术"卡脖子"问题，加快发展高端医疗器械，实现国产替代将成为产业发展的必然趋势。为鼓励医疗器械创新，助推山东由医疗器械产业大省向产业强省转变，本报告提出以下措施建议。

（一）强化政策支持

进一步加大政策扶持力度，出台促进医疗器械产业高质量发展的意见。加强医疗器械产业园区总体规划，引导企业、项目集中布局。在省科技计划项目中建立医疗器械科研引导型基金，支持企业开展高端医疗器械研发和共性关键技术研究。加大人才引进政策保障力度，打造高端医疗器械产业人才集聚高地。进一步压减或取消医疗器械注册费用，营造良好创业创新环境。

（二）加大服务力度

争取设立国家药品监督管理局医疗器械技术审评中心山东创新服务站，

---

① 资料来源于烟台市人民政府网站。

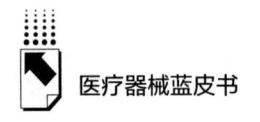

服务创新医疗器械产品审评审批。在产业集中地市设立山东省食品药品审查验中心分中心或工作站,实施就近检查和常态化检查,加强对企业的服务指导,提升注册审评效率。支持具备条件的医疗机构、医学研究机构,按规定开展临床试验。探索建立临床试验协作机制,打造临床资源合作战略联盟。进一步优化流程,压缩审评审批时限,对高端医疗器械等重大项目提供一对一、全过程服务。

(三)鼓励企业创新

引导企业在医用成像设备、手术机器人、血液透析设备及耗材、3D打印医疗器械、高端医用生物材料等领域加强原始创新。支持企业充分利用物联网、云计算、大数据、人工智能等新一代信息技术,实现生产经营模式智能化升级。鼓励企业与科研机构、高等院校合作建立医疗器械研发中心、中试转化中心或临床研究中心。鼓励企业兼并重组或并购国内外高端医疗器械品牌,支持中小企业为融入龙头企业供应链而实施技术改造、自主创新。

(四)加强基础支撑

鼓励支持有条件的高等院校增设医疗器械相关专业学科,培养与产业发展相适应的复合型、专业型、创新型人才。加强职业化专业化医疗器械审评、检查、检验队伍建设,进一步提升医疗器械监管能力和服务水平。加快建设医疗器械创新服务大平台,及时开展检验检测能力扩项,拓展服务领域。支持各类创新主体在重点园区以及高校、科研院所、医疗机构集中区域布局建设医疗器械服务平台,开展原创性研究和科技攻关,推动高端医疗器械创新。

(五)严格质量监管

加强医疗器械全生命周期监管,综合运用监督检查、监督抽检、风险监测等手段,推动企业全面落实质量安全主体责任,提升质量保证水平。大力推进医疗器械唯一标识制度实施，强化医药、医疗、医保"三医联动"，逐步实现医疗器械全程可追溯。加强医疗器械产品不良事件监测，建立不良事件数据利用制度和数据交流机制，为医疗器械产品研发提供不良事件数据和技术支持。纵深推进医疗器械质量安全风险隐患排查治理，严格监管、严控风险、严打违法，切实保障公众用械安全。

B.23
2021年吉林省医疗器械产业发展状况及展望

蓝翁驰*

摘　要： 吉林省认真深入贯彻落实习近平总书记视察吉林重要讲话重要指示批示精神，按照国家药品监督管理局有关支持东北全面振兴的相关工作部署要求，自觉担负起促进产业创新发展、高质量发展的使命，着力夯基础、补短板、破瓶颈、强提升，全面加强医疗器械监管能力建设，提升医疗器械监管现代化水平，全省医疗器械产业呈现蓬勃发展的态势。今后，吉林省将充分利用显著的地理位置优势和雄厚的基础科研实力，借助医疗器械创新吉林服务站以及大力度招商政策的制定，积极推进创新驱动，构建区位优势；培育龙头企业，打造吉林名牌；建立示范园区，推动产业聚集；引导人才汇聚，激发产业活力；构建服务平台，完善支撑体系，继续大力促进吉林省医疗器械产业高水平、可持续发展。

关键词： 医疗器械产业　高质量发展　吉林省

"十三五"期间，吉林省医疗器械产业取得较快发展。到2021年底，吉林省医疗器械产业规模持续扩大，达到60亿元，产业集聚规模逐步形成，

---

* 蓝翁驰，国家药品监督管理局医疗器械技术审评中心办公室主任，吉林省药品监督管理局党组成员、副局长（挂职）。

优势品牌不断增多,创新能力不断提升,支撑体系逐步完善,医疗器械产业全面进入新发展阶段。

一 产业发展基本情况

(一)发展现状

1. 产业规模持续扩大,企业实力不断增强

截至2021年底,吉林省有医疗器械生产企业629家,一类、二类、三类医疗器械生产企业分别为360家、287家、24家,二类、三类医疗器械生产企业总数在全国占比为2.01%,排名居全国第17位。吉林省现有医疗器械经营企业12400家,在全国的占比为2.18%,排名居全国第18位。现有上市企业5家(含上市公司投资医疗器械企业4家),产值过亿元企业12家,高新技术企业66家,占比约为15%。吉林省现有医疗器械备案、注册证3087个。其中,一类医疗器械产品备案证1376个,二类医疗器械产品注册证1592个,三类医疗器械产品注册证119个。

2. 创新能力不断提升,创新产品不断增多

截至2021年底,吉林省医疗器械领域有效专利数1531项,在全国占比为0.8%,排名居全国第21位。拥有院士等领军的研发团队4个,国家级临床试验机构22家,拥有国家级工程研究中心(工程实验室)9个、省级工程研究中心(工程实验室)76个、省级科技成果转化中试中心1个、省级产业技术创新战略联盟2个。

3. 产业集聚逐步形成,长春极核作用初显

截至2020年底,长春市共有医疗器械生产企业274家,占比57.44%;取得医疗器械备案、注册证2313个,占比79.13%。延边朝鲜族自治州共有医疗器械生产企业73家,占比15.30%;取得医疗器械备案、注册证222个,占比7.59%。通化市共有医疗器械生产企业37家,占比7.76%;取得医疗器械备案、注册证115个,占比3.93%。全省医疗器械产业已初步形成

以长春市为核心、各地区协同发展的格局。

4. 优势品牌不断增多，企业知名度逐步提升

近年来，省内一批医疗器械生产企业逐渐形成了自己的品牌，在国内外拥有了一定的知名度和影响力。例如：迪瑞医疗创新妇科诊断领域流式镜检技术，填补了国内空白。博迅生物成为全国第一家、全球第四家掌握微柱凝胶免疫检测技术的医疗器械生产企业。科英激光生产的激光治疗设备，年销售规模占据全国同行业之首。圣博玛获得国内首个聚乳酸面部填充剂三类医疗器械产品注册证，迈达科技生产的肿瘤热疗机和腹膜透析仪，以及瑞尔康隐形眼镜、富生医疗血液透析产品、吉原生物水凝胶敷料等在国内拥有较高知名度。赛诺迈德生产的全自动生化分析仪受到欧盟和美国等国外市场的青睐。

（二）发展优势

1. 地理位置优势显著

吉林省毗邻俄罗斯，又与韩国、日本隔海相望，处于联合国规划的东北亚经济圈内。吉林省依托其得天独厚的地缘优势成为我国对外经贸往来的强省。一直以来，各级领导都十分重视东北亚经济圈对我国东北地区的经济带动作用，2006年设立了"长吉图"开发开放先导区，该先导区成为我国最早面向东北亚经济圈开放的前沿阵地，医疗器械产业在对外经贸合作交流中受益匪浅[①]。

2. 基础科研实力深厚

吉林省拥有吉林大学、中科院长春光机所、吉林省中医药科学院等20余家综合性及专业类医药高等院校和科研院所，生物、化学、光学、电子等基础科学研究实力深厚，光、电、生物医用材料等研发能力强劲。全省现有吉林大学第一医院、吉林省人民医院等22家大型现代化、综合性且各具特

---

① 李洪波：《新古典增长理论下的吉林省经济增长与要素贡献计量分析》，硕士学位论文，东北师范大学，2009。

色的医疗器械临床试验机构，临床资源丰富。

3.政策红利不断显现

吉林省汽车、化工、精密制造等基础产业实力雄厚，工业技术人才储备充足，为医疗器械产业发展提供了重要支撑。吉林省药品监督管理局与国家药品监督管理局医疗器械技术审评中心签署了推进医疗器械审评审批能力提升合作协议，设立医疗器械创新吉林服务站，以及成功举办首届中国（吉林）医疗器械创新与高质量发展高峰论坛，为吉林省医疗器械产业创新发展提供新的助力。近几年吉林省先后出台了《关于深化审评审批制度改革鼓励药品医疗器械创新的实施意见》《关于鼓励创新促进医疗器械产业发展的若干规定（试行）》《吉林省医疗器械注册人制度试点工作实施方案（试行）》等一系列利好措施，为吉林省医疗器械产业的发展创造了良好的政策环境。同时，吉林省招商政策力度不断加大，吸引了很多拥有先进技术的企业来吉林投资设厂，促进医疗器械产业进入发展的良性循环中。

二 行业发展存在的问题

（一）产学研合作不紧密，企业专业人才缺乏

医疗器械企业与高校及科研院所合作力度、深度不够，成果转化能力有限，无法承接科技成果转化需求，导致有市场潜力的科技成果不能及时转移转化，进而无法尽快转变为实际经济效益。吉林省受经济水平、薪资水平等诸多因素影响，省内人才外流严重，高端人才引进困难。医疗器械生产、产品注册及检验、经营企业质量管理专业技术人员流失严重，在行业竞争中处于劣势地位，严重制约着医疗器械产业发展。

（二）企业规模效益较低，创新投入能力不足

吉林省内医疗器械生产企业整体规模偏小，规模以下企业占比超过80%，缺乏具有广泛影响力的大型龙头企业。中小企业创新投入能力不足、

科技含量低、整体竞争力偏弱,产品低水平重复问题突出,同质化现象严重,拥有自主知识产权的核心技术及产品较少,市场竞争力不强。

(三)注册检验能力滞后,服务体系亟待加强

吉林省医疗器械检验基础薄弱,缺乏电磁兼容实验室、生物学评价实验室等专业实验室,承检项目与资质有限,检验仪器设备老化,检验人员数量不足,检验能力不够,无法满足全省医疗器械生产企业产品检验需要,企业排队检验超期现象比较普遍,本省企业申请产品注册需要到外省市检验机构检验的占比较大。医疗器械检验检测能力严重滞后,已成为掣肘吉林省医疗器械产业发展的瓶颈问题。省内公共研发服务平台等社会资源整合不足,缺乏医疗器械相关合同研究机构(CRO)、合同外包生产机构(CMO)、合同定制研发生产机构(CDMO)等第三方服务平台,企业难以获得必要的法规、质量、技术培训及咨询服务等方面的支持。

(四)技术审评能力薄弱,工作质量效率不高

省级医疗器械技术审评能力薄弱,人员数量不足与审评任务繁重矛盾突出,缺少高层次审评员,审评员专业结构单一,没有形成学科门类齐全的审评标准体系,审评质量效率有待提升,对申请人注册审评技术的指导和服务亟待提升,这些都直接影响了吉林省医疗器械产品上市进程。

三 行业发展建议

(一)推进创新驱动,构建区位优势

1. 推进重点领域创新突破

整合科技创新资源,优化配置,争取一批关键领域的国家重大科技项目,组织优势力量开展攻关,着力解决产品关键核心技术"卡脖子"难题,发展一批高端医疗器械。

2. 加强"产学研用"协同创新

支持医疗机构、高校和科研院所牵头,生产企业参与建立协同创新团队,开展颠覆性、原创性技术攻关,开发一批临床适用型医疗器械,开展创新产品临床应用研究和示范应用,推进医工协同,促进成果转化。

3. 提升企业自主创新能力

支持医疗器械企业承担国家和省市级科研项目,参与重大科学技术攻关并积极获取发明专利。鼓励企业引进关键技术或购买核心专利并在本地转化、通过研发外包服务取得研究成果。引导企业加大研发投入力度,推动医疗器械制造企业推广使用新技术,提升智能制造水平和关键工艺过程控制能力,逐步解决限制产品质量提升的核心问题。

4. 完善科技成果转化体系

健全科技成果转化激励机制,优化科技成果转化政策环境,鼓励科技成果在本省产业化。

5. 加快创新产品上市进程

建立吉林省创新、优先审批医疗器械的绿色通道,制定创新医疗器械特别审查程序、优先审批程序等相关政策,推进创新医疗器械产品注册检验、审评与产品研发联动,加快创新医疗器械产品上市进程。

（二）培育龙头企业，打造吉林名牌

1. 支持企业做大做强

坚持质量和效益优先,扶持一批龙头企业、高新技术企业、专精特新"小巨人"企业,培育一批在细分领域竞争能力强、模式新、潜力大的种子企业。

2. 打造医疗器械特色品牌

鼓励医疗器械企业通过开展品牌战略规划、品牌渠道建设、品牌营销推广、品牌国际化与交流合作等方式提升知名度和美誉度。支持企业开展质量管理体系建设、先进质量工具导入、质量检测和非强制性质量认证等质量品牌建设项目。支持行业协会、质量品牌机构等第三方组织为促进质量品牌提升开展具有公共服务性质的质量品牌建设活动。支持省内已经形成区域规模的体外诊断试剂、口腔科器械、医用敷料、防护器械、物理治疗器械、血液透析器械等产品开展质量品牌提升活动。办好医疗器械产业成果对接、技术交流、发展论坛等系列活动，打造一批具有鲜明地方特色的专业展会，宣传推广省内优秀企业和产品，帮助企业拓展渠道开发国内外市场，助力产业提挡升级。

（三）建立示范园区，推动产业聚集

1. 加快建成特色产业园区

支持社会资本、国有企业、龙头企业建设医疗器械特色产业园区，支持园区基础设施、公共服务平台建设，加大具有带动能力的重点项目建设力度。鼓励实施共享型新园区配套模式，推进共享中心实验室建设，支持园区和企业整合资源创办中心实验室，满足区域内医疗器械产品全生命周期检验的需要，提升园区专业保障能力。

2. 推动集群规模扩大

充分利用东北振兴发展契机，围绕产业互补合作和转移承接开展招商。推进与京津冀协同发展、长江经济带发展、粤港澳大湾区建设等国家重大战略的对接。充分利用与俄罗斯、日本及韩国合作交流的地理优势，不断拓宽境外招商工作区域。紧盯体外诊断、基因测序、生物材料、光学治疗等重点领域，发挥吉林省体外诊断试剂产业优势和关键原材料研发优势，吸引国内外大型医疗器械企业在吉林设立研发机构和生产基地，健全医疗器械产业链，扩大医疗器械产业集群规模。

（四）引导人才汇聚，激发产业活力

1. 强化人才引进

用好人才政策，加大产业高级管理人才、团队领军人才引进力度。鼓励医疗器械企业面向国内外科研院所、重点高校和行业领军企业，采取技术入股、项目合作等多种方式，多措并举引才用才。支持骨干企业与省内重点高

校、科研院所联合引进海内外高层次人才,探索新型研发机构"双聘"人员制度创新。

2. 加强人才培育

制定医疗器械产业人才培养引导性专业目录,推动省内高校、科研院所相关专业设置和研究生培养方向的调整优化,大力发展生物医学工程、机械电子工程、新材料等急需紧缺学科专业。引导企业与高校、科研院所、医疗机构等深度开展合作,建立技能人才实训基地,开展应用型人才"订单式"培养,积极探索"医工交叉"特色人才培养新模式。实施优秀企业家培训工程,打造一支全球战略眼光高、管理创新能力强和具有社会责任感的企业家队伍。加大对在职人员的培训力度,优化人才发展环境。

(五)构建服务平台,完善支撑体系

加强审评服务能力和省级医疗器械技术审评机构建设,合理配置专业技术人员,强化基础设施条件支持。强化检验检测服务平台建设,加快推进省医疗器械检验研究院基础设施建设和实验室建设,提升检验综合服务能力和科研创新能力。强化临床评价能力建设,构建吉林省医疗器械临床研究信息化网络平台,统筹临床试验资源,促进临床试验机构协同合作,推动临床试验机构与研发机构、医疗器械企业联动,鼓励支持医疗机构开展创新医疗器械的临床试验等活动,支持企业在省内医疗机构开展临床试验。强化产业公共服务平台建设,加快引进和培育 CRO、CMO、CDMO 等,搭建医疗器械产业公共服务平台,发挥吉林省医疗器械行业协会作用,搭建开放服务的非营利性平台,为省内医疗器械企业提供便捷高效的服务。

B.24
2021年海南省医疗器械产业发展状况及展望

于清明 崔崙*

摘　要： 目前海南省医疗器械市场体量不大，经营类企业规模小、生产企业数量少，技术研发和产品复制、创新能力都偏弱，科研人才和技术熟练的劳动力缺乏；没有知名品牌和市场占有率高的产品，主要服务于岛内医疗机构，部分实现岛外销售；医疗器械的产业集群和供应链体系没有形成。但海南省是唯一的中国特色自贸港，政府对医疗、医药，以及医疗器械行业非常重视，产业和招商政策上有诸多优惠，本报告就如何有效地将海南自贸港政策和医疗器械产业发展结合起来，如何在产品引进、研发和市场营销等方面进行精心设计和合理搭配，如何促进海南医疗器械产业集群快速发展等相关问题进行了研讨。

关键词： 海南省　自贸港　博鳌医疗先行示范区

海南省医疗器械行业发展，与自贸港建设和海南省的特殊地理条件息息相关。2018年4月，习近平总书记视察海南并宣布党中央决定支持海南全岛建设自由贸易试验区，提出"现代服务业是产业发展的趋势，符合海南发展实际，海南在这方面要发挥示范引领作用。要瞄准国际标准提高水平，

---

* 于清明，国药控股股份有限公司党委书记、董事长，正高级工程师；崔崙，国药集团健康实业（海南）有限公司总经理、董事，高级经济师。

下大气力调优结构,重点发展旅游、互联网、医疗健康、金融、会展等现代服务业"[1]等要求。2018年4月11日,中共中央、国务院联合下发《关于支持海南全面深化改革开放的指导意见》(以下简称"中央12号文件");2018年10月16日,国务院印发《中国(海南)自由贸易试验区总体方案》(国发〔2018〕34号);2019年1月11日,海南省人民政府印发《海南省健康产业发展规划(2019~2025年)》(琼府〔2019〕1号,以下简称《省健康产业规划》),一系列重要指导文件为海南省健康支柱产业建设,从战略布局、市场要素对接、具体方针政策落实等方面奠定了基础,指明了方向。

一 海南省医疗器械行业发展现状

海南省医药产业发展缓慢,但规模不断扩大,拥有多家较为知名的化药类企业,从业人数约2万人;医疗器械行业发展严重滞后,企业数量、产品种类和规模与发达省份相比都有较大差距。

(一)经营企业情况

海南省医疗器械经营企业规模小、数量多、市场集中度不高,主要以分销配送为主。截至2021年6月,海南有医疗器械经营企业7548家,剔除药店后有2341家,主要分布在海口、三亚;主要按需供应岛内,品种繁杂;因海南以慢病、未病为主,医疗康复、检验、IVD领域产品比例相对较大,但总值依旧较小。

(二)生产企业情况

2021年底,海南省共有65家医疗器械生产企业[2],占全国的0.2%;绝大部分为二类医疗器械生产企业,产品多为"6864-2-敷料、护创材

---

[1] 习近平:《在庆祝海南建省办经济特区30周年大会上的讲话》,2018年4月13日。
[2] 海南省药品监督管理局:《海南省医疗器械生产许可企业名录(截至2022年1月4日)》,https://amr.hainan.gov.cn/himpa/xxgk/gsgg/ylqxgg/202201/t20220104_3124137.html。

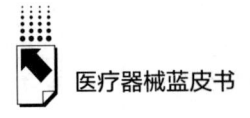

料""6863-16 定制式义齿"等；品种类别少，同质化程度较高。三类医疗器械生产企业 3 家，产品为"6845-7 透析粉、透析液"、体外诊断试剂。

（三）注册文号情况

2021 年海南省在国家药监局首次注册医疗器械 22 个，延续注册 7 个、许可事项变更注册 12 个，在全国各省区市排名偏后。

二 海南省健康产业支持政策和规划

健康产业成为海南自贸港建设的重要抓手。《省健康产业规划》明确了海南省全力打造以博鳌乐城国际医疗旅游先行区为依托的全国性健康产业先行先试试验区、健康产业高质量融合集聚发展示范区、全球健康医疗高端旅游和服务目的地，实现医疗技术、设备、药品与国际先进水平"三同步"。

（一）海南省以健康产业为主要支柱的自贸港政策

海南自贸港政策重点关注服务业，其中零关税、"双 15%"所得税和"非禁即入"等政策将有力吸引全球投资布局，支撑医疗器械产业、先进制造业和实体经济发展；在远景目标方面，到 2025 年全岛封关运作之际，各项政策将全面落实，特别是在体系完整、结构优化、特色鲜明的健康产业体系下，将重点发展一批创新能力和国际竞争力强的大型企业，企业规模和发展水平走在全国前列，健康产业增加值达到 10%。具体看来，一是发挥自身比较优势，加强国际合作，构建以博鳌乐城国际医疗旅游先行区为核心，以海澄文综合经济圈和大三亚旅游经济圈为两大增长极，全省东部、中部、西部三区协同发展的"一核两极三区"发展格局。二是解决体制机制障碍、实施创新驱动，落实海口生物医药和转化医学基地、康养特色健康小镇、三亚健康旅游示范基地与特殊治疗中心等"九大工程"。

（二）博鳌乐城国际医疗旅游先行区相关政策

2013年2月28日，国务院下发《国务院关于同意设立海南博鳌乐城国际医疗旅游先行区的批复》（国函〔2013〕33号），此文被称为"国九条"；2019年9月16日，国家发改委等四部门印发《关于支持建设博鳌乐城国际医疗旅游先行区的实施方案》（发改地区〔2019〕1482号），此文被称为"新国九条"。

双"国九条"政策推动了博鳌乐城国际医疗旅游先行区快速发展，一是实现了"四个特许"，允许境外最新医疗技术、药械特许准入，放宽部分医疗审批权，取消外资比例限制，允许开展干细胞研究转化应用。二是加快了真实世界临床数据的应用、扩大境外保健类器材使用、设立特许药械追溯管理平台。三是推行"极简审批"改革，建立了中国唯一的未上市药械保税仓，举办"永不落幕国际创新药械展"，推动投资和跨境资金流动便利化，创新医疗和药械二合一机构监管模式等。博鳌乐城国际医疗旅游先行区成为中国唯一的真实世界临床数据应用先行区。

（三）医疗器械行业的特殊政策

2021年9月9日，海南省药品监督管理局印发《关于进一步优化服务支持生物医药产业高质量发展的通知》（琼药监械〔2021〕154号），为医疗器械各领域发展提供了可操作的特殊措施。例如，鼓励承接国内外药械生产转移，充分释放许可人制度红利；采取便利注册途径，优化审批；支持产业园区集聚发展、推动乐城临床急需进口药械落户园区、优化相关程序等；提供多项合规、快速审批的国内外医疗器械注册机制，提高注册效率；对药械产业设立了鼓励奖励政策，对达标企业给予资金奖励，提高企业开发新品的积极性。具体政策如下。

准许医疗器械跨省委托生产；省外二类医疗器械生产企业迁入海南的，可以按原注册资料和审评审查结果在园区注册生产；国内已上市二类进口医疗器械在海南注册生产的，认可部分原进口注册申报资料；注册检验认可第三方医疗器械检测机构出具的检验报告；可通过同品种对比进行临床评价的产品，可免于临床试验；二类医疗器械在海南首次注册的，其技术审评审批期限在法定时限基础上压缩30%；省内二类医疗器械使用进口原辅料或原器件的，认可部分原厂技术资料。对企业开展临床前研究和试验、获得临床批件后以及获批纳入国家医疗器械创新或优先审批通道的三类器械临床试验研究、新成果产业化给予50万~1000万元的奖励。对批文产品上市、单品年销售额首次突破500万元或总销售额突破2000万元的给予50万~300万元的奖励。

（四）海南医疗器械园区规划

海口高新技术产业园是全省11个重点园区中唯一的国家级高新区，是国家知识产权示范园区和首批"双创"升级版项目单位，拥有研发平台国家级3个、省市级30多个，已投产药械类企业66家，产品1590个，占全省药品批准文号数量的50.8%[①]，园区工业总产值占全省的近80%，在全国生物医药产业园区百强榜中名列第29名。海口高新技术产业园内目前有4个医疗器械企业的项目在建设或已投产，相关情况见表1。

表1　海口高新技术产业园医疗器械企业项目情况汇总

企业名称	产品或项目	投资总额	已投金额	状况
海南朗腾医疗设备有限公司	血液透析耗材	8000万元	8000万元	竣工投产
海南维力医疗医用乳胶产品	导尿管、IVD	1.35亿元	1.3亿元	建设基本完成
海南纳生源生物科技有限公司	消毒产品、化妆品与器械	6000万元	2221万元	基础施工阶段
海南省药物研究所（已改制）	医疗器械研发孵化基地	3000万元	3000万元	一期工程

---

① 海南博宇会计有限公司：《2021在海南注册医疗器械公司有哪些优惠政策？入驻哪个园区好？》，https://baijiahao.baidu.com/s?id=1717450124448550580&wfr=spider&for=pc。

三 海南省医疗器械产业发展存在的问题

（一）市场整体发展水平有待提高

一是岛内外经营企业各自为阵，难以提供优质的售前推广、售后服务和产品技术支持，厂家销售和技术人员大都是两广兼职人员，岛内人员偏少，从业人员水平较低，厂家和经销商自身管理也经常出现纰漏，不能为临床医疗提供高质量服务和培训；二是在集采、集配和SPD等工作上简单复制其他地区的模式，缺乏对自身地理特点和规模等实际情况的考虑，没有以自身特点去发展物流配送供应链，服务基层、偏远地区的能力和离岛能力不高。

（二）产业基础薄弱，医疗器械专业人才紧缺

海南医疗器械生产厂家少，获得三类医疗器械生产许可证的企业更少，目前全省没有医疗器械生产规模达亿级的企业，医疗器械产值占海南整体医药产业总值的比例极小。医疗器械产品主要集中在医用敷料、导管、引流管等低值医用耗材上，产业发展停留在初级阶段，企业规模不大、研发能力弱、产品附加值不高，产业在发展过程中无法形成规模效益，加上海岛生产成本高，产业整体缺乏市场竞争力。

医疗器械产业具有知识密集、多学科交叉特点，涉及医学、材料、电子等多项技术，对复合型人才需求较大，但海南开设医药相关专业的院校仅有海南大学和海南医学院，并且没有院校开设医疗器械专业，生产、科教研人才依然匮乏。2018年9月，海南引进医疗器械领域骆清铭院士任海南大学校长，助力海南医药产业发展，但真正发挥作用尚需时日。医疗器械经营企业专业人员所占比例低，缺乏高级市场、培训和维修服务技术人员。

（三）产业发展不平衡，医疗器械相对落后

2018年前，海南省的产业规划中很少提及医疗器械，医疗器械产业发

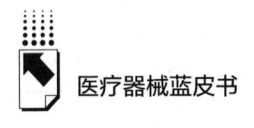

展规划和政策几乎是空白的,药品与医疗器械发展极不平衡,医疗器械相对落后。2018年后,海南省在产业规划中增加了医疗器械的相关内容,而且放在较高位置,对其寄予很高的期望。

(四)产业集群尚未建立,配套不完善

医疗器械产业发展与临床医疗发展密切相关,促进二者的协调需要相关部门的统筹规划。海南没有建立二者的有效互动机制,政府与科教研机构、上下游企业的合作力度还不够;没有完整的医疗器械原辅材料、部件供应链和强有力的研发机构;销售环节薄弱;缺少有力的融资政策;本地第三方认证培训机构缺失,电子、机械和材料等产业短板仍然十分明显。

四 促进海南省医疗器械产业发展的政策建议

(一)优化医疗资源布局,以医疗市场促进医疗器械产业集群建立

海南五个区域医疗中心应协同发展,统筹军地资源,优化三甲医院布局,加强老年病、长期护理、慢性病管理等医疗机构建设;强化康复体系建设;深化"互联网+医疗健康";推动医疗大数据应用创新,克服离岛和人口基数少的短板,通过临床医疗来带动海南医疗器械产业集群建立。

(二)通过特色化健康产业,助力药械发展

利用海岛自然禀赋和政策优势,以专病、康养、气候医疗、南药和特色热带作物为重点方向,推动中医药械发展;对接养老服务需求,发展穿戴式、智能化、适老化产品;立足国家各训练基地,发展运动医学、康复训练、水上运动防护等运动康复药械产业;结合海南独特资源优势,发展功能特医食品;依托新药国家科技重大专项成果转移转化试点示范基地,打造高水平药械研发生产基地;优化移植类药械等准入环境,推进生物再生材料成果应用转化。

（三）扩大博鳌乐城国际医疗旅游先行区品牌和政策优势，以规模提高效益

以先行区政策和真实世界临床数据应用为支撑，大力发展和引进生物和干细胞药物、化药新品种、新型辅料耗材；鼓励高端医疗装备首台（套）在海南进行生产，扩大先行区的品牌效益，将特定药械产品和技术规模化，提高效益。

（四）以教科研、技术交流转让机构及医疗器械发展基金、领军人物为重点促进发展

设立医疗器械发展基金和技术交流转让机构，支持相关项目落地发展；以领军人物带动科研转换和产品开发；通过博鳌研究型医院、先行区国家健康旅游示范基地和科学监管基地、健康产业国际开放合作平台、真实世界临床数据应用平台等促进健康产业发展。建设国家级医学教科研交流基地，积极与世界知名医学院联合办学。

（五）加快政策落地，改善营商环境，大力建设转化医学基地集群

加快海南自贸港税收、产业等方面的各项政策落地，有效降低研发制造过程中的风险，缩短研发周期。尽快改善海南营商环境，促进临床应用转化平台、药谷工业园医药产业和美安医疗健康产业集群建设。

（六）以重点产品和项目为突破，带动产业发展

球囊导管、心脏瓣膜、人工心脏和骨科植入耗材等高值医用耗材占据我国70%以上的市场份额。这些产品的生产企业均高度依赖进口生物材料，关税偏高，增值潜力大，对物流成本不敏感，海南可利用相关政策加快产品落地。"非禁即入"政策应重点聚焦二手医疗影像设备以及超声、内窥镜类产品，发挥设备进口再制造的优势。模式动物及疾病动物模型是转化医学的关键，海南可依托全球模式动物资源引进优势，发展生物材料。美容仪器等

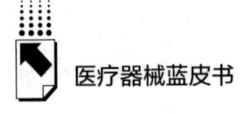

护理、保健类小家电市场规模增速近20%，其单品的全国市场规模达百亿元。海南可重点开发中高端产品，以离岛免税"前店后厂"模式为核心，加快健康家电制造落地。

（七）利用好医疗器械注册人制度，加强与粤港澳大湾区的产业融合

当前，海南完全是独立发展医疗器械产业，道路漫长，要加快发展弯道超车是关键。广东、香港在医疗器械研发、生产、销售上都具有重要优势，粤港澳大湾区也是中国三大医疗器械产业集群之一。作为 CDMO 试点省份，海南通过实施医疗器械注册人制度，允许委托生产，探索跨区域协同监管机制和创新医疗器械上市后监管方式，落实注册人全生命周期主体责任，鼓励研发创新，利用好 CDMO 制度，对促进医疗器械产业大发展有重要帮助。

B.25
2021年江苏省泰州市医疗器械产业发展状况与展望

李萍 江卫华 岳存*

摘 要： 泰州是全国唯一的长江经济带大健康和新型疫苗及特异性诊断试剂产业集聚发展试点城市。本报告基于对泰州医疗器械产业规模、空间布局、销售平台、技术支撑、创新能力、知识产权等方面的现状分析，结合当前法规政策的变革形势，分析了泰州在优势培植、项目建设、政策激励等方面存在的短板，并就下一步泰州医疗器械产业发展提出了建议。在产业发展模式方面，要坚持高端化与高速化并重，积极鼓励药品生产龙头企业积极开发医疗器械产品，做大领军企业；在人才和知识产权培育方面，要兼顾高层次人才与务实型人才，着力促进医疗器械知识产权保护、运用与成果转化；在创新政策支持方面，做到临床价值导向与市场导向并重，争创IVD监管科学研究基地。

关键词： 泰州市 医疗器械产业 特异性诊断试剂 中国医药城

近年来，泰州着力优化医疗器械产业空间布局，推动产业链不断向高端攀升，医疗器械销售平台高效整合，持续加大技术平台支撑力度，不断完善知识产权布局，形成了以体外诊断试剂为主导、以高附加值医用耗材和高端

---

* 李萍，泰州市市场监督管理局副局长；江卫华，泰州市市场监督管理局药品进口备案管理处（产业促进处）二级主任科员；岳存，泰州医药高新区医疗器械行业协会秘书长。

生命支持器械为补充、特色鲜明的产业结构，并致力于发展高性能、智能化、远程化的先进诊疗设备。2021年，泰州市委、市政府提出"举全市之力建设中国医药城"的发展方略，泰州市市场监管局等部门出台了推动大健康产业高质量发展20条措施、设立直投基金等一揽子产业扶持政策，医疗器械监管工作成效突出、不良事件监测有序开展、医用耗材集采稳步推进，有效助推了医疗器械产业的高质量发展。

一 泰州市医疗器械产业发展现状

（一）基本情况

泰州是全国唯一的长江经济带大健康和新型疫苗及特异性诊断试剂产业集聚发展试点城市，医药产业规模连续20年在全国地级市中居领先地位。

2021年泰州医药产业总产值超800亿元，占江苏省的20%左右，医疗器械产业营业收入超100亿元，同比增长接近30%。龙头企业增长强劲，年营业收入超20亿元、3亿元和1亿元的企业分别有1家、3家和15家。硕世生物在科创板上市，爱源医疗、中生方政、默乐生物、德威兰医疗等4家企业在新三板挂牌，上市后备企业有8家。

截至2021年底，全市共有医疗器械生产企业416家，医疗器械经营企业3320家。医疗器械注册证及备案证4034个，其中三类、二类医疗器械注册证分别有97个、1023个，2021年首次注册三类医疗器械13个，呈迅速增长态势。诊断试剂等高端医疗器械企业数量约占全省的13%，15家企业进入商务部出口新冠医疗物资企业名单，其中新冠肺炎诊断试剂企业8家。

（二）产业特色

1. 产业空间布局多领域优化

泰州市医疗器械产业起步于20世纪90年代，经过30多年的集聚发展，目前已形成以医药高新区（高港区）体外诊断试剂（IVD）为主力，以姜堰区高附加值医用耗材、泰兴市高端生命支持器械为两翼的产业空间布局。

2. 创新能力层次全方位提升

泰州着力提升医疗器械产业核心竞争力，发展重点由过去重产量数量逐步向重品质创新转变。体外诊断试剂领域，全面覆盖基因芯片、肿瘤早期诊断、药物作用靶点测试、POCT床边快速诊断等关键核心技术领域，一批产品填补了国际国内空白。默乐生物研发的幽门螺杆菌耐药检测试剂盒，首创同管完成多种耐药基因检测。康为世纪在全行业率先实现了新冠病毒快速检测中核酸提取与扩增一体化。硕世生物入选WHO发起的全球创新诊断基金会COVID-19自检加速计划。高值医用耗材领域，苏中器械研发的小腔道用超细内窥镜，成为继德国铂立后全球第二个掌握该项技术的企业；邦士医疗研发的等离子体微创技术产品，有效提升了各种外科高难微创手术的优良率，获国际、国内高度认可。

3. 销售终端资源全链条整合

泰州积极部署，为医疗器械研发生产企业提供全方位的供应链服务，建成华为、华越、华能、华腾等多个医疗器械销售平台。平台建有符合法规要求的仓储及现代物流基地，总面积约3万平方米，入驻企业超600家，2021年总销售额超60亿元。形成立足泰州、覆盖全国的销售网络，实现上游供应链整体解决，下游经销网络广泛合作，医疗机构终端渠道全面共享，仓储物流配送统一服务，有效推动全市医疗器械产品的市场拓展、临床销售及应用服务。

4. 知识产权布局高品质定位

2021年全市公开医疗器械发明专利323件，授权39件，同比分别增长99.38%、2.63%，呈有效增长态势。同时，在体外诊断试剂、高附加值医用耗材等领域涌现出一批高价值专利。全市累计公开医疗器械发明专利1686件，授权182件，实用新型2867件。[①] 有1045件专利对应产品获准注

[①] 数据来源于《中国专利全文数据库（知网版）》，检索分类号包括A61B、A61C、A61F、A61G、A61H、A61J、A61L、A61M、A61N，检索日期为2022年2月12日。

册或备案。在全国率先开展专利标准融合创新工作,引导企业奏响科技创新、专利创造、标准研制"三步曲",得到国家知识产权局领导的批示和肯定。伟禾生物参与中检院主导的HLA基因分型检测试剂盒行业标准(YY/T1180-2021)制定,4项核酸检测产品获批为国家参考品。2021年全市共主导、参与制定医疗器械国家标准(GB/T)1项,行业标准(YY/T)4项,全国性团体标准1项;累计主导、参与制定医疗器械国家标准、行业标准、全国性团体标准2项、7项和2项。

5. 技术支撑平台全过程助力

围绕大健康产业高质量发展工作定位,泰州创新线上线下、互联互通的"一站式"零距离服务模式,探索检验检测资源的有效整合与共享,从研发、申报、注册、生产等环节全方位高质高效为医疗器械产业发展提供技术支撑。[①] 研发方面,CMC大动物实验中心完成介入心脏瓣膜、ECMO、颅内取栓器、椎间融合器等创新产品的临床前动物实验,成为创新医疗器械研发的重要技术支撑力量,得到国家、省医疗器械检测所的高度认可。计量标准方面,积极上争获批建设省医药健康产业计量测试中心,建立多参数监护仪、数字心电图机装置等17项计量标准,解决相关医疗器械"测不了、测不准、测不全"、企业"等不及"的难题。在检验检测方面,国家特种防护产品中心在泰州成立,该中心确立了抗疫医用防护产品检测国家级机构的首席地位。

二 泰州医疗器械监管和产业服务工作亮点

(一)政策配套不断完善

泰州市委、市政府历来高度重视医疗器械产业的发展,将生物医药和新

---

① 张楚琪、张吉祥:《"五项实举"服务生物医药产业高质量发展》,《中国质量监管》2021年第10期。

型医疗器械产业确立为打造先进制造业集群的重点之一。2021年，泰州提出举全市之力建设中国医药城，努力打造全国领先的地标产业，并发布一揽子产业扶持政策。在科技创新方面，将三类医疗器械产业化纳入全市科技积分管理范围，医药高新区（高港区）更进一步对纳入国家药监局创新医疗器械特别审批通道的品种出台奖励政策。在市场监管方面，出台《关于推动大健康产业高质量发展若干措施》，明确20条具体举措，进一步优化营商环境，推进质量变革，完善服务体系，高标准推动包括医疗器械在内的大健康产业高质量发展。在金融赋能方面，设立总规模不低于60亿元的医药大健康产业直投基金，发挥"国资领投"效应，撬动市场化头部机构参与跟投，为企业优化股权结构、拓展关键市场、加快上市步伐等进行综合赋能。

（二）监管工作成效突出

一是夯实疫情防控基础。在南京、扬州突发疫情期间，开展24小时派驻企业检查和服务，核酸检测试剂盒产能从每天100万人份迅速提升至200万人份，充分满足防疫一线需求。二是重点环节风险监管。采取飞检形式，先后开展了无菌医疗器械、咽拭子和病毒采样管等6项专项检查，检查企业210家次，立案处罚20件。三是创新监管机制。打破条块分割，泰州市市场监管局和江苏省药监局泰州检查分局联合开展一类医疗器械专项检查，有力提升源头器械质量安全。四是加强法规宣传培训。线上线下开展新《医疗器械监督管理条例》、新《医疗器械生产监督管理办法》培训9次，累计参培1700余人次。

（三）不良事件监测有序开展

2021年，全市共上报医疗器械不良事件报告2980份，百万人口648份，严重报告226份，占比7.58%，报告数量和质量均位于全省前列。组织开展婴儿辐射保温台、电子输注泵等5个品种的重点监测，加强对产品构造原理、技术要求、生产工艺中风险点的排查。

（四）医疗器械（医用耗材）集中采购稳步推进

积极推进 18 批次医用耗材集中采购工作中选结果落地进院，全市医疗机构线上采购医用耗材总额达 23.19 亿元；常态化开展备案采购，20 家医疗器械企业的 100 多个产品完成挂网程序；组织创新产品评审，推选创新产品 18 个，并鼓励公立医疗机构立足医院实际需求积极采购。

三 泰州医疗器械产业发展研判与展望

（一）问题研判

1. 三类医疗器械创新有待进一步提速

2021 年，泰州新获批三类医疗器械注册证数量，尽管在绝对数量上超过部分省份，但在江苏全省占比不高，且暂无经创新医疗器械特别审查程序批准上市的产品。这表明泰州创新发展高端医疗器械产业仍任重道远。

2. 医疗器械重大项目有待进一步突破

2021 年泰州新建的规模在 5 亿元以上、3000 万元以上的医疗器械类项目数量分别为 2 项、27 项，数量和总投资额在全市医药类工业项目中的占比分别为 8.33%、29.34% 和 7.78%、11.81%。这表明泰州医疗器械产业发展仍是由规模中等偏上的企业集群推动的，领军型企业尚未成为产业发展的核心驱动力。

3. 响应政策创新发展的效能有待进一步提升

医疗器械注册人制度作为新修订《医疗器械监督管理条例》的核心内容，为推动医疗器械产业创新发展注入了新的活力。据统计，政策试点期间，22 个省（区、市）共计 227 个注册人的 1377 项产品获准上市。[①] 江苏

[①] 满雪、李硕、刘彦阳、陈思远：《医疗器械注册人制度为产业发展注入活力》，《中国医药报》2021 年 7 月 22 日。

省内南京、苏州、南通等地均有成功案例，泰州耀海信诺等企业也先行先试，探索开展 IVD 领域的 CDMO 一站式服务。但相较其他试点地区，泰州在政策推动上，仍有较大的赶超空间，未来宜在监管、招商、科创等方面围绕医疗器械注册人制度提出更有力度的激励措施，以助推企业及时融入全国乃至全球医疗器械产业深化分工的改革大潮。

（二）发展建议

1. 坚持高端化与高速化并重的产业发展模式

新型医疗器械是泰州医疗器械产业发展的主导方向。医药高新区（高港区）要致力于高端化发展，聚焦免疫诊断、分子诊断等 IVD 重点领域，加强 PET-MR 等高性能影像设备、数字化可穿戴及远程诊疗设备、智能家用医疗器械等高性能医疗器械项目孵化。姜堰和泰兴等地可突出对高价值医用耗材企业、智能化生命支持系统企业的培育，通过招引国内外高值医用耗材委托生产项目，创造本地产业快速迭代升级的机遇，实现跨越转型。

2. 鼓励药品生产龙头企业积极开发医疗器械产品

针对当前泰州医疗器械领军企业普遍规模偏小，难以形成较强的集聚带动效应的现状，建议政府出台相关政策，鼓励扬子江、济川、苏中等药品生产龙头企业积极布局医疗器械产业，充分发挥其临床医疗市场开拓优势，形成推动医疗器械产业跨越发展的新动能。

3. 注重高层次与务实型并重的人才培育方向

注重高层次人才引进，加大医疗器械相关领域（尤其是 IVD 领域）高校在研项目学者的引进力度，推动高校研发项目与地方产业实际进一步融合。注重务实型人才培育，推动本地高校在本、专科层次增设医疗器械产业相关学科，突出医疗器械研究生联合培养工作，引导高校（大专院校）与企业联合进行技术攻关，实现人才培育和招引的无缝衔接。

4. 促进医疗器械知识产权保护、运用与成果转化

建设面向先进装备制造和医药产业的中国（泰州）知识产权保护中心，为医疗器械企业提供专利申请快速审查、快速确权、快速维权"一站式"

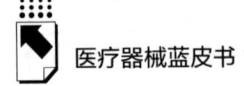

服务，加大对医疗器械知识产权的引进培育、转化运用和保护力度。积极开展医疗器械专利标准融合创新和专利导航服务，推动专利技术成果转化为产品标准，提升新获证二、三类医疗器械产品的专利覆盖率。打通"创新+知识产权+资本"的链条，构建产业专利池，促进科研成果运用转化。

5. 实施临床价值导向与市场导向并重的创新政策

一是推动以"临床价值为导向"的医疗器械靶向研发。鼓励企业将新技术、新产品、新标物与医疗系统的临床诊断相结合，通过解决临床问题不断拓展产品的应用前景；推动本地医疗机构积极为新型医疗器械运用创设情境，鼓励医务人员参与医疗器械开发和改良，实现医疗器械创新产品在"真实世界"中二次孵育。二是坚持以市场为导向的产业布局。新材料是新型医疗器械产业的"芯片"，是产业发展自主权的体现。建议以泰兴经济开发区为重点，建设医疗器械新材料产业基地，补齐抗原抗体、反应酶生产等IVD产业链缺失环节。运用"揭榜挂帅"机制，加强技术突破，集中破解一批制约产业发展的"卡脖子"问题。

6. 争创IVD监管科学研究基地

近年来，泰州着力引进医疗器械领域海内外高层次人才千余名，其中60%以上集中在IVD领域，IVD人才储备位列全国同类园区之首。建议以此为基础，学习四川（川大）、广东（华南理工）经验，争创以IVD为主导研究方向的医疗器械监管科学研究基地，立足长三角，借力全国专业资源，进行飞地研究，加快IVD领域医疗器械创新，并积极与国际接轨，为IVD安全监管的科学化、现代化和法治化做出应有的贡献。

B.26
2021年浙江省宁波市医疗器械产业发展状况及展望

周岩 梁文瑜*

摘　要： 宁波医疗器械经过多年发展已经成为拥有400多家生产企业、8000多家经营企业，三大产业集聚区域和众多发展园区，基本涵盖医疗器械产业各门类，覆盖宁波各县市的朝阳产业，有望进一步发展成为促进宁波市经济发展的重要产业之一。本报告从宁波医疗器械产业发展现状分析入手，简要介绍了宁波医疗器械产业的基本情况、产品特点以及技术创新、发展布局、产业集聚情况等，指出了制约宁波医疗器械产业进一步发展的问题，如产业发展重点不够突出，龙头企业规模亟待做大；产业发展配套服务不够完备；市场资源配置作用与集中采购制度矛盾有待解决等。并进而从政策扶持力度、区位优势、产业链条件、资金人才优势等方面对宁波发展医疗器械产业的有利条件进行了论述，最后对宁波医疗器械产业的发展趋势进行了展望。

关键词： 医疗器械　集中采购　宁波市

宁波医疗器械产业经过多年发展已经具备一定的规模，在我国生命健康产业发展的大背景下，拥有多方面的发展优势。本报告简要介绍了宁波市医

---

* 周岩，宁波市医疗器械行业协会秘书长；梁文瑜，宁波市医疗器械行业协会行政主管。

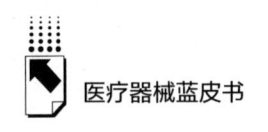

疗器械产业的发展现状,以及制约产业进一步发展的关键性问题,进而对宁波医疗器械产业的发展做出了趋势性判断。

一 宁波市医疗器械产业发展现状

(一)医疗器械产业基本情况

根据宁波市医疗器械行业协会统计数据,截至2021年第四季度宁波市医疗器械生产企业共有440家,其中三类医疗器械生产企业23家、二类医疗器械生产企业187家、一类医疗器械生产企业230家。完成工业总产值56.90亿元、新产品产值20.79亿元、新产品研发投入总额5.58亿元,工业销售产值54.78亿元、出口交货值14.19亿元、主营业务收入54.96亿元、利税总额8.86亿元、利润总额7.44亿元、资产总计103.88亿元、负债总计41.53亿元、主营产品平均毛利率29.81%、从业人员人数16000多人[1],制造业规模以上企业的主要产品有医疗设备、医疗仪器、体外诊断试剂、一次性无菌耗材等,占比分别是39.3%、24.8%、12.5%、12.2%。拥有注册证3389个,其中三类医疗器械94个,二类医疗器械1353个,一类医疗器械1942个,国家级创新产品3个,省级创新产品3个,经营企业8379家[2]。

(二)医疗器械产品特点

宁波医疗器械产品的覆盖面广泛,包括医用磁共振设备、医用X射线设备、急救设备与器械、婴儿培养箱、病房护理设备、医用光学器具/仪器及内窥镜设备、医用化验设备和诊断试剂、医用高分子产品、消毒和灭菌设备及器具、普通诊察器械、体外循环及血液处理设备、植入材料和人工器

---

[1] 宁波市医疗器械行业协会历年统计数据。
[2] 宁波市场监督管理局相关统计数据。

官、卫生材料及敷料、医用缝合材料及粘合剂、物理治疗及康复设备、口腔材料和设备、手术器械和医用软件等数百个品种。

（三）医疗器械产业技术创新

近年来宁波医疗器械企业在技术创新和新产品研发上加大了投入力度，相继有1.5T超导、16排全身CT、彩色多普勒超声、数字化放射成像系统、数字病理切片扫描仪、可穿戴动态多参数生理检测仪、人乳头瘤（HPV）核酸检测及基因分型试剂盒、CYP2C19基因检测试剂盒、ALDH2基因检测试剂盒、13种呼吸道病原体检测试剂盒等创新产品陆续获得医疗器械产品注册证。

一些创新初创医疗器械企业也积极开展了一批具有高新技术特点的创新项目，如健世生物的心脏瓣膜微创医疗器械、胜杰康的多通道腹腔镜手术入路系统、美晶的癌症血液检测生物芯片及系统、浙江星博的精子核完整性检测等。这些创新项目的研发成功将会加快宁波医疗器械产业结构的调整，为宁波医疗器械产业的发展带来新的增长点。

（四）医疗器械产业区域分布情况

从宁波市现有行政区划来看，各地区医疗器械产业产值占比情况如下：海曙区占0.3%、江北区10.6%、镇海区0.8%、北仑区5%、高新区18%、鄞州区17%、慈溪市6%、杭州湾新区2%、余姚市14.3%、奉化区13.5%、宁海县5%、象山县7.5%，详见表1。

表1 宁波医疗器械产业区域分布情况

单位：%

地区	产值占比	产品特色	代表企业
海曙区	0.3	医用缝针、体外诊断试剂	浙江卓运生物科技有限公司
江北区	10.6	体外诊断试剂、齿科设备	宁波蓝野医疗器械有限公司、宁波瑞源生物科技有限公司
镇海区	0.8	子宫颈采样试纸、采血针、基因检测	宁波美生医疗器材有限公司、宁波基内生物技术有限公司

续表

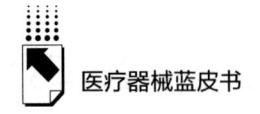

地区	产值占比	产品特色	代表企业
北仑区	5	医用磁共振设备、医学影像设备	康达洲际医疗器械有限公司
高新区	18	体外诊断试剂、医用显微镜、验光仪	宁波永新光学股份有限公司、宁波海尔施基因科技有限公司、宁波法里奥光学科技发展有限公司
鄞州区	17	基因检测、医用超声波清洗机体外诊断试剂、血液透析类产品、白细胞过滤器等一次性产品、温度计、手术室净化设备、医用供氧设备、口罩	宁波天益医疗器械股份有限公司、美康生物科技股份有限公司、浙江华健医用工程有限公司、宁波汇峰嘉福科技有限公司
慈溪市	6	骨科植入物、内固定器械、输氧面罩、负压管、医用口罩、血压袖带	浙江广慈医疗器械公司、宁波慈北医疗器械公司、浙江蓝禾医疗用品有限公司、宁波新跃医疗科技股份有限公司
杭州湾新区	2	输氧面罩、心脏瓣膜微创器械、腹腔镜手术入路系统、球囊扩张套件、骨水泥	宁波圣宇瑞医疗器械有限公司、宁波健世生物科技有限公司、宁波胜杰康生物科技有限公司、宁波华科润生物科技有限公司
余姚市	14.3	医用磁共振设备、医用显微镜、体外循环血路耗材、数字病理切片扫描仪	鑫高益医疗设备股份有限公司、宁波舜宇仪器有限公司、宁波菲拉尔医疗用品公司、宁波江丰生物信息技术有限公司
奉化区	13.5	医用供氧设备、病床、卫生材料	浙江强盛医用工程公司、宁波康家乐医疗器械公司
宁海县	5	病床	宁波禾采医疗器械有限公司
象山县	7.5	婴儿培养箱	宁波戴维医疗器械股份有限公司

（五）医疗器械产业集聚情况

宁波医疗器械产业目前已形成具有一定规模的上下游配套体系，部分高端产品从核心部件生产到整机装配合成已经形成了一套完善的上下游产业链体系。以杭州湾新区生命健康产业园、宁波梅山国际健康产业园、宁海生物产业园为代表的产业集聚地发展迅速，更有医疗器械专业众创空间作为创新初创企业发展的摇篮孵化了众多优秀的高科技医疗器械企业，例如高新区的海尔施IVD研发产业园、江北区的宁波国际牙科产业园、鄞州区的龙泰智能医疗产业园、慈溪市的新跃医疗产业园与全程医疗产业园以及杭州湾新区的麟沣医疗科技产业园都为众多优秀的海归高科技人才提供了创业施展才能的平台。

宁波杭州湾新区生命健康产业园位于宁波杭州湾新区工业板块，初步规划面积10平方公里。该园区以医疗器械、生物制药、健康食品和保健品产业为核心，致力于打造长三角地区重要生命健康产业基地。目前，该园区已聚集宁波麟沣生物科技有限公司、宁波圣宇瑞医疗器械有限公司、正力安拓生物科技有限公司等生命健康产业知名企业。[①]

宁波梅山国际健康产业园位于宁波梅山保税港区增值服务区块，规划面积1500亩。园区现已集聚以康达洲际为代表的研发生产类，以梅傲生物、涌捷医疗为代表的服务经营类，以迪安诊断、美康生物设立的健康产业基金为代表的医疗投资类企业百余家，形成了集投资、研发、生产、流通、服务为一体的生命健康全产业链生态平台。

宁波生物产业园由宁波生物产业基地和宁波生命健康科技城组成。其中：宁波生命健康科技城（研发总部），总占地面积280亩，位于宁海县城区；宁波生物产业基地，总占地面积3535亩，位于宁海县郊区。拥有卫信生物、禾采医疗等涉药单位600余家，产值近10亿元。另外，中科院上海药物所宁波生物产业创新中心已落户宁海。目前，宁波生物产业园已经被宁波市政府列为创建宁波国家高新区第二批"一区多园"候选单位。[②]

二 制约宁波市医疗器械产业进一步发展的因素

（一）产业发展重点不够突出，龙头企业规模亟待做大

宁波医疗器械产业现有美康生物、戴维医疗两家国内A股上市公司，

[①] 投促中国网站，http://hzwxq.investchn.com/index.php/houses/detail/id/2539.html。
[②] 宁波生物产业园官网，http://www.ninghai.gov.cn/col/col1229423141/index.html。

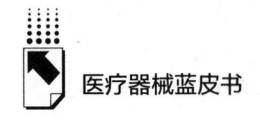

永新光学虽然也是上市公司，但其医疗器械营业收入占整体营业收入的比例不大。此外，相当一批企业已经进入上市准备阶段，例如天益医疗、康达洲际、海尔施基因科技等在体外诊断、医疗影像、骨科植入、医用高分子耗材等领域都具有一定规模和能力。如何帮助企业尽快做大做强，形成数个十亿级乃至百亿级规模的企业就成为宁波医疗器械产业快速发展的重要突破点。

（二）产业发展配套服务不够完备

医疗器械产品从研发立项、获取专利、临床试验、申报注册、注册检验、审评审批到出口地资质认证等存在很长的一个产品上市准备期，而这恰恰是影响企业发展的关键问题。宁波在这方面有很大的欠缺，缺少检验检测机构提供快速的检测服务、产品临床试验也很难由本地医院开展，这对于企业产品取证和创新研发形成了一定的制约。

（三）市场资源配置作用与集中采购制度矛盾有待解决

集中采购制度自实施以来，对降低医疗器械产品价格，并使医疗器械产品惠及群众发挥了很大的作用。但也存在集中采购导致某些产品价格过低而企业不再生产的情况。同时在集中采购时价格成为最关键的因素，而产品效能、先进性则容易被忽略，这就一定程度上会对企业研发创新的积极性产生打击，长期看，过低的价格必然会带来产品质量的降低和使用风险的增加，也不利于企业发展和壮大。

三 宁波市医疗器械产业特点及未来展望

（一）政策扶持力度大

生命健康产业被宁波市列为"246"万千亿级产业集群之六大千亿级产业之一。医疗器械产业是生命健康产业不可或缺的重要组成部分，近年来宁波对于生命健康产业及医疗器械产业的扶持力度不断加大。

宁波出台发展医疗器械产业的专项扶持政策，包括《宁波市"246"万千亿级产业集群培育工程实施意见》、《宁波市生物医药产业集群培育三年行动计划（2020～2022年）》、《宁波市生物医药产业集群发展专项规划（2018～2025年）》、《宁波市加快推进生物医药产业发展若干政策措施》及《宁波市人民政府办公厅关于加快推进生物医药产业发展的意见》等一系列扶持政策。

（二）产业发展条件好

宁波融入长三角地区将给医疗器械产业带来广阔的发展空间。宁波是世界第三大港口城市，位于长三角都市圈中心，陆域总面积9816平方公里，户籍人口603万人，地区生产总值突破万亿，发展迅速。宁波还是长三角南翼的核心城市，前湾新区的设立和规划也将给各个产业，包括医疗器械产业的发展提供机遇。

宁波医疗器械亟待形成产业发展链。宁波医疗器械产业目前已经形成以体外诊断试剂、医用磁共振与医学影像设备为龙头，婴儿培养箱、高分子医用材料、牙科设备、光学仪器、一次性耗材等多产业并举的发展局面。医疗器械产业中各个子产业间跨度大，逐步形成了不同的产业发展链条，而不同的子产业链上下游配套产业也有巨大的差异，这就为相关机构投资医疗器械产业提供了更多的机会。投资者既可以直接投资医疗器械产品，也可以投资为医疗器械产品配套提供原材料或零部件支持的产业，更可以从轻资产角度出发，投资医疗器械人工智能和软件支持相关产业，还可以投资为医疗器械产业提供融资租赁等金融服务项目的产业。从填补空白角度看，体外诊断试剂在宁波医疗器械产业中占据30%的体量，新的产品也不断涌现，但受限于生产工艺及研发技术等，体外诊断试剂的主要生产原料尚不能实现自给，主要依靠国外进口。其中，诊断酶进口比例很高，达80%以上。如果有投资者能够从解决原料问题的角度投资相关产业，那么不仅可以为宁波的体外诊断试剂发展提供服务，还可以为上海、苏州等我国医疗器械产业发展较好的城市提供原料，其发展前景可以说是巨大的。以此为例，其他医疗器械子

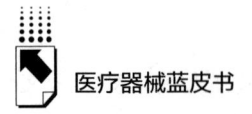

产业的发展也非常需要依托相关的上下游配套产业，这些发展机会是产业链配套成形所必将带来的。

据宁波市统计局数据，宁波全市有银行业金融机构 65 家，其中政策性银行 3 家、股份制商业银行 12 家、大型银行 5 家、城市商业银行 13 家。宁波市政府近年来不断推出各类政策吸纳人才并为人才发挥所长提供创业创新平台。宁波高校逐步开展医疗器械专业人才培养，其中浙江药科职业大学医疗器械学院设有精密医疗器械技术（医用电子）、精密医疗器械技术（医用材料）、医疗器械维护与管理（检验与注册）、医疗器械经营与管理 4 个专业。

（三）未来展望

根据宁波市医疗器械产业现有规模、政策力度、发展条件、增长速度等综合判断，预计到 2025 年宁波医疗器械生产规模将突破 200 亿元。

实践篇
Practical Reports

B.27 医疗器械科技成果转化实践中的风险控制措施

陈涛 余洋 蒋海洪[*]

摘 要： 医疗器械是一种多学科交叉、高附加值、知识密集的新兴战略产业，临床需求和科学技术创新是推动产业可持续发展的重要因素，科技成果转化是实现医疗器械从"技术研发"到"产业升级"的必由之路。2021版《医疗器械监督管理条例》（国务院令第739号）确立的医疗器械注册人制度为解决医疗器械科技成果转化中的痛点问题提供了重要的法规基础。笔者从2019年开始基于注册人制度的医疗器械科技成果转化实践工作，承接了科研院所、临床医护、创业团队等科技成果项目的转化近30件，已成功完成转化6件。本报告将从知识产权保护、转化路径规划、设计开发工程转化、质量管理体系运行等四个方面阐述注册

---

[*] 陈涛，江苏东劢医疗科技有限公司董事长，研究员级高级工程师；余洋，江苏省药品监督管理局审核查验中心副主任；蒋海洪，上海健康医学院医疗器械学院医疗产品管理系主任，副教授。

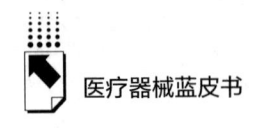

人制度实践过程中的风险问题,并提出有效措施建议。

关键词: 成果转化 合规研究 注册人制度 风险控制

创新医疗器械是优化医疗服务供给的核心引擎,是推动医学诊疗技术进步的主要动力,是健康保障体系建设的重要基础,是引领医学模式变革的关键力量,具有高度的成长性、战略性和带动性,是全民健康保障能力提升和国家科技进步的重要标志。科技成果转化是医疗器械产业创业创新中的核心内容。法规层面上,2015年8月修订的《促进科技成果转化法》于2015年10月1日起施行,随后几年也有多项促进科技成果转化中的相关政策出台;2021年6月1日正式实施的新版《医疗器械监督管理条例》(国务院令第739号)提出全面推广医疗器械注册人制度,为解决医疗器械科技成果转化中的痛点问题提供了重要的法规基础。

医疗器械注册人制度是促进医疗器械科技成果转化的基础性制度,它通过疏通行业资源向医疗器械领域转化的通道,优化了医疗器械产品全生命周期管理中的社会分工,有效地解决了科研院所、临床医护、创业团队这三个群体在科技成果转化中所遇到的法规不熟、标准不精、检测失实、质量管理体系运行不畅的问题,能够低成本、低周期、低风险地将创新医疗器械从"实验室"推向"医疗机构"。本报告将从知识产权保护、转化路径规划、设计开发工程转化、质量管理体系运行等四个方面进行风险分析并给出控制风险的措施建议。

一 知识产权保护的风险控制措施

医疗器械领域呈现多学科交叉、研发投入大、研发周期长及高端产品对知识产权依赖性高等特点。学科的复合性与技术的快速迭代使得医疗器械知识产权保护更为复杂与困难。相对于医疗器械,药品的专利保护信息明确且固定，因此知识产权问题在药品上市许可人制度的执行过程中没有产生重大风险。这也是医疗器械注册人制度相对药品上市许可人制度实施难度更大的原因之一。

在实践中，医疗器械知识产权保护的风险主要表现在以下几个方面：第一，关键技术秘密泄露。在医疗器械科技成果转化中，注册人需要将技术图纸、生产工艺、BOM表清单、生产及检验作业指导书等重要涉密的设计开发输出资料转移至受托生产企业。受托生产企业获得相应的技术资料后，在有商业利益的条件下，就有可能侵犯注册人的知识产权。第二，委托方和受托方产权不清。此类情形已在多个省份的试点过程中发生，受托生产企业获得了与委托方（注册人）拥有的知识产权类似的产品注册证，给委托方造成了知识产权权益的伤害和经济损失，形成了知识产权纠纷。第三，知识产权保护措施失效。实践中，一些医疗器械注册人虽然具备知识产权保护意识，但由于欠缺专业保护能力，提出的知识产权保护措施没有针对性，不能产生预期的效果。

针对上述风险，建议采取以下四点措施：一是，在委托生产协议基础上，签署委托生产知识产权协议，明确知识产权的义务和权益边界，制定相对应的违约赔偿条款。二是，在生产质量有保障的前提下，尽可能避免选择同细分领域的同行受托生产企业进行成果转化。不持有医疗器械注册证的CDMO专业服务平台是一种比较好的选择。三是，将核心技术、软件算法等封装模块化并做好供应链的保密与控制。这对于保护关键的技术秘密不泄露十分有效。四是，委托研发时，需明确知识产权及其后续开发迭代的所有者，并建立相应的制度和措施保护委托方的利益。

二 转化路径规划的风险控制措施

医疗器械科技成果转化包含调研立项期、原理制作期、成果输出期和量产收益期四个阶段（见图1）。科技成果转化过程中容易产生以下风险问题：一是，对注册检验用样品定义的理解有失偏颇。研发人员由于理解法规不到位或一味追求研发效率，在脱离了真实的生产环节条件下进行工程转化，容易把实验室开发的样品等同于注册用样品，为后期的样品真实性核查埋下了隐患。二是，质量管理体系建设启动太晚。在科技成果转化中，项目人员往往重产品输出轻质量管理体系建立。实践中注册人在注册送检后才开始建立质量管理体系的案例屡见不鲜，累积了质量管理体系运行的可追溯性风险。三是，临床评价路径规划不科学。临床试验周期长、资金投入大，是科技项目成果转化中的重要考虑因素。是否可以考虑豁免临床评价或者采用同品种比对的临床评价方式，是编制项目周期预算时需考虑的重要指标。

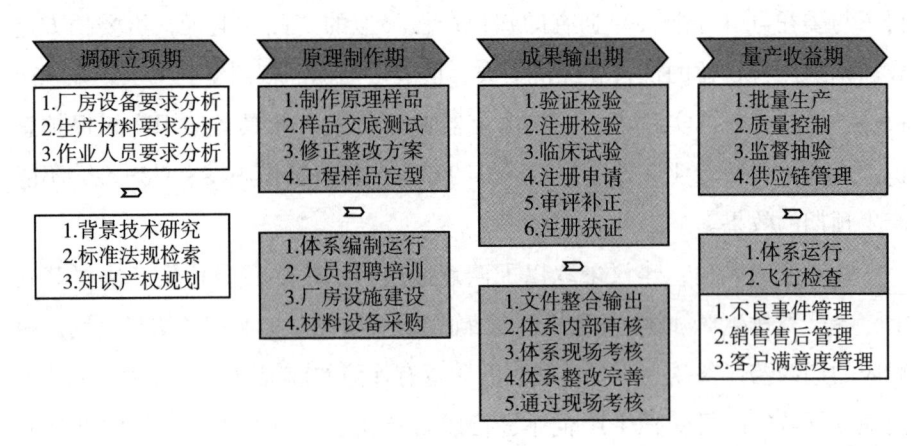

调研立项期	原理制作期	成果输出期	量产收益期
1.厂房设备要求分析 2.生产材料要求分析 3.作业人员要求分析	1.制作原理样品 2.样品交底测试 3.修正整改方案 4.工程样品定型	1.验证检验 2.注册检验 3.临床试验 4.注册申请 5.审评补正 6.注册获证	1.批量生产 2.质量控制 3.监督抽验 4.供应链管理
1.背景技术研究 2.标准法规检索 3.知识产权规划	1.体系编制运行 2.人员招聘培训 3.厂房设施建设 4.材料设备采购	1.文件整合输出 2.体系内部审核 3.体系现场考核 4.体系整改完善 5.通过现场考核	1.体系运行 2.飞行检查 1.不良事件管理 2.销售售后管理 3.客户满意度管理

图1 医疗器械科技成果转化全流程

针对上述风险，建议采取以下措施：一是，建议将研发合规思维植入样品的研发全过程，并以规范性文件的形式输出，以实现在技术审评和体系考核环节中过程再现和证据可溯源。二是，为满足研发合规要求，在最初的项目立项时就应该着手建立质量管理体系，充分考虑"人、机、料、法、环"的质量管控。注册人要将研发工作的伊始作为质量管理体系的源头。三是，在项目规划阶段，充分做好临床评价的立项分析，在融资阶段预算好相应的时间和费用成本。在进行科技成果转化时，可采取创新点分步实施、优化注册单元划分的方式来降低风险，提高项目的可行性。

三 设计开发工程转化的风险控制措施

注册检验、临床试验样品应是在生产质量管理体系下批量生产出的样品。工程转化是实现从实验室的原理样机到批量生产产品转变的重要环节。生产环节的"人、机、料、法、环"与实验室均不相同，工程转化过程中需要考虑的风险因素有相关的工艺验证、设施与设备验证、方法验证、BOM 表的确定和供应商的评价与选择等。

针对上述风险，建议采取以下措施：一是，科技成果转化中，需要重点关注相关的工艺验证、设施与设备验证、方法验证，以保证能够持续地生产符合标准的医疗器械产品。有源产品验证应重点关注可靠性、可用性、电气安全性、电磁兼容性、环境适应性、网络安全性、生物相容性等方面。无源产品验证应重点考虑理化、材料学、生物相容性、装配工艺、灭菌等。常见的无菌产品（环氧乙烷灭菌）的相关验证，即注册人和受托生产企业的关注重点见表1。二是，BOM 表的确定和供应商的评价与选择。不同于实验室的研发，生产环节需要综合考虑原材料（部件）的产品质量保证、供货稳定性、相互可匹配性、生产制造的成本控制以及相应的供应商资质等。需充分做好供应商评价，为了保证供应商的长期稳定性和可追溯性，尽量避免从不正规的网络渠道购买主要核心部件。

表1 注册人和受托生产企业的关注重点

序号	服务项目	所处阶段
1	物料及产品初始污染菌检验方法验证	来料：透析纸+吸塑盒
		成品：整体（透析纸+吸塑盒+产品）
2	物料及产品微粒污染的检验方法验证	来料：透析纸+吸塑盒
		成品：整体（透析纸+吸塑盒+产品）
3	清洗验证	清洗阶段
4	末端清洁验证	组装完成
5	无菌包装封口过程确认	内包
6	灭菌前存储期验证	内包后灭菌前

续表

序号	服务项目	所处阶段
7	灭菌验证(环氧乙烷灭菌工艺确认)	生产批灭菌前
8	产品解析(增加解析确认)	自然解析
		加强解析
		解析确认
9	EO残留量检验方法验证	灭菌后
10	2-氯乙醇(ECH)检验方法验证	灭菌后
11	化学四项	灭菌后
12	货架有效期验证	灭菌解析14天后
13	无菌检验方法验证	灭菌解析14天后
14	细菌内毒素方法验证	灭菌解析14天后

四 质量管理体系运行的风险控制措施

医疗器械注册人制度为科技成果转化设计了符合行业现状的科学路径，能够有效地解决产业化中的痛点问题。这种科学性建立在对医疗器械注册人、备案人质量管理体系的优化与完善基础上，如果质量管理体系运行中的风险不能得到有效控制，医疗器械注册人制度的实施初衷也会落空。

医疗器械质量管理体系中的风险主要表现在以下几个方面：第一，委托方与受托方质量管理体系各有不同，两个体系间的冲突和矛盾是较大的风险点，在委托层面上解决双方体系融合的问题是注册人制度得以有效实施的重要保障。第二，"双体系""双管代""双放行"是管理层面的落脚点，委托方与受托方体系之间的衔接、管理者代表之间的沟通、生产放行和上市放行的落实等，如果履行失序，将导致质量管理体系的虚置。第三，厘清注册人和受托生产企业在管理上的职责和分工是前提条件，委托方和受托方对质量保障协议贯彻不力将引发质量管理体系审核失败的风险。第四，委托生产的质量控制是质量管理体系运行中的重要内容，质量控制不力或使委托生产协议、质量保障协议成为一纸空文。

针对上述风险，建议采取以下措施：一是，受托生产前，注册人必须对受托生产企业的体系管理能力、受托生产产品的能力（人员能力、法规能力、检验能力、设备设施能力等）、知识产权保护体系、双方合作的意向和利益诉求进行充分考核和尽职调查，避免后期的风险、损失和争议。二是，完善合同约定，包括但不限于委托生产协议、质量保障协议、知识产权保护协议。根据监管部门的要求，及时履行备案义务，并明确约定需转移的技术文件清单、设计开发及变更的责任方、原材料供应方式、检验（采购、过程、出厂）及验收标准。三是，注册人购买与受托生产产品相适宜的商业产品质量保险。四是，注册人制度牵涉到了注册人、备案人的体系运行和受托生产企业体系运行的双独立体系运行，"双体系、双管代、双放行"是注册人制度下的受托双方的创新管理模式。五是，建立良好和持续的质量管理体系监督机制与沟通机制，真正做到"体系与体系的衔接和贯通"。六是，重点关注产品输出的质量控制与检验放行，切实做好设计开发和设计变更的验证，确保安全性、有效性、可靠性、可用性等要求得到实现。七是，为了便于后期的责任追溯，相对于注册人自行生产，委托生产更需要关注相关文件、记录的编制、交接和存档工作。

B.28
智能化多模态核医学影像设备的研究和发展

陈思 邓晓*

摘　要： 医学影像设备智能化技术是指通过人工智能（AI）等计算技术赋能，显著提升设备性能并降低操作人员工作量的一种技术。AI技术可以应用在患者自动摆位、自动选择扫描规程和参数设置、图像重建及后处理、设备自动化质控以及图像AI（辅助）分析和诊断等影像设备的全工作流程中，从而全面提升大型影像设备的图像质量、采集效率与稳定性等关键性能。多模态核医学影像设备作为影像设备中高成本和高复杂度的代表，当前在智能化技术方面的应用进展，落后于影像行业整体。我国临床对核医学影像技术的需求快速提高，目前国内首创、世界领先的智能化全环SPECT/CT设备，正在进行临床验证。未来，在各方的共同努力下，大型医学影像设备的智能化发展将加速。

关键词： 智能医学影像设备　多模态　核医学　人工智能

近年来，智能设备的概念虽常见于业界产品宣传中，但至今仍缺乏一个各行业普遍认同的完善定义。一般而言，智能设备是指具有计算处理能力的设备或机器。在人工智能（Artificial Intelligence，AI）技术进入新阶段的今

---

* 陈思，博士，佛山原子医疗设备有限公司、佛山读图科技有限公司总经理；邓晓，博士，佛山原子医疗设备有限公司、佛山读图科技有限公司研发副总。

天，智能设备应包含以机器学习、深度学习为代表的 AI 技术，即通过 AI 赋能设备实现信息感知、逻辑推理、决策判断进而采取行动。在应用方面，与非智能设备相比，智能设备应具备以下特点：一是极大降低设备操作人员的工作量和/或技术门槛，甚至不需要人的干预即可自主工作；二是在设备技术路线和硬件系统基本不变的前提下，显著提升设备性能。

我们认为智能设备是通过计算能力显著提升自身性能和/或降低对人工干预需求的一种设备，其智能化程度取决于性能的提升幅度和/或对人工干预需求的降低程度。近年来，我们在大型医学影像设备智能化方面进行了积极探索。本报告所讨论的大型医学影像设备主要包括 X 射线计算机断层成像设备（CT）、磁共振成像设备（MRI）、单光子发射断层计算成像设备（SPECT）和正电子发射计算断层成像设备（PET）等核医学影像设备以及 SPECT/CT、PET/CT 和 PET/MR 等多模态影像一体机设备。

一 大型医学影像设备智能化技术发展情况

大型医学影像设备系统复杂，成本高，使用周期长，关键硬件技术迭代升级难度大，因此，智能化技术的开发和应用对提升大型医学影像设备的临床效能，具有重要意义。

近年来，医学影像设备智能化技术的典型应用代表和热点是图像 AI（辅助）分析及诊断，但如相关文献所指出的[①]，医学影像设备的智能化不仅仅局限于此。医学影像设备的智能化可以体现在工作全流程中，包括患者自动摆位、自动选择扫描规程和参数设置、图像重建及后处理、自动化质控，以及图像 AI（辅助）分析及诊断。

患者自动摆位方面，主要 CT 厂家推出利用 2D 或 3D 摄像头结合 AI 图像

---

① Lakhani P., et al., "Machine Learning in Radiology: Applications Beyond Image Interpretation," *J. Am. Coll. Radiol.*, 2018, 15 (2): 350-359.

分析技术引导自动摆位的产品①，临床验证表明，与手动摆位相比，AI 辅助自动摆位能够有效提高准确度和效率，减少不必要的辐射剂量并提升图像信噪比，在新冠肺炎疫情全球大流行的情况下，也能降低操作人员被传染的风险。

自动选择扫描规程和参数设置方面，典型代表是 CT 扫描自动曝光控制技术②以及 GE 公司近来推出的 MRI 成像 AIRx 智能选层技术。CT 扫描自动曝光是指针对不同的病人和部位，在扫描中自动调节不同角度和不同轴向位置的 X 光球管电流及电压等曝光参数，从而在保证图像质量不变的前提下降低病人所受到的辐射剂量。AIRx 智能选层技术是指应用深度学习算法分析脑部的 MRI 侦察或初步扫描的图像，从而提示进一步进行脑部扫描的选层区域、角度等信息，以节省操作人员手动选择的工作量和操作时间。

图像重建及后处理方面，主要是将非线性迭代优化、压缩感知、字典学习和深度学习等计算技术③④应用至图像重建及后处理等环节，在相同数据采集条件下较传统方法显著提升图像质量，或者在保持图像质量不变的前提下，显著降低采集时间和/或病人接受的辐射剂量。最新的相关研究表明，在 CT、MRI 和 PET 图像重建和处理中应用深度学习等计算技术，可以将辐射剂量或采集时间降低至常规采集的 1/4~1/10。

设备自动化质控方面，目前所有厂商都提供设备质控工具和规程，包括模型、数据采集流程和图像分析软件等。设备日常质控对于确保临床图像质量，特别是图像细节准确性和定量性能非常重要⑤。设备日常质控是一个不

---

① Gang Y., et al., "A Comparison between Manual and Artificial Intelligence-based Automatic Positioning in CT Imaging for COVID-19 Patients," *Eur. Radiol*, 2021, 31 (8): 6049-6058.

② Mc Collough C. H., et al., "CT Dose Reduction and Dose Management Tools: Overview of Available Options," *Radiographics*, 2006, 26 (2): 503-512.

③ Ravishankar S., Ye J. C., Fessler J. A., "Image Reconstruction: From Sparsity to Data-adaptive Methods and Machine Learning," *Proc. IEEE Inst. Electr. Electron. Eng.*, 2020, 108 (1): 86-109.

④ Emmanuel Ahishakiye, et al., "A Survey on Deep Learning in Medical Image Reconstruction," *Intelligent Medicine*, 2021, 1: 118-127.

⑤ Nowik P., et al., "Quality Control of CT Systems by Automated Monitoring of Key Performance Indicators: A Two-year Study," *J. Appl. Clin. Med. Phys.*, 2015, 16 (4): 254-265.

可忽视的工作。因此,有相关研究提出利用智能图像算法,对 CT 或 MRI 模型的质控结果进行自动分析和跟踪,自动提示或示警,以帮助操作人员更高效率地完成设备日常质控工作[1]。

图像 AI(辅助)分析和诊断是近年来医学影像设备智能化研究最热的领域。截至 2021 年 6 月,在通过国家药监局审批的 18 款产品中,16 款为医学图像诊断或辅助诊断软件。截至 2020 年 8 月,在美国食品药品管理局(FDA)批准的应用人工智能或机器学习的 204 款医疗产品中,122 款属于放射影像领域,占比约 60%[2]。图像 AI(辅助)分析和诊断成为 AI 技术首先且扎堆落地的领域,有如下原因:首先,临床医学图像数据标准相对完善,容易建立较大型的公共数据集;其次,本轮 AI 技术的发展是由可见光图像分析和识别技术带动的,相关 AI 算法容易迁移到医学图像领域;再次,医学图像处理与分析的第三方软件属于一个比较成熟的行业,技术转化的商业门槛不高。

我们认为,图像 AI(辅助)分析和诊断只是医学影像设备智能化的一个方面。对于影像设备而言,图像质量是核心,成本、扫描效率和稳定性是重要指标。因此真正的智能化医学影像设备,应该是全工作流程的高度智能化,从而在成本基本不变的前提下,显著提升临床效能和商业价值。

二 智能化多模态核医学影像设备的研究情况

相比 CT、MR 等单模态影像设备,多模态影像设备系统更为复杂,成本更高,因此智能化技术的研发在理论上具有更重要的意义。目前临床上常用的多模态影像设备主要是多模态核医学影像设备,即 SPECT/CT、PET/CT 和 PET/MR,其特点在于将核医学影像分子(功能)影像的灵敏度优势

---

[1] Peltonen J. I., et al., "An Automatic Image Processing Workflow for Daily Magnetic Resonance Imaging Quality Assurance," *J. Digit Imaging*, 2017, 30 (2): 163-171.
[2] "Approval of Artificial Intelligence and Machine Learning-based Medical Devices in the USA and Europe (2015-20): A Comparative Analysis," *Lancet Digit Health*, 2021, published online Jan 18.

与CT、MR等放射影像的解剖清晰度优势相结合，一次扫描即可获得精准融合的双模态影像，达到"1+1>2"的效果。

近年来，AI技术在多模态核医学影像设备方面的应用也有一定的进展。利用AI技术进行数据校正、图像重建及后处理，特别是图像降噪[1]，取得了较大的进展，已经有产品转化应用于临床。当前核医学影像通常扫描时间较长（10~20分钟），因此通过AI技术缩短扫描时间并保持图像质量基本不变，提升设备使用效率，有助于提升临床效能。多模态核医学图像AI（辅助）分析与诊断技术[2]主要应用在全身肿瘤影像、心肌灌注影像以及神经影像三个领域。在全身肿瘤影像方面，AI技术研究应用热点在于对恶性病灶的自动检测、识别与分割，以及在此基础上的病人预后及疗效评估；在心肌灌注影像方面，由于基于传统算法的心肌自动化定量分析算法流程已经在临床得到广泛使用，当前的研究聚焦利用新一代AI技术弥补传统算法在特殊病例情况下的不足，以及加强对图像处理输出结果的智能诊断和预后，实现优于传统定量指标方法及专家判断的诊断准确率；在神经影像方面，代表性研究为应用影像组学或深度学习等算法对脑胶质瘤以及阿尔茨海默病进行诊断、分型以及预后。总体而言，多模态核医学影像智能化技术的研究热度与产品转化进展都落后于CT、MRI等放射影像。截至2021年6月，国家药监局尚未批准任何一款核医学影像相关AI医疗器械。截至2020年8月，可明确查证的FDA批准的与核医学分子影像相关的AI产品仅有3款。多模态核医学影像设备智能化技术研究与转化相对滞后的主要原因包括市场、技术和监管三个层面的原因。市场层面，全世界范围内，核医学影像设备装机量在25000~30000台[3]，与放射影像设备相比还有较大的差距，同时对于绝大部分核医学科室而言，其当前提升扫描效率与阅片效率以应对病人流量的

---

[1] Decuyper M., et al., "Artificial Intelligence with Deep Learning in Nuclear Medicine and Radiology," *Ejnmmi. Phys.*, 2021, 8 (1): 81.

[2] Robert Seifert, et al., "Artificial Intelligence and Machine Learning in Nuclear Medicine: Future Perspectives," *Seminars in Nuclear Medicine*, 2021, 51 (2): 170-177.

[3] 陈思、史继云、王凡：《加强我国核医学分子影像技术的自主创新发展》，《中国科学（生命科学）》2020年第11期。

需求并不如放射科迫切。技术层面，由于核医学影像使用不同放射性药物，面向不同器官及部位，不同的设备厂家甚至不同的临床科室都有不同的参数设置，难以形成数据标准和质量较为一致的大型数据集。同时，多样性的临床应用需求也增加了技术研究难度和产品开发门槛。监管层面，以具有代表性的 F-FDG PET/CT 技术为例，在临床上，其被用于多种肿瘤的良恶性鉴别和 TNM 分期，是典型的多病种应用技术，而现行的监管无论在美国还是在中国对多病种 AI 诊断产品的审批和监管都比较慎重。

长期以来，受限于核素供给不足、进口设备成本较高、显像药物创新与转化困难、医保价格待优化、环保监管比较严格等，我国的核医学影像技术临床应用规模较欧美发达国家和地区乃至世界平均水平都有较大差距[1]。2021 年 6 月，国家原子能机构等八部门发布了《医用同位素中长期发展规划（2021~2035 年）》，旨在重点解决放射性药物核素（主要为 SPECT 显像核素及放射治疗核素）供应国产化问题，以推动我国核医学临床应用水平的提升。2021 年 12 月，工信部等十部门印发了《"十四五"医疗装备产业发展规划》，把高性能 SPECT 系统列入重点医疗装备供给能力提升行动专栏中。

基于临床的重大需求，佛山原子医疗设备有限公司在国家自然科学基金重大仪器专项、佛山市创新团队、佛山市南海区一事一议重大项目等各级政府科技项目支持下，于 2019 年启动了国际领先、国内首创的 A930 智能全环 SPECT/CT 设备研制及产业化项目，目前已进入临床验证阶段。该产品的创新主要体现在两个方面：硬件方面，采用全环探测器以提升 SPECT 探测效率并实现 360 度同步采样，同时独创设计了一组自适应准直器，包括 6 个具有不同视野、分辨率、灵敏度的多针孔准直器，通过轴向运动机构可以实现高效自动切换，配合全环探测器及检查床移动，针对全身、器官和局部感兴趣区实现静态断层或动态断层成像。软件方面，采用了全流程智能化设计。

---

[1] 国家原子能机构等八部门：《医用同位素中长期发展规划（2021~2035 年）》（国原发〔2021〕2 号）。

在患者自动摆位方面，利用患者身高和中国人口统计数据模型引导初步摆位，并应用AI分析CT定位像引导进一步精确摆位；在自动选择扫描规程和参数设置方面，自动针对不同的部位应用不同的准直器进行SPECT扫描，并在线利用AI检测CT与SPECT全身图像中的可疑高风险区域，自动选择合适的准直器进行可疑区域的二次聚焦扫描；在图像重建及后处理方面，应用自主研发的AI降噪和去伪影技术，支持快速扫描，提高效率；在图像AI（辅助）分析和诊断方面，应用自主研发的多模态肿瘤影像自动检测、分割和良恶性鉴别技术，提升肿瘤影像诊断和定量分析的效率。仅就医学影像设备智能化技术而言，A930智能全环SPECT/CT设备是目前世界范围内最接近全流程智能化的多模态核医学影像设备。

三 总结与展望

对于大型医学影像设备而言，其全工作流程智能化可以在保证图像质量不变或有所提升的条件下，有效提升设备扫描效率与稳定性，降低设备操作人员的技术门槛和工作强度，从而在大病人流量的工作条件下降低设备均摊使用成本。这对于多模态核医学影像设备在各地区的临床普及具有重要意义，特别是在核医学人才缺乏和基础相对薄弱的地区。目前，全工作流程智能化的重点与难点在于如何实现"个性化成像"，即针对每个病人自动选取最优化采集参数，在不牺牲采集时间的前提下，最大化地采集图像数据的有效信息量，为后续的图像重建、分析与诊断提供良好的基础。实现个性化成像，既需要AI技术的迭代进步，也需要影像设备与AI技术更深度的融合，更需要临床对AI技术认知和认可程度的进一步提升。回顾发展历程，CT、MRI和核医学影像设备在计算机技术的使用方面一直走在时代的前列，我们有理由相信，大型医学影像设备的研究者和使用者也一定会走在智能化的前沿，共同加速开启一个新的时代。

B.29
多模式一体化放疗技术的发展及临床应用

王俊杰 李宝生 张福泉 赵丽娜 李俊耀*

摘 要： 恶性肿瘤（癌症）是严重威胁人类健康的重大公共卫生问题之一，放射治疗是治疗肿瘤的三大主要手段之一。多模式一体化放疗是近年来放射治疗的发展趋势，包含高端影像一体化放疗和多治疗模式一体化放疗两类。目前国内外厂家已有较为成熟的高端影像一体化放疗产品，而在多治疗模式一体化放疗领域，西安大医集团作为国产创新放疗厂商代表之一走在全球前列，其研发的全球首台多治疗模式一体化产品 TaiChi 产品已经进入临床试验阶段，展现出巨大的临床价值和应用潜力。

关键词： 放射治疗 多模式一体化 临床应用

恶性肿瘤（癌症）是严重威胁人类健康的重大公共卫生问题之一。2020年世界卫生组织（WHO）下属国际癌症研究机构（IARC）发布的全球癌症报告显示，全球2020年新增癌症病例约1930万例，癌症死亡病例约996万例；我国2020年新增癌症病例约457万例，平均每天超过12500人被

---

* 王俊杰，中华医学会放射肿瘤治疗学分会主任委员，北京大学第三医院放疗科主任，教授，博士生导师，主任医师；李宝生，中华医学会放射肿瘤治疗学分会候任主任委员，山东省肿瘤医院副院长，教授，博士生导师，主任医师；张福泉，中国医学装备协会放射治疗装备与技术分会会长，中国医学科学院北京协和医院放疗科主任，教授，博士生导师，主任医师；赵丽娜，空军军医大学第一附属医院（西京医院）放疗科主任，医学博士，副教授，硕士生导师，副主任医师；李俊耀，西安大医集团股份有限公司大医研究院研究员。

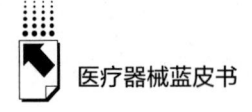

确诊，癌症死亡病例约 300 万例，平均每天超过 8000 人死于癌症[1]。

放射治疗是治疗肿瘤的三大主要手段之一。WHO 报告显示，约有 70% 的肿瘤患者在治疗的不同阶段需要用到放疗，约 56% 的肿瘤患者可治愈，其中手术贡献为 28%、放疗贡献为 22%、化疗和其他手段贡献为 6%[2]，放疗对肿瘤治愈率的贡献已经接近手术。

一 多模式一体化放疗的技术发展

（一）多模式一体化放疗概念

关于多模式一体化放疗，目前业内没有明确定义，通常有两大类：高端影像一体化放疗和多治疗模式一体化放疗。

高端影像一体化放疗是指将高端影像设备（CT、核磁、PET 等）与放疗设备进行一体化融合，从而实现更高质量的多模态影像引导，提升放疗精准度。因为核磁影像的软组织分辨率高，可充分识别肿瘤和正常组织的差异，并且无额外辐射剂量，所以核磁影像一体化放疗近年来备受关注。

多治疗模式一体化放疗是指将多种治疗模式的设备或部件进行一体化集成，从而实现同机进行多种放疗模式的联合治疗。肿瘤放射治疗是一项复杂的系统工程，在临床实践中，多种放疗模式联合治疗可以取得优于单独放疗模式治疗的临床效果，这一点已经被早期国内外临床工作者的研究证实。一体化集成则进一步解决了使用不同设备进行分机联合治疗时误差大、效率低、患者体验差等问题。

（二）多模式一体化放疗产品化进展

在高端影像一体化放疗领域，目前医科达的核磁影像一体化引导医用直

---

[1] Globocan 2020：All cancers fact sheet；China fact sheet. World Health Organization (WHO)：International Agency for Research on Cancer (IARC). December, 2020.
[2] World Cancer Report：Cancer Research for Cancer Prevention. World Health Organization (WHO)：International Agency for Research on Cancer (IARC). February, 2020.

线加速器 Unity 已经取得 FDA 上市许可和 NMPA 注册证，在国内外市场都已上市；RefleXion 的 PET 影像一体化引导医用直线加速器 RefleXion X1 也已经取得 FDA 上市许可，但暂时没有进入中国市场；上海联影的诊断级 CT 一体化医用直线加速器已经取得 NMPA 注册证，在国内市场已上市。

在多治疗模式一体化放疗领域，西安大医集团在全球范围内率先投入产品化研发。该公司的多治疗模式一体化放疗产品（TaiChi 产品）将目前放疗市场应用最广泛的两类产品——医用直线加速器和 γ 射线立体定向放射治疗系统进行了一体化集成，可同机实现旋转调强和立体定向两种放疗模式的序贯治疗。TaiChi 产品是国家"十三五"重点研发计划项目研究成果，2019 年通过 NMPA 和 FDA 的型检，2021 年获得 FDA 上市许可。目前已经完成了在中国医学科学院北京协和医院、空军军医大学第一附属医院（西京医院）、长安医院、丹东市第一医院的装机，正在开展临床试验。

二 多模式一体化放疗的临床价值

高端影像一体化放疗通过提供更高质量的影像引导，实现了更高精度的靶区定位和勾画，提升了治疗精准度，降低了治疗副作用。多模式一体化放疗的临床价值更令人惊喜。

（一）临床模式改变

基于多种治疗模式设备或部件的一体化集成，多模式一体化放疗将带来临床模式的变革。

临床上针对原发灶或淋巴阳性区域较大且伴有转移瘤的患者进行放疗时，通常需要分次甚至分机治疗。通常使用医用直线加速器对原发灶或淋巴阳性区域进行大范围照射，再使用立体定向放射治疗设备对转移瘤进行治疗。在这个过程中需要分别制定治疗计划，多次进行患者摆位，治疗效率较低，患者体验感较差。

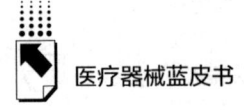

一体化集成医用直线加速器和γ射线立体定向放射治疗系统的TaiChi产品将改变对这类患者的治疗模式。TaiChi产品可以先使用医用直线加速器模块对原发灶或淋巴阳性区域进行大范围照射，再使用γ射线立体定向放射治疗模块对转移瘤进行精准的立体定向治疗，通过一次摆位在一台设备采用两种不同治疗模式对同一患者完成多个部位的治疗，提高治疗效率，减少患者求医的痛苦。

（二）临床效果提升

西安大医集团基于合作医院过往真实病例，进行了大量TaiChi产品治疗计划的剂量分布测试，并与目前主流在使用的不同型号医用直线加速器产品进行了对比研究。

针对不同部位不同病种，TaiChi产品的治疗计划在用ARC Check剂量验证系统进行的剂量验证测试中显示出了高标准的γ通过率（见表1）。

表1 基于真实病例的TaiChi产品治疗计划ARC Check剂量验证测试结果

单位：%

部位	病种	ARC Check 2mm/2% γ通过率
盆腔	宫颈癌	99.0
头颈部	鼻咽癌	98.8
腹部	胰腺癌	99.3
胸部	盆腔骨转移	98.7

针对不同部位不同病种，TaiChi产品的治疗计划相比其他放疗产品（目前主流在使用的不同型号医用直线加速器产品），普遍表现出计划靶区剂量更高、正常组织剂量更低的优势，可以在取得更好治疗效果的同时，有效降低副作用，提升患者治疗后的生存质量。比如，在颅内多发脑转移瘤的治疗中，对脑干和视神经的最大剂量均降低了10%以上，有效降低了神经损伤风险；在腹部肝癌治疗中，对计划靶区的最大剂量提升幅度可达22.9%，

而对正常肝组织和双肾的平均剂量降低30%以上，在对计划靶区充分释放杀伤力的同时也充分降低了肝肾损伤的风险。

表2　基于真实病例的TaiChi产品与医用直线加速器产品治疗计划对比

部位	病种	结构	TaiChi产品对比医用直线加速器产品的剂量优势
颅内	多发脑转移瘤	计划肿瘤靶区	最大剂量提升7.1%
		脑干	最大剂量降低10.7%
		左视神经	最大剂量降低11.8%
		右视神经	最大剂量降低10.3%
头颈部+胸部	乳腺癌术后，头颈部、纵隔淋巴引流区＋肺内转移灶	肺转移灶	最大剂量提升22.3%
		左肺	平均剂量降低21.9%
		双肺	平均剂量降低24.4%
		心脏	平均剂量降低33.8%
腹部	肝癌	计划靶区	最大剂量提升22.9%
		正常肝	平均剂量降低33.6%
		左肾	平均剂量降低34.0%
		右肾	平均剂量降低42.0%
腹部	胰腺癌	计划肿瘤靶区	最大剂量提升17.8%
		脊髓	单位体积剂量降低10.7%
		小肠	平均剂量降低4.5%
		肝脏	平均剂量降低7.2%

三　多模式一体化放疗的前景展望

（一）多模式一体化放疗技术可能形成多个产品发展支线

多模式一体化放疗在未来可能有多个技术产品层面的发展支线。第一，高端影像一体化放疗产品序列将多样化发展，如诊断级CT、核磁或PET影像一体化引导的γ射线立体定向放射治疗系统等。第二，其他不同治疗模式的一体化集成，如医用直线加速器或γ射线立体定向放射治疗系统与术

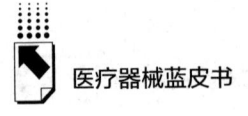

中放疗、热疗、消融治疗等的结合。第三，两个分支方向的交叉融合，如 TaiChi 产品目前的影像引导系统采用锥形束 CT 引导，未来可能考虑采用软组织分辨率更高的核磁影像引导或者对肿瘤代谢更敏感的 PET 影像引导。第四，关键部件、组件的发展，如基于人工智能的支持多模式一体化放疗的治疗计划系统软件等。

（二）多模式一体化放疗将带来大量新的临床研究课题

多模式一体化放疗是一种全新的技术，将带来全新的产品。这一类技术和产品进入临床后，将带来大量的临床研究课题，如多治疗模式联合放疗的剂量学研究、基于临床路径的不同病种的一体化放疗方案研究、与常规疗法的对比研究等，这些都需要临床工作者来探索总结。

（三）多模式一体化放疗将满足不同市场需求

多模式一体化放疗的潜在用户群体广泛，市场前景较好。

对高端研究型医疗机构而言，多模式一体化放疗领域的大量临床研究课题，具有极大的研究价值，将带来更多的创新研究成果，有助于提升机构的学术和临床影响力。

对中低端治疗型医疗机构而言，多模式一体化放疗可有效提升治疗效率，同时一机多用可以节省一个机房、一套配套设备和人员，整体将带来更好的经济效益。

B.30
医疗机构医疗器械使用质量评价实践与展望

李杨 祁建伟 徐勍*

摘 要： 医疗机构作为医疗器械使用单位，需确保医疗器械使用过程安全有效，保障公众用械安全。随着国家对医疗器械使用质量监督管理法规的逐步完善，客观评价和持续提升医院的医疗器械质量管理水平至关重要。医疗机构医疗器械质量管理成熟度模型（MES-QCMM）作为一套量化评价标准，从医疗器械质量管理的结构质量、过程质量、结果质量、政策响应以及创新改进五个维度，明确了医疗机构医疗器械质量管理成熟度评价的要求，并给出评价方法，为医疗机构追求卓越的质量管理提供了评价准则。通过评价结果，将医疗机构管理医疗器械使用质量的成熟度水平划分为五个不同等级，能更有效地在监管机构实施监管过程中和医院促进管理水平提升过程中准确识别医疗机构医疗器械质量管理中存在的问题，科学量化医疗机构质量管理能力，同时推动医疗机构持续改进质量管理过程，降低医疗器械使用质量风险。

关键词： 质量管理成熟度 医疗器械使用质量 量化评价

医疗器械作为辅助医疗行为实施的产品，为提高人民健康水平、改善人们的生活质量和充分发挥医疗资源作用提供了可靠保障。医疗器械的安全有

---

* 李杨，国药集团中国医疗器械有限公司党委书记、董事长，高级工程师；祁建伟，浙江省医疗设备管理质量控制中心常务副主任，高级工程师；徐勍，中国质量协会医疗分会秘书长。

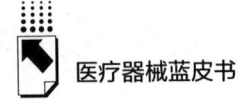

效,尤其是使用环节的质量安全,小到医用外科口罩,大到医学影像设备,都关系到人民群众健康和社会和谐稳定,与实施健康中国战略息息相关。

目前对各级别医疗机构在医疗器械使用环节的质量管理成熟度水平的评价缺乏一套统一量化的标准,检查组专家们的专业素养差异以及对检查标准的不同理解,会极大地影响评价结果,无法为医疗机构的改进提供准确方向。基于国药集团中国医疗器械有限公司(以下简称"国药器械")的质量管理成熟度评价模型(CMDC-QCMM),本报告借鉴集团型企业多年在医疗器械经营环节开展质量管理的经验,结合医疗机构管理法规要求和特点,建立医疗机构医疗器械质量管理成熟度模型(MES-QCMM),以对医疗机构医疗器械质量管理水平进行评价,精准识别医疗器械管理中存在的问题,量化各医疗机构医疗器械管理的质控能力,改进医疗器械质量管理过程,降低使用管理质量风险。

一 医疗机构医疗器械质量管理现状

(一)医疗机构医疗器械使用质量管理法规

最新修订的《医疗器械监督管理条例》(国务院令第739号)于2021年6月1日起施行,该条例对医疗器械使用单位的定义进行了明确,要求医疗器械使用单位在医疗器械采购、验收、贮存、使用环节完善相关制度和管理,明确卫生主管部门应当对医疗机构的医疗器械使用行为加强监督检查。

医疗器械使用环节质量管理文件主要包括:药品监督管理部门颁布的《医疗器械使用质量监督管理办法》(2016年2月1日起施行)、《医疗器械召回管理办法》(2017年5月1日起施行)、《医疗器械不良事件监测和再评价管理办法》(2019年1月1日起施行)等;以及国家卫生主管部门发布的《医疗卫生机构医学装备管理办法》(2011年3月24日起施行)、《医疗机构医用耗材管理办法(试行)》(2019年9月1日起施行)、《医疗器械临床使用管理办法》(2021年3月1日起施行)等。

（二）医疗器械使用质量风险

医院是医疗设备和耗材的主要使用单位，特别是绝大多数高风险设备和高值耗材都在医院被使用。医疗机构，特别是医院的医疗器械使用质量管理水平直接关系到群众的健康和生命安全。据国家药监局发布的统计数据，在《国家医疗器械不良事件监测年度报告（2020年）》中，国家药监局医疗器械不良事件监测信息系统共收到来自注册人、经营企业和使用单位上报的医疗器械不良事件报告536055份，比上年增加35.25%。其中，使用单位上报占比超过85%。

（三）医疗器械使用质量监管现状

医疗机构受到药品监督管理部门、卫生主管部门、医保管理部门等多部门监管，医疗机构作为医疗器械使用单位，需要配置管理部门、人员、基础设施和信息化系统，除了在医疗器械的采购、存储、发放和使用等环节严格遵守法律法规以及规范要求，还要关注临床使用质控、医疗设备的保养维护与计量校准，以及不良事件监测和使用评价管理，保证医疗器械使用安全有效。监管过程中涉及的法律规范、标准和监管事项较多，对监管检查人员的专业素养要求较高。目前，监管检查的目的以合规验证为主，检查结果主要以定性结果为主，尚未有一套统一的可量化的评价标准来保证检查结果的一致性，为科学地分级分类监管提供准确依据。

二 医疗机构医疗器械使用质量评价实践

（一）医疗机构医疗器械质量管理成熟度模型构建

2020年11月，国药器械联合国药集团医疗器械研究院、浙江省医学装备管理中心、中国质量协会及相关医院组成专家组，共同探讨建立医疗机构医疗器械质量管理成熟度模型（MES-QCMM）。模型的建立遵照精益六西格玛（DMADV）路径，其过程从定义（Define）模型框架与指标、测量（Measure）测试仿真数据、分析（Analysis）指标权重合理性、实施（Do）医院试点评价到最后验证（Verify）试点评价的结果。

模型构建以医疗机构所需遵循的医疗器械管理相关法规、规章为基础，以医院评价标准和其他相关规范为辅助，借鉴国药器械多年来的医疗器械经营质量管理经验，参考优秀省份医疗设备质量管控标准，根据医疗设备和医用耗材管理的特点分别制定质量管理成熟度评价要求和评价方法，为医疗机构追求卓越的医疗器械质量管理提供评价准则。

模型将5个评价维度作为一级指标，分别为：结构质量、过程质量、结果质量、政策响应和创新改进。将一级指标进一步细化成40个评价条款，对每一个评价条款都赋予相应权重，覆盖医疗器械在医疗机构使用的全过程。并且，鼓励医疗机构积极响应国家医改政策，通过采用新技术新方法、实施质量改进方法等持续优化医疗器械质量管理过程和结果。

针对每个评价条款的特点，分别采取定性评价和定量评分两种方式。定性评价根据计划（Plan，P）、实施（Do，D）、检查（Check，C）和处理（Act，A）四个步骤和制度建立、制度执行、质量记录、统计分析和持续改进五个要素进行评价，将管理过程的规范性转化成量化结果，最终输出得分。定量评价则先是抽取医疗机构各项指标统计数据，再与区域内医疗机构管理水平对标，通过标准得分量化医疗机构管理水平。根据各评价条款最终加权得分确定医疗机构医疗器械质量管理成熟度等级。管理水平由低到高可划分为初始级、已管理级、已规范级、量化管理级和管理优化级五个等级。

（二）单体医疗机构开展MES-QCMM评价实践

为了进一步验证MES-QCMM的适用性，浙江省医学装备管理中心与国药器械共同组建专家团队，运用模型对浙江省四家医疗机构进行现场评价，评价过程覆盖医疗器械在医疗机构使用的全生命周期。评价过程按照以下标准步骤实施。

（1）评价前准备，向医院发放评价资料，包括评价流程、评价依据、评价要求和评价要求注意事项。

（2）召开首次会议，由评价专家组成员、医院领导层和医院相关部门负责人共同参加，评价专家组组长宣读模型评价目的、模型评价涉及的内容和范围、评价日程安排和评价注意事项。

（3）现场评价实施，评价专家组成员根据分工，采用文档查阅、信息系统数据确认、现场询问、现场抽样追溯和相关记录核对等方式，对医疗器械院内全流程管理过程和结果进行评价，依据现场情况对各项指标给出评分结果。某医院医用耗材质量管理成熟度评价结果见表1。

表1 某医院医用耗材质量管理成熟度评价结果

	指标名称	得分	指标名称	得分	指标名称	得分	指标名称	得分	指标名称	得分
一级指标	1. 结构质量	3.57	2. 过程质量	2.67	3. 结果质量	2.71	4. 政策响应	3.50	5. 创新改进	2.50
二级指标	1.1 委员会配置	4.33	2.1 计划与采购	3.43	3.1 植介入耗材全流程追溯覆盖率	3.00	4.1 集中采购政策	3.00	5.1 耗材质量改进方法	2.00
	1.2 部门与人员	3.86	2.2 验收	3.00	3.2 医用耗材验收合格率	2.00	4.2 "三流合一"	3.00	5.2 耗材质量管理创新应用	3.00
	1.3 信息化管理	3.20	2.3 分类与档案管理	1.50	3.3 医用耗材供应商及产品合法资质完整率	2.00	4.3 全国医保医用耗材代码贯标情况	4.00		
	1.4 基本布局	2.80	2.4 贮存与分发	2.60	3.4 重点监控高值医用耗材收入占比	3.00	4.4 医疗器械唯一标识（UDI）全程追溯管理	4.00		

续表

	指标名称	得分	指标名称	得分	指标名称	得分	指标名称	得分	指标名称	得分
二级指标	1.5 管理制度	4.00	2.5 临床使用	2.91	3.5 年度医疗废物收入占比	4.00				
			2.6 质量保证	2.00	3.6 18类医用耗材点评率	2.00				
			2.7 处置	3.00	3.7 供应商点评率	3.00				
综合评分					2.94					

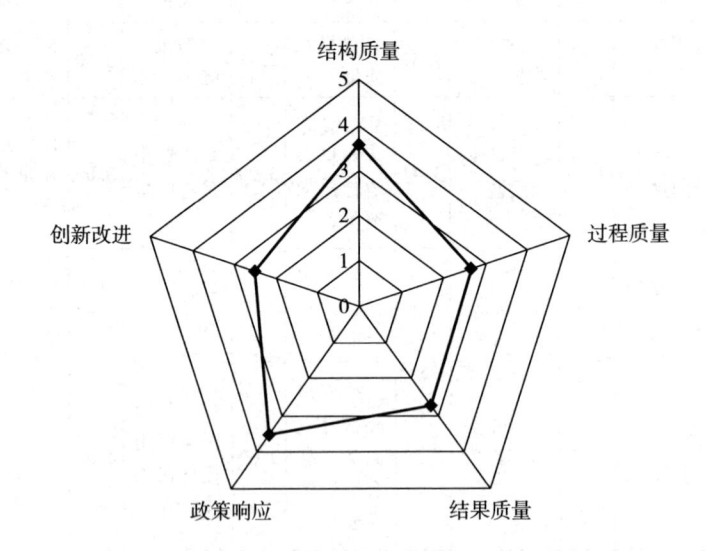

图 1 某医院医用耗材质量管理成熟度一级指标雷达图

（4）出具评价报告，现场评价结束后，评价专家组汇总评价结果，输出可视化图形评价报告、不符合项说明及需要改进的现场缺陷照片。

（5）召开末次会议，由评价专家组成员、医院领导层和医院相关部门

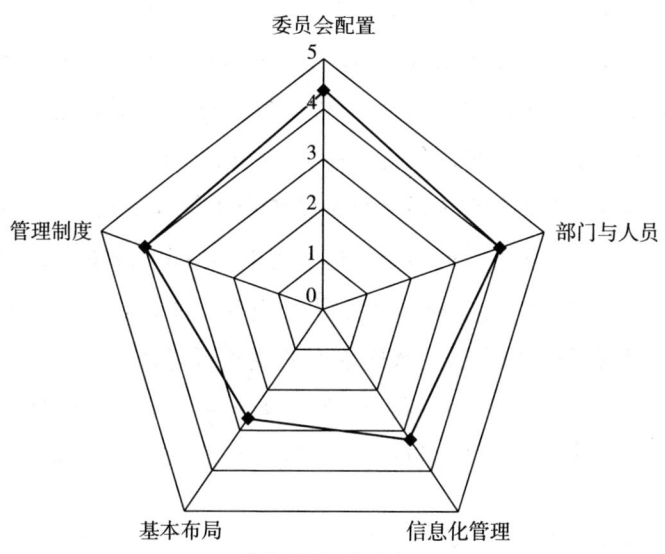

结构质量评估雷达图

过程质量评估雷达图

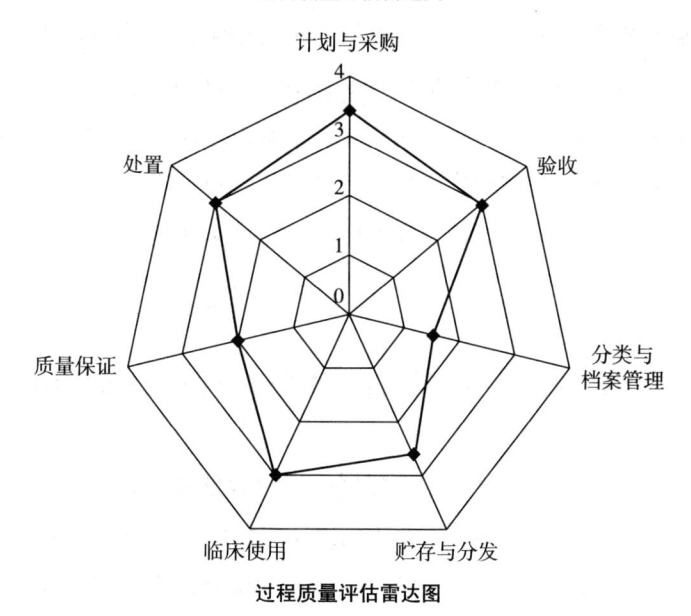

图2 某医院结构质量与过程质量评估雷达图

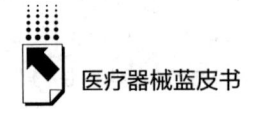

负责人共同参加，评价专家组组长宣读评价报告，分析各模块不符合要求的内容。院方代表对评价结果进行确认并签署评价报告。

根据最终评分结果，评定各医院的质量管理成熟度等级。得分在 0~0.99 分为初始级，表明该医院医疗器械质量管理体系不完整，尚未建立符合法规要求的制度和管理要求；得分在 1~1.99 分为已管理级，表明该医院已建立相关制度，配备管理人员和场地实施质量管理活动；得分在 2~2.99 分为已规范级，表明该医院在日常管理过程中不断识别质量管理风险点，有计划开展质量管理并形成质量管理记录，基本符合法规管理要求；得分在 3~3.99 分为量化管理级，表明该医院在质量管理过程中，通过统计分析量化管理指标数据，实施了质量目标管理；得分在 4~5 分为管理优化级，表明该医院根据制定的质量管理目标，持续推动改进优化，质量风险可控。

（三）试点评价数据综合分析

四家试点医院各项指标最终评价得分呈现科学分布且模型具有良好的区分度。这证明 MES-QCMM 能很好地鉴别出医院在质量管理水平方面的差异，不仅能真实反映各家医院的医疗设备和医用耗材质量管理成熟度水平，还能完整呈现出不同医院的管理特点；具备应用可操作性和数据可靠性；既能运用可视化图表提示医院的管理薄弱点，也能为医院后续持续改进提供准确方向。

三 医疗机构医疗器械使用质量评价意义和展望

科学而全面地评价医疗机构医疗器械质量管理能力是持续提升医疗水平的前提。医疗机构医疗器械质量管理成熟度模型（MES-QCMM）对不同监管部门的管理要求进行整合，并结合精益质量管理的持续改进理念，形成一套量化评价标准。

一方面，为监管部门提供科学监管标准和方法，有助于监管部门更准确地了解各医疗机构的实际管理水平，为实施科学分级分类监管，提升监管专业性水平奠定坚实基础，进而驱动医疗机构提升质量管理水平，实现精准改进。另一方面，医疗机构通过运用 MES-QCMM 开展自评与接受监督检查，可以明确细化医疗器械在使用环节的质量管理目标，精准识别管理中存在的问题，运用 PDCA 持续开展质量改进活动，最终实现降低医疗器械使用环节质量风险的目标。同时，具有公信力的第三方机构运用此模型及评价标准，对医疗机构进行诊断、评价，有助于社会形成对不同医疗机构医疗器械质量管理水平的认知和比较，可对医疗机构、监管部门、民众认知等产生积极影响，从而驱动医疗机构不断提升医疗器械质量管理水平。

随着医疗器械使用质量管理规章和规范性文件的陆续发布和实施，各地监管部门都在积极探索创新监管方式和方法，运用科学监管工具实现智慧监管。建立质量管理成熟度模型，并将评价流程和条款固化到数据平台中，有助于运用信息化手段保障评估过程和结果的可靠性。通过扩大参与评价的医疗机构范围，利用大数据技术可实现对医疗机构质量管理水平数据多维度分层次的分析，明确不同等级、不同区域医院的管理现状和管理目标。

在评估过程中针对相关人员开展法规政策、质量管理、改进方法、模型应用等方面的培训，促进优秀医疗机构之间的交流，培养一批具备专业质量知识和管理实践的专家团队和医院医疗装备质量管理专业人员，必将会推动医疗机构医疗器械质量管理水平提升。

MES-QCMM 基于医疗机构自身管理的实际场景，融合了药监部门、卫健部门的不同规范要求。MES-QCMM 及其配套评价标准，对医疗机构的自我改善与监管部门的客观评价展现了友好性，能够精准识别医疗机构医疗器械质量管理中存在的问题，科学量化医疗机构质量管理能力，同时推动医疗机构持续改进质量管理过程，降低医疗器械使用质量风险。

B.31 医疗机构医疗器械招标评标信息化系统建设实践与展望

朱子寒 张 平*

摘 要： 合法合规地开展医疗器械招标活动是医疗机构运营管理风险防控的重要内容，也是医院运营管理追求经济性、有效性的内在要求。本报告对医院自行招标管理模式现状进行了分析，介绍了江苏省人民医院医疗器械招标评标信息化管理平台的架构及应用实效。该系统采用B/S（Browser/Server，浏览器/服务器）架构，基于招标业务的流程进行设计开发。线上报名和递交投标文件功能减少了供应商时间成本及交通、印刷等经济成本，避免了供应商与招标人的直接接触。在线立项、远程审核、解密唱标和专家电子评标功能，提高了医院招标效率，实现无纸化办公，减轻纸质档案保管压力，达到绿色招标的目的。通过全流程信息管理、全周期闭环管理、全过程动态监督，有效地进行了经济活动的廉政风险控制，提高了招标评标工作效率和资金使用效益，对医疗器械招标评标的规范化、专业化和智能化发展提供了有力的技术支持。

关键词： 自行招标 电子招标评标 B/S架构

---

* 朱子寒，江苏省人民医院招标管理办公室主任，研究员；张平，江苏省人民医院招标管理办公室人员，经济师。

2020年2月,财政部办公厅下发了《关于疫情防控期间开展政府采购活动有关事项的通知》,要求推进采购项目电子化实施。2021年3月,国家卫生健康委发布了《关于印发医院智慧管理分级评估标准体系（试行）的通知》,提出医院智慧管理5级评审要求为,能统一展示和查询全院设备购置信息和相关文档（包括审批文档、招投标文档、技术档案等）。2021年11月,国务院印发《关于开展营商环境创新试点工作的意见》,要求推进招投标全流程电子化改革。2022年1月,国家卫健委发布了《关于印发医疗卫生机构信息公开管理办法的通知》,规定医疗卫生机构应当根据自身特点和实际使用情况主动披露招标采购信息。

从"廉政、效率、效益"的要求而言,信息化管理是提高招投标过程中廉政风险防控能力的有效手段。本报告以江苏省人民医院为例,通过剖析医院的招标评标现状,分析描述了信息化建设在促进医疗机构招标评标行为精细化、专业化和规范化发展等方面的实践与成效。

一 医疗机构自行招标管理现状

（一）招标评标廉政风险高

据统计,我国医疗机构现有医疗设备总资产占医院总资产的50%以上,一些大规模的三甲医院医疗设备总资产占比甚至达70%~80%,并且仍有上升趋势[①]。近年来,医疗卫生事业的蓬勃发展在促进医院医疗器械招标项目数量和金额增长的同时,也增加了医疗机构管理人员权力寻租和技术寻租的风险,使得医院运营管理和廉政风险防范面临着巨大挑战。

（二）线下报名流程环节多

供应商现场报名审核,降低了办公效率,增加了供应商往返的时间和费

---

① 王丽、李俊忠、左诗琪：《基于大数据分析建立完善的设备采购监管体系研究》,《中国医疗器械信息》2020年第1期。

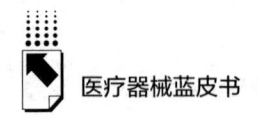

用；尤其是新冠肺炎疫情防控期间，为减少人员流动和直接接触，推行供应商线上报名与审核迫在眉睫。此外，对于参与全院招标采购的供应商没有建立统一的供应商库进行扎口管理，不利于监管。

（三）开标评标环节烦琐

传统的线下开标往往依靠纸质记录和人工操作，工作量大，导致开评标环节效率较低。尤其是当投标单位较多时，计算结果汇总耗时长，且容易出错。

（四）组织标准化程度不高

组织人员若不熟悉操作流程，往往会出现开标现场组织混乱、步骤不规范等问题，存在人为误导的可能性。根据帕累托法则，招标工作中预算金额不超过20%的小项目往往要耗费工作人员80%的时间及精力。

（五）纸质档案保管压力大

根据法律规定，采购文件的保存期限为从采购结束之日起至少十五年，整个招标项目会形成大量的纸质材料，给档案保管造成巨大压力，且人工查找困难，档案数据价值难以得到挖掘。

二 招标评标信息化管理平台的构建

（一）平台构建背景和主体介绍

一方面，医院自行招标存在着流程优化的空间，同时，新冠肺炎疫情的暴发使得医疗机构线下进行招标活动面临院感风险。另一方面，招标活动是医院内部控制业务层面的重点内容，如何充分利用信息技术加强招标活动内部控制建设，减少人为因素影响，增强经济业务事项处理过程与结果的公开透明性是医院面临的重要挑战。

基于上述背景，我们根据医院自行招标活动特点量身打造了一个医疗器械招标评标信息化管理平台。以平台建设为媒介，积极响应政府采购三年专项行动和公立医疗机构经济管理年活动的要求，力争将招标活动的规范管理与提质增效相结合、改革创新与建立长效机制相结合，为医院招标管理提高效益和效率提供支持。

平台基于 B/S 架构设计构建而成，在功能设计上主要分为日常工作、项目管理、招标门户管理、供应商管理、专家库管理、合同管理、网上商城采购、系统设置等模块。以招标采购流程为主线，利用项目立项论证、信息发布与供应商报名、开评标管理、供应商管理等多个模块对招标采购过程中产生的信息和文档进行汇总和整理。该平台的用户主要为项目申请主管部门、招标管理办公室、纪检部门和供应商，用户可以通过浏览器访问该系统，根据权限使用相应功能。

（二）项目管理

主管部门线上填写项目立项需求信息表，上传调研报告、"三重一大"决策会议纪要，经招标办审核通过后，推送至分管院领导、职能部门等依次审核，完成在线立项与审核工作。供应商可以通过供应商服务平台在网上报名、上传电子版报名材料，由招标办对供应商进行审核并将其审核结果予以短信通知。主管部门与招标办在系统内进行招标文件传阅、修改、审核工作，实现招标文件编制与审核功能。以向导的方式进行每一步的业务管理，其中包含招标文件群发邮件、评委抽取、专家评标通知、供应商签到、评委签到、招标结果登记以及合同信息等管理步骤。项目管理模块能够对项目立项、项目需求、公告发布、招标准备、开标评标、归档、合同、验收等进行分项管理，便于查找相关信息。

（三）电子评标管理

供应商通过供应商服务平台实现远程上传并加密投标文件。开标时在规定的时间段内进行投标文件解密唱标。评标专家通过输入随机码进入自主评标系统。自主评标系统分为项目详情、廉洁自律承诺、资格性审查、符合性审查、商务评标、技术评标、报价评比、评标意见汇总等功能模块。

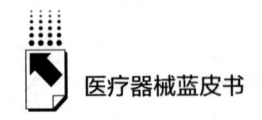

在综合评审阶段，专家可选择评分项依次打分模式、供应商同屏打分模式、对比打分和双屏打分模式。评审过程中可根据预设的投标文件目录对应的功能直接点击查阅相关证明材料。若存在个别评委自由裁量度过高，与其他评委评分相差过大现象，系统会自动预警提示。当工作人员在计算机中输入报价后，系统自动计算价格分。待每位专家评分结束各自提交结果后，系统自行汇总以上各项评审意见，确定中标单位。

（四）供应商管理

根据信息公开透明的原则，建立了招标管理系统，主要包括采购公告和结果公告的发布、政策法规、流程表单的分享以及供应商服务平台等模块。供应商服务平台内包含注册、项目报名、线上投标、历史参与项目等信息。

招标管理系统会对供应商信息进行维护管理和资质信息到期提醒，具有供应商诚信度管理功能，可以记录供应商的考核情况，包括良好记录以及不良记录。设置黑名单功能，对于被列入黑名单的供应商，系统会自动禁止其在一定期限内参与医院招标活动。

（五）评标专家管理

根据招标项目情况可从专家库中随机抽取符合专业要求的专家参与项目评审，亦可结合项目情况指定专家，组成评标专家小组。评标专家抽取成功后系统将以短信的方式通知专家。日常管理工作中可利用系统进行评标专家的新增、修改、删除工作，以及对专家专业类别进行维护。系统具有专家评价记录追溯功能，支持查看某个专家的历次参评状况。

（六）统计分析

系统具有报表统计功能，支持结构数据和图形化数据分析。利用系统可以查询统计项目执行情况，包括项目使用部门、项目招标状态、项目完成比例、项目经费使用情况等信息；可从采购方式、主管部门、需求部门、招标时间、项目分类等不同维度统计预算节约率和招标成功率；可统计供应商投标项目数、中标项目数和中标金额；可将所有投标的设备品牌型号报价、成交价汇成一个设备库，用户可以录入设备名称搜索出库内该设备所有型号的信息。

三　招标评标信息化系统应用实效

（一）以智能化的平台建设，实现经济效益方面供应商与医院双赢

平台于2020年2月14日正式运行，截止到2021年12月，累计有2661家供应商完成在线注册，525个项目完成在线报名。平台高效利用信息化技术，打破物理空间壁垒，减少了供应商时间成本及交通、印刷等经济成本，切实减轻了供应商的负担，优化了营商环境。对医院来说，预算节约率达到16.24%，节约了招投标成本和管理成本，实现了不见面无纸化招标。供应商线上报名和远程投标充分保障了疫情防控期间临床医疗工作的顺利开展。

（二）以程序化的流程控制，提高招标评标效率

固化项目招标管理流程，由传统线下管理模式转变为线上人机互动管理模式。线上立项审批减少了项目在各职能部门间审批流转的时间，加强了部门间的沟通，有利于医院内部控制管理；开标评标工作的信息化彻底改变了过去纸质和人工的方式，对涉及招标采购项目的工作人员和评标专家进行规范化培训和管理后，江苏省人民医院在节约了招标工作时间的同时又节省了人力、财力，开标效率由原来的1.5小时/项目缩短至1小时/项目，开标时间缩短了33.33%。

（三）以全过程的动态监管，实现廉政风险有效卡控

评标专家和监督部门通过系统可对招标项目审批过程、项目明细、招标公告、技术文件、招标文件等资料进行实时查询，评标专家能清晰掌握项目整体情况，这为评审打下了坚实的基础。以机控代替人控，使得评标过程更加规范，并且评标过程留痕，可追溯，进而实现廉政、效率、效益的最大

化。强化了权力行使的监督约束,最大限度地减少了人为干扰,压缩了权力寻租空间,营造了风清气正的招标评标环境。

(四)以标准化的信息管理,建立电子档案管理体系

平台集成了立项材料、招投标文件、产品信息、评标报告、合同等资料,实现了档案材料的信息化。由过去的人工组织,纸质资料递交留存,变为全流程信息化管理,实现远距离传输、海量储存,解决了医院纸质材料保管的难题。同时,各部门利用账号在权限设置范围内可以浏览和自带水印下载相关材料,使得查询效率得到大幅提升,实现资源的高效共享。

(五)以全周期的闭环管理,实现运营管理提质增效

通过招投标管理系统与预算系统的有效衔接实现"无预算不采购、有预算不超支",各部门间通过网络整合资源,实现数据互联互通和项目全生命周期管理;实现无纸化办公,达到绿色环保招标的目的;推进电子招标交易服务向专业化、个性化、精准化和规范化方向发展。以业务流程为核心,借力招标信息化手段向医院精细化管理要效益。

四 未来展望

招标活动集中化管理正在逐渐受到医院管理层的重视。与委托招标代理相比,独立的招标管理部门对医院的日常运行、业务特点、风险识别、内部控制等情况有更深入的了解,因此有其实现医院风险防控和提高运营管理水平的独特优势[1]。

(一)挖掘数据价值,实现信息化建设增值

通过对系统资源库数据的统计、筛选,分析同类医疗器械有关技术经济

---

[1] 张平、朱子寒、魏凌、季佳:《公立医院招标采购创新实践与探索》,《中国医院建筑与装备》2021年第12期。

指标，建立医疗器械价格水平及价格波动模型，探索建立各类价格体系。建立招标绩效考核模型，预算的节约率一定程度上反映了各职能部门精细化管理的能力。当然，招标并不是一味地追求预算节约率，节约率过高，侧面反映了职能部门调研论证不充分或者技术参数编制存在瑕疵，说明各职能部门编制预算的能力有待提高。

（二）提供决策支持，建立健全长效动态监管机制

做好设备采购前期的调研和分析论证工作[①]，确认是否存在重复购置、是否为紧急需要的设备、是否需要专用医用耗材等情况。通过系统数据搜索，把握关键环节，规范设备采购论证、参数制定等招标环节，确保医疗机构设备采购安全。万物互联的大数据技术，在医疗器械招标采购监管体系建设中应用前景广阔，应用方式值得不断探索和总结。

（三）强化信息共享，推动医联体同质化管理建设

在智慧医院的政策引导下，各大医疗机构都在如火如荼地进行信息化建设，但是系统的开发占据了大量的资金，而且每家医疗机构各自的信息化系统往往会变成信息孤岛，无法形成规模效益。实现以多单位数据共享为基础的医疗信息资源充分利用，是我国医疗机构信息化建设最高阶段的目标。未来大型医院可以发挥医联体职责与担当，实现系统的共建共享。医联体成员可根据自身需求发布相应医疗器械招标信息，也可与其他成员联合发布相应医疗器械招标计划及文件。运用市场机制和"规模经济"理论，通过信息的有效整合，提高财政资金使用效能[②]。

[①] 王丽、李俊忠、左诗琪：《基于大数据分析建立完善的设备采购监管体系研究》，《中国医疗器械信息》2020年第1期。

[②] 盛永红：《三螺旋理论视角下高校联合采购的组织模式创新》，《实验室研究与探索》2020年第9期。

B.32
医疗器械经营企业质量管理实践及举措

龚翼华 岳海龙*

摘 要: 流通环节是医疗器械产品生命周期的重要组成部分,受限于医疗器械经营模式复杂、流通集中度低、地域性强等特点,医疗器械经营企业质量管理的专业性较弱,加之近两年我国的医疗器械经营企业数量呈"井喷式"增长,企业数量众多、规模小、质量保障能力弱,给医疗器械的质量安全带来了隐患。国家药监局出台《医疗器械唯一标识系统规则》、新修订《医疗器械监督管理条例》等相关法规,落实"四个最严"的要求,不断加强医疗器械质量安全监管。本报告从医疗器械经营企业质量管理的实践出发,分析现状、剖析问题、提出了应对的策略和方法。

关键词: 经营企业 质量管理 医疗器械

医疗器械流通环节是医疗器械产品生命周期的重要组成部分,随着行业的不断发展,医疗器械经营企业,尤其是中小型医疗器械经营企业如何做好质量管理工作成为一个现实的问题。本报告结合笔者多年来的医疗器械经营企业管理实践经验,对现阶段医疗器械经营企业质量管理现状进行剖析,探讨加强医疗器械经营企业质量管理的具体措施。

---

* 龚翼华,九州通医疗器械集团有限公司董事长兼总经理;岳海龙,九州通医疗器械集团有限公司副总经理。

一 我国医疗器械经营企业质量管理现状分析

2021年，按照国家药监局统一部署，各级药品监管部门立足新发展阶段、贯彻新发展理念、构建新发展格局和按照"四个最严"要求，全力推动安全风险隐患治理排查工作不断走向深入。2021年3月，国家药监局印发《关于开展医疗器械质量安全风险隐患排查治理工作的通知》，重点针对疫情防控类医疗器械、集中带量采购中选产品等9大类产品和企业进行了排查治理；2021年6月，国家药监局在济南组织召开医疗器械质量安全风险隐患排查治理工作推进会议，总结风险隐患排查治理工作开展情况，部署下一步工作重点。结合医疗器械的管理经验，我们认为很多问题都与医疗器械经营企业质量管理工作中的不足和欠缺有关，主要存在以下几方面的问题。

（一）企业管理人员质量意识薄弱

很多医疗器械经营企业高层管理人员质量意识淡薄，对企业内部质量管理无有效的管理办法，致使企业在质量管理上难以实现有效突破，增加了医疗器械相关问题出现的频率。主要体现在：一是管理人员知法不守法，只追求经济效益和公司利润，忽视医疗器械的特殊性，缺乏对法规的敬畏之心；二是不懂法不学法，管理人员不了解相关法律法规，也不学习和接受培训，导致企业由上至下没有质量意识[1]。

（二）缺乏专业的质量管理人才

医疗器械经营企业员工专业构成复杂多样，包括药学、医学、市场管理及其他等，但医疗器械专业的员工少之又少，大学专科及以下学历的员工占

---

[1] 孙海平等：《医疗器械经营企业在商品流通中的质量管理方式研究》，《中国医疗器械信息》2020年第10期。

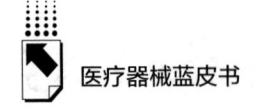

据多数,有的质量管理关键岗位人员理念和观念存在偏差,也不具备质量管理能力和素质。此外,质量管控的范围不断扩大、管理的重点不断递进、管理模式不断更新,以及企业人员流动频繁,一些关键岗位存在有岗无人、兼职挂职、能力欠缺、频繁变更等问题,导致一些企业的质量管理延续性差,质量管理工作难以取得突破,加大了出现问题的可能性。

(三)无健全的质量管理体系

部分企业只考虑经营模式的创新和利益点提升,未将质量管理体系与日常医疗器械业务经营相融合,不仅质量管理从业人员少,而且没有完整的质量管理制度和抓质量管理落实的具体措施与手段,加之日常采购、使用、跟踪等环节的监督无效,没有发挥质量管控的作用,导致质量管理体系在质量管理中的作用不明显。有的企业在申请医疗器械经营许可证(或进行备案)时,虽然按照《医疗器械经营质量管理规范》建立了相应的制度,但是在医疗器械经营过程中还是"重结果,轻过程",致使本应严格落实的各项管理制度流于形式。

(四)无专业的信息化系统

一方面,在科技与信息发达的时代,有的经营企业还没有使用相应的信息化系统管理数据库,依然使用纸质文件处理进销存数据,不仅降低了工作和管理效率,而且容易产生错漏,质量风险极高。另一方面,部分质量管理人员在工作当中仅仅是"重形式""走流程",持得过且过的管理态度,导致管理工作的实质性作用难以展现。

二 医疗器械经营企业质量管理实践

医疗器械事关人民群众生命健康与安全,规范科学的质量管理是避免各类事件发生的最重要的环节。九州通医疗器械集团(以下简称"集团")以质量管理为生命,在过去的十五年中,进行了深入的医疗器械经营质量管理探索，总结出了一套行之有效的质量管理模式，本报告通过分享集团实践管理经验，为医疗器械行业的经营企业提供借鉴。

（一）构建"四合一"质量管理体系

在实践中，集团构建了"服务质量提升+产品质量保障+经营行为规范+质量风险控制"的"四合一"质量管理体系（见图1），不断提升质量管理水平，为客户提供产品服务、物流服务、增值服务。

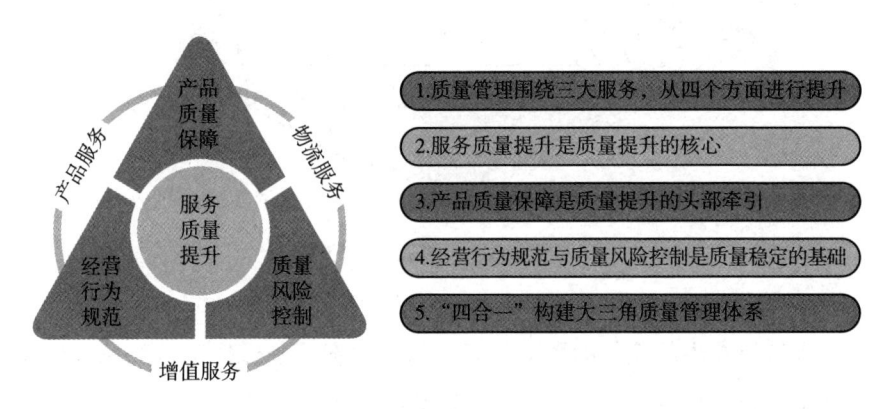

图1 九州通医疗器械集团"四合一"质量管理体系

以现代物流、信息技术、电子商务等为核心竞争力，应用SWANS天鹅战略管控模型（见图2），以平台化、数字化、互联网化为驱动，强化内部管理，注重供应链全程质量追溯管理，除了与先进的制造企业联合提升产品质量外，还注重产品在购进审核、入库验收、在库养护、出库复核、配送运输、售后管理等环节的质量保证。

严格遵循《医疗器械监督管理条例》和《医疗器械经营质量管理规范》等医疗器械相关法律法规。建立质量考核机制，基于组织战略的三级绩效分解和管理体系（高管、中层和员工），采用KPI指标和MBO管理相结合的方式，建立内部员工质量考核创新机制，通过"计划、辅导、考评、应用"四个阶段，实现全链条管理，激发员工工作积极性，助力质量管理战略目标的达成。运用PSD等风险管理工具，建立包括质量风险识别、评估、控制、

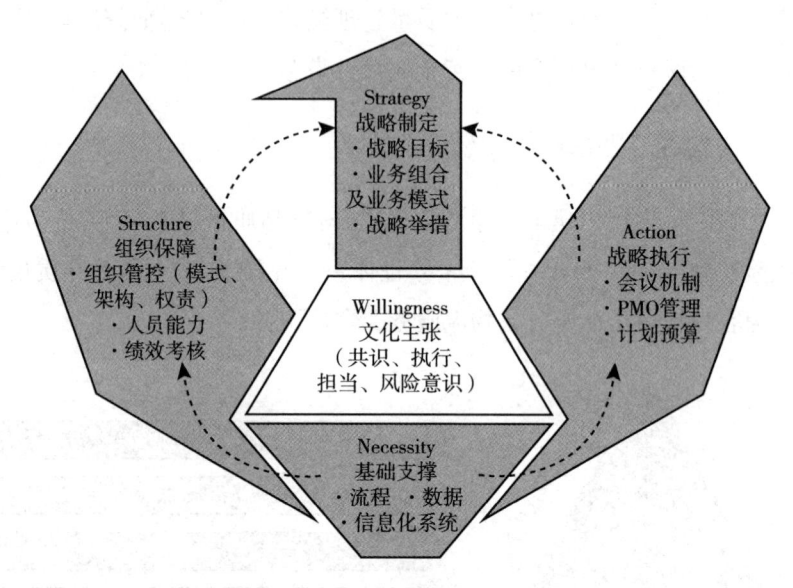

图 2　SWANS 天鹅战略管控模型

沟通、审核等在内的完整的风险管理机制和预案,确保风险可控制。同时,建立质量风险信息系统,实现信息区域共享,并通过系统进行风险智能处置与风险管控。建立系统化质量人才培养机制。秉承"能力择才、品德立才、实战育才、平台留才"的人才观,于2015年建立了完善的实体企业大学,承接了一线各层级质量技能培训的规划与实施工作;同时,与DDI(智睿咨询)、CLS(美国领导力研究中心)等国际知名机构共同构建培养体系,采取学以致用和价值驱动教学理念,结合正式学习与非正式学习的形式,利用"互联网+培训"的技术手段,实现线上与线下结合、正式与非正式学习融合,培养了大量管理人才。2021年利用"每周一训""每月专训"等形式开展培训70余次,组织新修订的《医疗器械监督管理条例》专项培训10余次,参训率100%,考核通过率99.73%。

(二)构建九大安全体系保障质量管理

坚持把安全放在企业发展的首位。成立了安全管理委员会,下设质量管理、财务资金、信息网络、物流运营、医疗事故、基建工程、劳动关系、内幕信息、行政后勤等九大安全体系，建立了安全运营管理制度、安全事故界定规则等。层层签订安全责任书。九大安全体系以安全管理委员会为核心，以"安全零事故"为目标，以"平安九州通"为己任，目标明确，责任清晰。每年由集团总经理与安全管理委员会主任签订安全责任书，安全管理委员会主任再与九大安全体系及分公司第一负责人签订安全责任书，再依次将责任往下传递，层层落实到岗到人。自查自纠质量安全责任。根据《医疗器械监督管理条例》等法律法规要求，企业负责人是质量安全的主要责任人，质量负责人是直接责任人，质量管理部门是质量安全的监督管理机构。集团组织开展了为期三年的"质量安全年"活动，从商品质量、经营行为、信用评级、监督检查等出发，开展质量基础的"三查四强"、质量风险排查与改进、质量标准的"废、留、改、建"、质量与安全文化的融合等活动，确保质量安全管理水平稳步提升，集团近5年内无重大质量事故，也未发生过大规模消费者投诉举报情况。

（三）设立"三层级"一体化的质量管理体系

设立了三级质量管理机构（见图3），即集团质量管理总部、子集团及二级公司质量管理部、三级及以下公司质量管理部。

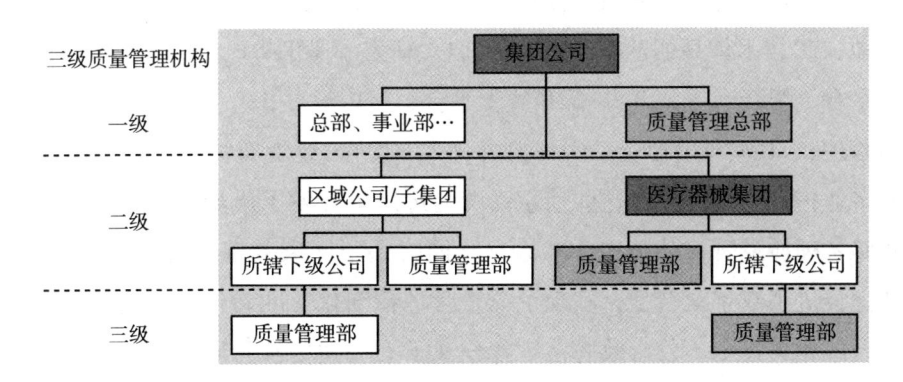

图3 九州通医疗器械集团三级质量管理机构

集团质量管理总部负责集团化质量管理体系建设，制定集团质量发展战略，统一质量管理模式，统筹集团质量管理资源，对各子集团及二级公司质量管理工作进行支持、指导、服务、监督；医疗器械子集团、各子公司质量管理部负责本公司质量管理体系的建立与完善，保证质量管理体系的正常运行与持续提升，并对三级及以下公司质量管理工作进行指导、监督；三级及以下公司质量管理部门负责本公司质量管理工作的开展。

同时，按照国家医疗器械经营相关的法律、法规等要求，建立了完整的质量管理体系文件。现有标准化流程163个，全面覆盖各环节的现场质量管理；制定医疗器械制度文件45个、岗位职责27个、操作程序16个等，涵盖了采购、入库、储存、养护、销售、出库、运输、售后等全部运营过程；根据国家政策要求的变化、业务发展的情况，每年对质量管理体系文件进行审核、修订，以"构、建、管、用"标准化流程管理体系集成管理要素与业务模式，全面提升企业经营管理水平，促进业务与管理体系健康发展。

（四）智能化数字化赋能质量管理

集团在数字化、信息化方面的水平处于行业领先地位，有自主研发的专业的、统一部署的主数据系统、计算机管理系统，以及信息化、数字化、智能化系统架构体系。拥有发明专利、实用新型专利、软件著作权80余项，IT技术体系团队1100余人，自主研发了JZTERP、JOIN九州云仓物流平台、智药通（F2B）、B2B线上平台、门店通（B2C/O2O）、SRM供应商管理、CRM客户管理、OMS订单平台、DMS经销商管理平台等九大核心专业信息系统。并在这些信息系统的运用中开发了质量提醒、拦截、分析等各项质量管控功能点100余项。同时紧跟国家数字化转型重大战略，快速推进了数字化转型，实现了质量管理精细化、准确化、规范化。上述平台或相关技术不仅有效防范了各分（子）公司的经营质量风险，确保了整个集团质量管理的一致性，也是集团实现高效、智能化质量管理的重要保障。

（五）文化熏陶助力质量管理

基于"以质量为生命"的核心价值观及"全员质量意识、全面质量管理"的质量理念，集团要求员工秉持对质量执着、对公众负责、对风险敬畏、对人民生命健康高度负责的态度，形成"质量就是生命、质量关乎生命、质量高于生命"的质量文化内涵。始终把质量文化的传递作为企业文化重要组成部分，全新的愿景使命价值观通过核心价值观传递模型与质量文化高度融合，营造良好的服务质量管理氛围，通过组织主题活动、制作培训课件、组织员工学习培训、创作企业文化等方式，将"以质量为生命"的价值观传达给员工、客户、合作伙伴。在落实提升内涵与观念教育的同时，把质量文化建设成效评估作为重要一环来抓。组织全员考试。2020~2021年集团开展了新版核心价值观全员题库练习及线上考试，题库总练习量达82696人次，考试合格率达97.5%。组织满意度调研，及时分析改进。公司中高管带头，全员参与价值观行为细则提炼，其中收到包括"以质量为生命"的考评细则在内的反馈建议3723条。有效提升员工"内植于心、外化于行"的质量管理机制。

三　总结及展望

综上所述，医疗器械是较为敏感的医用设备，保障医疗器械的质量不仅仅是企业谋求良好发展的重要前提，更是保障社会稳定与人民群众生命财产安全的重要前提。随着我国医疗器械行业的快速发展，经营企业面临日益激烈的市场竞争和严格的法规环境。因此，建立持续有效的质量管理体系是一项重要的战略选择。企业在日常经营管理工作中要紧贴国家政策与行业发展需要，不断加强企业质量管理各项机制的建设，不断优化对质量管理人员的综合能力培养，使管理工作能够真正落到实处，使企业真正做到合规合法经营。

作为一家植根于国内医疗器械行业15年的医疗器械经营企业，九州通医疗器械集团秉承"专业让服务更卓越"的服务理念，强化合规管理，建立与品牌厂家的沟通机制，积极响应集中带量采购等政策；积极拓展销售网络，继续深耕医院终端，扩大与国内外医疗器械厂家的合作，推动全国终端一站式覆盖，产品、医院（科室）广域覆盖，及时满足患者和医务工作者的需求，将贴心、专业的服务送给每位客户，为医疗健康产业提供高性价比服务。

B.33
注册人制度下医疗器械经营企业的转型探索

王　赫*

摘　要： 医疗器械注册人制度是我国推动医疗器械科学监管所取得的一大成果，它鼓励具有医疗器械质量管理能力的企业和研制机构成为注册人。具有较强销售配送优势的医疗器械经营企业在注册人制度下既有难得的机遇又面临较大的挑战。医疗器械经营企业只有慎选注册申报的产品、形成质量管理能力、狠补技术研发短板、找到合适的受托生产企业，方能顺利走好自己的转型发展之路。此外，还要加强对注册人制度的学习和理解，做到以理论指导实践开展，以实践反哺理论发展。

关键词： 注册人制度　经营企业　医疗器械

医疗器械注册人制度从试点到推行一路高歌猛进，风靡全国。注册人制度成功吸引行业关注的原因之一，就在于它提倡"英雄不问出身"，只要具备医疗器械质量管理能力和质量责任能力的主体就可以成为注册人，这打破了医疗器械注册人长期由医疗器械生产企业一统天下的格局，在这种政策红利下，许多非医疗器械生产企业主体开始权衡如何在该制度下实现变道超车，探索出一条超越传统经营道路的路径。医疗器械注册人制度究竟赋予了医疗器械经营企业哪些特殊的机遇呢？医疗器械经营企业又应该怎样利用好

---

* 王赫，上海明舟医疗科技有限公司董事长、总经理。

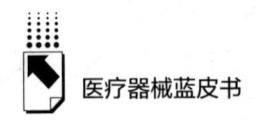

注册人制度实现自身的跨越发展呢？本报告结合实践中的运行情况，对此进行了论述。

上海明舟医疗科技有限公司（下文简称"上海明舟"）是一家以医疗器械经营为基础发展而成的科技公司，成立以来积极响应国家医疗器械审评审批制度改革的号召，成为医疗器械注册人制度的践行者和坚定的执行者。公司利用技术转移的方式，已在湖南省成功取得了一张二类医疗器械注册证。同时，公司利用注册人制度红利申报的首个产品"一次性使用麻醉针"已经拿到三类医疗器械注册证。这个从0到1的过程，尽管只是一家普通的医疗器械经营企业变道超车式的发展过程，但对于医疗器械注册人制度的实施而言，却是该制度下经营企业转型为注册人主体的缩影。

一 医疗器械经营企业转型为注册人的机遇与挑战

医疗器械注册人制度在上海试点实施后，试点地区拓展到广东、天津、长三角地区，于2019年8月扩展到了全国22个省份，之后被写入2021年新修订实施的《医疗器械监督管理条例》，成为我国医疗器械行业的基本制度。它赋予了包括医疗器械经营企业在内的众多市场主体多项机遇：一是，打破医疗器械注册许可和生产许可的捆绑管理，医疗器械注册证不再只发给拥有生产许可的医疗器械生产企业，从而扩展了医疗器械注册人的主体范畴。这是医疗器械经营企业、研制机构参与和利用医疗器械注册人制度的基本前提。二是，医疗器械注册人制度允许注册人持证之后直接委托生产，不再强调生产的委托方和受托方同时拥有生产许可和注册许可。这就从条件上不再限制医疗器械注册人一定要具备从事医疗器械生产的全部条件，不足的生产条件可以由受托方进行补充。医疗器械经营企业如果持证，在委托生产的情形下不再有生产管理的后顾之忧。三是，医疗器械经营企业持证后，可以利用原有的营销网络以及经营资源，实现产品上游的研发生产与下游的销售配送两端之间的贯通。这样医疗器械经营企业不仅可以增强产品生产经营自主权，而且可以提高除销售代理权之外的其他话语权。

诚然，在医疗器械注册人制度可观的政策红利背后，也隐藏着医疗器械经营企业需要直面的巨大挑战。如果不能有效应对这些挑战，医疗器械经营企业就会与法规赋予的机遇失之交臂。首先，医疗器械经营企业虽有较强的经营质量管理能力，但在医疗器械的研发、检测、临床评价以及生产等方面欠缺管理经验，尤其是在前期的技术评价环节以及生产过程中的质量控制环节缺乏积累和历练，在医疗器械质量管理体系的构建和运行方面缺乏相应的能力。其次，医疗器械经营企业缺乏产品全生命周期的质量管理能力，在研发合规、体系构建、质量管控、不良事件监测等方面缺乏专业技术和专业团队的支撑。从经营环节扩展到其他环节，需要从头到尾实现身份与角色的转变。再次，医疗器械经营企业由于缺乏生产过程的管理经验，在持证后委托生产的过程中往往也难以实现对受托方生产质量管理的监督。医疗器械经营企业持证后合作的受托方如果不能对委托方形成强有力的支撑，作为注册人的医疗器械经营企业将面临较大的困难。最后，医疗器械经营企业要成为注册人必须具备基本的质量管理能力，相关人员或机构如法规人员、质量管理人员、技术研发人员或机构等不可或缺，在行业管理人才紧缺的背景下，这也是医疗器械经营企业必须面对的挑战。

二 医疗器械经营企业转型为注册人的注意事项

（一）慎选注册申报的产品

医疗器械经营企业转型为注册人，首先要谨慎判断注册申报产品的类别以及临床应用方向。上海明舟作为新的医疗器械注册人主体，根据申报产品的难度、产品市场前景、公司资源储备等几个要素综合判定需要注册申报的产品。一般而言，三类医疗器械注册的整体难度显然要大于一类医疗器械备案、二类医疗器械注册难度。另外，产品市场前景也决定了是否值得花大力气去深耕发展。在有了对注册申报难度的客观认识的基础上，在良好的产品市场前景指引下，公司才能根据自身资源储备的强弱慎重选择自己熟悉的产品来做转型试点。上海明舟长期致力于麻醉穿刺领域，对麻醉穿刺领域产品的市场布局、产品特点、临床使用过程中的关注点和迫切需求有深入的了解。在现有神经阻滞穿刺针相关产品仍严重依赖于进口的情形下，上海明舟决定自主研发替代产品，这是朝正确方向迈出的关键一步。

（二）形成质量管理能力

2021年新修订实施的《医疗器械监督管理条例》明确规定药监部门应当对医疗器械的"安全性、有效性"以及注册人的"质量管理能力"等进行审查。在医疗器械注册人制度中，质量管理能力是注册人不可或缺的核心能力，但从哪些方面去建构、形成和夯实质量管理能力，一直是非医疗器械生产企业主体难以把握和有效解决的难点问题。上海明舟解决这一问题的途径主要有：一是通过构建专业的研发以及质量管理团队，解决质量管理机构和专职人员方面的问题，在关键的技术负责人和质量负责人人选上，公司选聘了具备多年行业研发、产品注册、质量管理经验的人士来负责这些关键岗位；二是寻求与业内龙头上市公司的合作，依托受托方的质量管理体系"反哺"委托方的质量管理体系建设，弥补经营企业在质量管理体系上最大的不足；三是积极履行委托生产协议以及质量协议，依协议规定开展研发、检测、评价等活动，做到"协议所写"与"双方所做"严格一致，保证了委托方和受托方质量管理体系的相互衔接、相互融通和相互支撑。

（三）狠补技术研发短板

2021年版《医疗器械监督管理条例》新增了医疗器械注册人、备案人的定义，将"企业"和"研制机构"作为医疗器械注册人、备案人的来源范畴。由于研制机构本身科研能力较强，技术研发不会拖其转型发展的后腿，但医疗器械经营企业或其他不太擅长技术研发的企业必然会遇到技术研发能力不足的问题。为此，这些企业应该基于市场调研结果和技术发展趋势来确定自身的技术研发方向。例如，在麻醉穿刺这一细分领域，技术发展的大趋势是超声显影和精准定位。麻醉穿刺技术有传统神经阻滞、电刺激仪器引导两种盲探方法，超声可以使神经定位更为直观、准确，明确穿刺部位的周围血管、肌肉、神经及其相互位置关系，提供实时图像，实现精准麻醉，对局部麻醉药扩散进行实时监测。明确了技术发展方向之后，后续要做的就是沿着发展方向加强科研攻关并形成知识产权，最终实现监管法规所要求的"安全有效"。

基于这些认识，上海明舟瞄准目前医学上大力推崇的精准医疗类医疗器械——"一次性使用麻醉穿刺针"，把实验室内的成果向实际的生产转化，公司研发人员与设备厂家、科研机构、加工工厂一起进行大量的科学实验，最终成功实现了产品的批量化生产，并申请了发明专利保护。研发的产品针尖头部经过特殊的物理加工处理，可在超声下清晰地看到针尖部位，实现精准麻醉。从整个转型过程来看，上海明舟这个不以技术见长的经营企业的"技术观"起到了恰到好处的作用。

（四）寻找合适的受托生产企业

"委托"在整个医疗器械注册人制度中占有特别重要的地位，不管是生产制造的委托，还是销售配送的委托，一个合适的受托方就是推进委托事务成功进行的"半边天"。上海明舟在遴选和考察受托方时，主要注重以下几个因素：一是受托方的综合能力以及行业口碑；二是受托方的业务范围和质量管理能力；三是受托方的地理位置；四是受托方的商业信誉和诚信水平。在对上海市相关企业进行逐一调研和摸底过程中，我们发现部分企业存在以下问题：（1）一般规模较小的企业对作为受托方没有底气，对企业自身的质量管理体系没有信心，担心因受托业务连带暴露产品质量管理体系方面的问题，因而对接受委托合作并不积极；（2）整体规模较大且质量管理体系完整的医疗器械企业，有自己的核心产品且利润较高，有受托生产的合作意愿，但对委托方的要求比较高；（3）一些专业从事受托生产业务的企业产品线过少，不具备消化委托方技术知识的能力。经过较长时间的接触和了解，上海明舟最终和上海康德莱企业发展集团股份有限公司签订了合作协议，共同成就了上海医疗器械行业注册人制度落地实施的一段佳话。

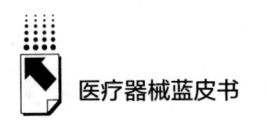

三 促进医疗器械经营企业发展的建议

医疗器械注册人制度将广大企业和研制机构作为主体,这是优化医疗器械行业资源的必然选择。医疗器械经营企业在自我销售配送网络的基础上介入产业链上游的研发和生产环节,对推动行业资源重组、优化、升级有重大意义。

总结以上实践经验,对于医疗器械经营企业在注册人制度下的转型发展,我们有如下建议:一是,医疗器械注册人制度推崇和欢迎的不是图注册人之名而行甩手掌柜之实的"皮包公司",不管医疗器械经营企业还是其他研制机构要成为注册人,必须有实质性的技术、产品、人员、质量管理体系等能够体现质量管理能力的要素。二是,医疗器械注册人作为委托方与受托方开展的委托生产活动不亚于一场坦诚相待的市场联姻,两者的融合是一个曲折向前的过程。由经营性公司转型而成的注册人,其"销售型"基因比较强大,受托生产企业如为成熟的医疗器械生产企业,其"生产型"基因往往十分强大,两家文化基因不同的公司对文件转化、工艺验证、批量试生产、质量管理体系考核均会有不同见解,有效沟通是双方合作顺利达成的有效路径。三是,在产品注册申报资料准备过程中,要以注册人的全局思维来编制和撰写资料。由于三类医疗器械产品的注册申报资料相对较多,需要对前期设计开发资料进行转化。同时,要对存在的困难估计得更足一些,以给后续活动留足反应和调整时间。

附 录
Appendix

B.34
2021年我国发布的医疗器械行业重要法规文件

一 行政法规（共1项）

序号	名称	文件编号	发布日期
1	《医疗器械监督管理条例》	国务院第739号令	2021年3月19日

二 部门规章（共4项）

序号	名称	文件编号	发布日期
2	《医疗器械临床使用管理办法》	国家卫生健康委员会令（第8号）	2021年1月12日
3	《医疗器械注册与备案管理办法》	国家市场监督管理总局令第47号	2021年8月26日
4	《体外诊断试剂注册与备案管理办法》	国家市场监督管理总局令第48号	2021年8月26日

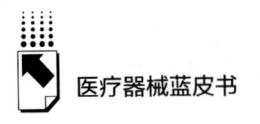

三 重要通告

序号	名称	文件编号	发布日期
5	《国家药监局关于发布影像型超声诊断设备同品种临床评价技术审查指导原则等2项注册技术审查指导原则的通告》	NMPA 2021年第2号	2021年1月18日
6	《国家药监局关于发布肺炎支原体IgM/IgG抗体检测试剂等3项注册技术审查指导原则的通告》	NMPA 2021年第4号	2021年1月19日
7	《国家药监局关于发布医用磁共振成像系统同品种临床评价技术审查指导原则（2020年修订版）的通告》	NMPA 2021年第12号	2021年2月1日
8	《国家药监局药审中心关于发布〈免疫细胞治疗产品临床试验技术指导原则（试行）〉的通告》	NMPA 2021年第14号	2021年2月18日
9	《国家药监局关于发布重组胶原蛋白生物材料命名指导原则的通告》	NMPA 2021年第21号	2021年3月15日
10	《国家药监局关于发布国家医疗器械监督抽检结果的通告（第1号）》	NMPA 2021年第22号	2021年3月18日
11	《国家药监局关于发布国家医疗器械监督抽检结果的通告》	NMPA 2021年第25号	2021年4月12日
12	《国家药监局关于发布牙科玻璃离子水门汀等4项注册技术审查指导原则的通告》	NMPA 2021年第30号	2021年5月8日
13	《国家药监局关于发布〈已上市生物制品变更事项及申报资料要求〉的通告》	NMPA 2021年第40号	2021年6月18日
14	《国家药监局关于发布视力筛查仪和乳腺X射线系统2项注册技术审查指导原则的通告》	NMPA 2021年第42号	2021年6月29日
15	《国家药监局关于发布人工智能医用软件产品分类界定指导原则的通告》	NMPA 2021年第47号	2021年7月8日
16	《国家药监局关于发布医用康复器械通用名称命名指导原则等6项指导原则的通告》	NMPA 2021年第48号	2021年7月15日
17	《国家药监局关于药械组合产品注册有关事宜的通告》	NMPA 2021年第52号	2021年7月27日
18	《国家药监局关于医疗器械监督抽检复检工作有关事项的通告》	NMPA 2021年第63号	2021年8月24日
19	《国家药监局关于发布神经和心血管手术器械通用名称命名指导原则等2项指导原则的通告》	NMPA 2021年第62号	2021年8月25日

续表

序号	名称	文件编号	发布日期
20	《国家药监局关于发布应用纳米材料的医疗器械安全性和有效性评价指导原则第一部分:体系框架的通告》	NMPA 2021年第65号	2021年8月26日
21	《国家药监局关于发布血管内导管同品种对比临床评价技术审查指导原则的通告》	NMPA 2021年第68号	2021年9月7日
22	《国家药监局关于发布国家医疗器2021-09-15械监督抽检结果的通告》	NMPA 2021年第69号	2021年9月15日
23	《国家药监局关于发布免于临床试验体外诊断试剂目录的通告》	NMPA 2021年第70号	2021年9月18日
24	《国家药监局关于发布免于临床评价医疗器械目录的通告》	NMPA 2021年第71号	2021年9月18日
25	《国家药监局关于发布免于临床试验的体外诊断试剂临床评价技术指导原则的通告》	NMPA 2021年第74号	2021年9月24日
26	《国家药监局关于发布医疗器械动物试验研究注册审查指导原则 第一部分:决策原则(2021年修订版)等2项注册审查指导原则的通告》	NMPA 2021年第75号	2021年9月27日
27	《国家药监局关于发布医疗器械临床评价技术指导原则等5项技术指导原则的通告》	NMPA 2021年第73号	2021年9月28日
28	《国家药监局关于实施〈医疗器械注册与备案管理办法〉〈体外诊断试剂注册与备案管理办法〉有关事项的通告》	NMPA 2021年第76号	2021年9月29日
29	《国家药监局关于发布国家医疗器械监督抽检结果的通告(第4号)》	NMPA 2021年第89号	2021年11月17日
30	《国家药监局关于发布医疗器械临床试验数据递交要求等2项注册审查指导原则的通告》	NMPA 2021年第91号	2021年11月25日
31	《国家药监局关于发布神经和心血管手术器械-刀、剪及针注册审查指导原则的通告》	NMPA 2021年第92号	2021年12月1日
32	《国家药监局关于发布超声软组织切割止血系统同品种临床评价技术指导原则等4项技术指导原则的通告》	NMPA 2021年第93号	2021年12月13日
33	《国家药监局关于发布关节镜下无源手术器械产品等8项注册审查指导原则的通告》	NMPA 2021年第102号	2021年12月16日
34	《国家药监局关于发布体外膜氧合(ECMO)循环套包等5项注册审查指导原则的通告》	NMPA 2021年第103号	2021年12月20日

续表

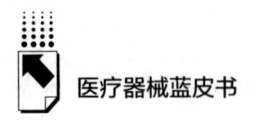

序号	名称	文件编号	发布日期
35	《国家药监局关于发布国家医疗器械监督抽检结果的通告(第5号)》	NMPA 2021年第105号	2021年12月22日
36	《国家药监局关于发布荧光免疫层析分析仪等14项注册审查指导原则的通告》	NMPA 2021年第104号	2021年12月28日
37	《国家药监局关于实施〈第一类医疗器械产品目录〉有关事项的通告》	NMPA 2021年第107号	2021年12月31日

四 重要公告

序号	名称	文件编号	发布日期
38	《国家药监局关于进一步规范医用超声耦合剂说明书等有关内容的公告》	NMPA 2020年第143号	2021年1月5日
39	《国家药监局关于2020年医疗器械临床试验监督抽查中真实性问题的公告》	NMPA 2021年第11号	2021年1月15日
40	《国家药监局关于批准注册155个医疗器械产品的公告》	NMPA 2021年第10号	2021年1月19日
41	《国家药监局关于注销一次性使用无菌注射器带针医疗器械注册证书的公告》	NMPA 2021年第20号	2021年1月28日
42	《国家药监局关于取消8项证明事项的公告(第四批)》	NMPA 2021年第25号	2021年2月9日
43	《国家药监局关于批准注册117个医疗器械产品的公告》	NMPA 2021年第26号	2021年2月25日
44	《国家药监局关于医疗器械主文档登记事项的公告》	NMPA 2021年第36号	2021年3月12日
45	《国家药监局关于发布〈眼科光学 人工晶状体 第2部分:光学性能及测试方法〉等63项行业标准和3项修改单的公告》	NMPA 2021年第37号	2021年3月12日
46	《国家药监局关于发布医疗器械行业标准〈口腔胶原膜通用技术要求〉的公告》	NMPA 2021年第39号	2021年3月16日
47	《国家药监局关于批准注册92个医疗器械产品的公告》	NMPA 2021年第41号	2021年3月19日

续表

序号	名称	文件编号	发布日期
48	《国家药监局关于批准注册121个医疗器械产品的公告》	NMPA 2021年第55号	2021年4月25日
49	《国家药监局关于发布医疗器械分类目录动态调整工作程序的公告》	NMPA 2021年第60号	2021年5月8日
50	《国家药监局关于批准注册139个医疗器械产品的公告》	NMPA 2021年第69号	2021年5月24日
51	《国家药监局关于贯彻实施〈医疗器械监督管理条例〉有关事项的公告》	NMPA 2021年第76号	2021年5月31日
52	《国家药监局关于批准注册104个医疗器械产品公告》	NMPA 2021年第81号	2021年6月17日
53	《国家药监局关于公布〈免于经营备案的第二类医疗器械产品目录〉的公告》	NMPA 2021年第86号	2021年6月30日
54	《国家药监局关于批准注册163个医疗器械产品公告》	NMPA 2021年第91号	2021年7月14日
55	《国家药监局关于批准注册162个医疗器械产品公告》	NMPA 2021年第99号	2021年8月11日
56	《国家药监局关于发布YY 0671-2021〈医疗器械 睡眠呼吸暂停治疗 面罩和应用附件〉等63项医疗器械行业标准的公告》	NMPA 2021年第109号	2021年9月9日
57	《国家药监局关于批准注册109个医疗器械产品的公告》	NMPA 2021年第113号	2021年9月15日
58	《国家药监局 国家卫生健康委 国家医保局关于做好第二批实施医疗器械唯一标识工作的公告》	NMPA 2021年第114号	2021年9月17日
59	《国家药监局关于成立全国医疗器械临床评价标准化技术归口单位的公告》	NMPA 2021年第116号	2021年9月27日
60	《关于公布医疗器械注册申报资料要求和批准证明文件格式的公告》	NMPA 2021年第121号	2021年9月30日
61	《关于公布体外诊断试剂注册申报资料要求和批准证明文件格式的公告》	NMPA 2021年第122号	2021年9月30日
62	《国家药监局关于批准注册195个医疗器械产品的公告》	NMPA 2021年第125号	2021年10月18日
63	《国家药监局关于发布〈医疗器械注册自检管理规定〉的公告》	NMPA 2021年第126号	2021年10月22日

续表

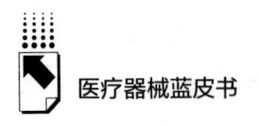

序号	名称	文件编号	发布日期
64	《国家药监局关于发布〈体外诊断试剂分类规则〉的公告》	NMPA 2021年第129号	2021年10月29日
65	《国家药监局关于批准注册110个医疗器械产品公告》	NMPA 2021年第136号	2021年11月15日
66	《国家药监局关于成立医用高通量测序标准化技术归口单位的公告》	NMPA 2021年第137号	2021年11月15日
67	《国家药监局关于发布YY/T 0500-2021〈心血管植入物 血管假体 管状血管移植物和血管补片〉等19项医疗器械行业标准的公告》	NMPA 2021年第144号	2021年12月10日
68	《国家药监局关于批准注册187个医疗器械产品的公告》	NMPA 2021年第147号	2021年12月10日
69	《国家药监局关于发布〈医疗器械应急审批程序〉的公告》	NMPA 2021年第157号	2021年12月30日
70	《国家药监局关于发布第一类医疗器械产品目录的公告》	NMPA 2021年第158号	2021年12月31日

五 重要通知

序号	名称	文件编号	发布日期
71	《国家药品监督管理局关于对第二批重点实验室名单进行公示的通知》	科技和国际合作司	2021年1月22日
72	《国家药监局关于学习宣传贯彻〈医疗器械监督管理条例〉的通知》	国药监法〔2021〕19号	2021年3月18日
73	《国家药监局综合司关于〈重组胶原蛋白〉等2项医疗器械行业标准立项的通知》	药监综械注〔2021〕34号	2021年3月18日
74	《国家药监局综合司关于成立〈医疗器械监督管理条例〉宣讲团的通知》	药监综法函〔2021〕160号	2021年3月19日
75	《国家药监局综合司关于推荐医疗器械质量抽查检验复检机构的通知》	药监综械管〔2021〕33号	2021年3月22日
76	《国家药监局综合司关于开展医疗器械质量安全风险隐患排查治理工作的通知》	药监综械管函〔2021〕181号	2021年3月26日

续表

序号	名称	文件编号	发布日期
77	《国家药品监督管理局 国家标准化管理委员会关于进一步促进医疗器械标准化工作高质量发展的意见》	国药监械注〔2021〕21号	2021年3月30日
78	《国家药监局综合司关于明确医用几丁糖(关节腔内注射用)分类界定的复函》	药监综械注函〔2021〕182号	2021年3月31日
79	《国家药监局综合司关于印发医疗器械注册人备案人开展不良事件监测工作检查要点的通知》	药监综械管〔2021〕43号	2021年4月9日
80	《国家药监局综合司关于印发2021年国家医疗器械抽检产品检验方案的通知》	药监综械管〔2021〕45号	2021年4月12日
81	《国家药监局综合司关于印发国家医疗器械质量抽查检验工作程序的通知》	药监综械管〔2021〕46号	2021年4月13日
82	《国家药监局综合司关于同意筹建中医器械标准化技术归口单位和医用高通量测序标准化技术归口单位的复函》	药监综械注函〔2021〕311号	2021年5月28日
83	《国家药监局综合司关于印发2021年医疗器械行业标准制修订计划项目的通知》	药监综械注〔2021〕69号	2021年7月7日
84	《国家药监局综合司关于开展2021年全国医疗器械安全宣传周活动的通知》	药监综械管〔2021〕71号	2021年7月9日
85	《国家药监局综合司关于印发〈加强集中带量采购中选医疗器械质量监管工作方案〉的通知》	药监综械管〔2021〕84号	2021年9月18日
86	《国家药监局关于印发境内第三类和进口医疗器械注册审批操作规范的通知》	国药监械注〔2021〕53号	2021年11月4日
87	《国家药监局关于印发境内第二类医疗器械注册审批操作规范的通知》	国药监械注〔2021〕54号	2021年11月4日

注：以上法律规范性文件统计日期截至2021年12月31日，由蒋海洪、顾王婧整理。

后　记

　　经过 6 个多月的紧张准备，2022 版医疗器械蓝皮书终于上市发行了。我们力求每年的蓝皮书都能成为精品，成为大家收藏和参考使用的行业工具书。在编辑工作中，我们对于每一篇报告都进行了认真审核修改，我们从 62 个申报选题中，精选了 42 个向作者发出定向邀约，最终选取了 33 篇报告汇集成 2022 版蓝皮书。部分报告虽然质量也很高，但是内容上不太符合蓝皮书的要求，故没有选用；还有一些报告的数据和内容不够翔实，不能全面反映行业的发展状况，我们请作者继续收集整理相关资料，争取下年可以收录；还有部分报告由于数据收集出现问题，未能提交。这些报告虽然没有被收录，但是作者们都付出了巨大的努力，并且对于编委会的决定给予了充分的理解，这里我们要衷心地感谢他们对编委会的信任。

　　在新版医疗器械蓝皮书即将出版之际，我们再次对给予蓝皮书鼓励和帮助的朋友们表示感谢。特别感谢国家药品监督管理局焦红局长、徐景和副局长的大力支持与指导；感谢医疗器械注册管理司、医疗器械监管司、医疗器械技术审评中心等有关司局和单位领导的全力支持；感谢中国药品监督管理研究会首任会长邵明立同志为本书作序；感谢各位编委与作者的积极参与和所倾注的大量心血；还要特别感谢给予本书资金支持的中国药品监督管理研究会。

　　这里需要重申，蓝皮书报告中的观点仅代表专家本人，并不代表作者所在的单位和机构，且由于作者来自不同单位、不同部门、不同岗位，每篇报告中所收集、使用的资料来源不尽相同，截止时间也不尽一致，甚至有的数

后 记

据在不同报告中存在差异，分析与观点相左。我们在充分尊重作者的前提下，没有对这些矛盾之处进行修改。我们希望读者自己进行分析、辨别。特别要感谢的是，在2021年的蓝皮书出版后，热心的读者发来了邮件，对其中一篇报告中注册产品数据提出质疑，主编迅速与作者进行了沟通，重新对数据进行了核实，确认确实有误，并及时对读者的邮件进行了回复，读者在他的回复中说"感谢蓝皮书团队对我提出问题的重视与认可，同时也非常感谢作者老师的耐心核实。医疗器械蓝皮书因为你们的专业和严谨而带给行业以发展；感谢你们对行业发展做出的贡献"。正是这些认真、热心的读者鞭策着我们继续努力，为行业提供更好的报告。

欢迎广大读者对本书继续提出意见建议和质询。您可以通过微信、邮件（ylqxlps2017@163.com）与我们联系。我们希望在今后的工作中能对所有缺憾和不足予以弥补。

《中国医疗器械行业发展报告（2022）》主编

王宝亭　耿鸿武

2022年6月20日

《中国医疗器械行业发展报告（2023）》征稿函

尊敬的各位读者：

您好。"皮书"是社会科学文献出版社推出的大型系列图书。它由一系列权威研究报告组成，对每一年度有关中国与世界的经济、社会等各个领域的现状和发展态势进行分析和预测。皮书作者一般是著名学者或权威研究机构研究团队。皮书作者中不乏政府部门的官员、学术机构的专家，但皮书并不代表官方的观点。作者们主要是从专业研究的立场出发，表达个人的研究心得，也正是这一点保证和增强了皮书的权威性，成为各界人士参考和借鉴的重要资料。

医疗器械蓝皮书也即《中国医疗器械行业发展报告》是在中国药品监督研究会组织下编撰的系列报告，从2017年开始每年一部，至今已经发布六部，国家药品监督管理局领导和有关部门给予了大力的支持。六年来，及时回顾、总结医疗器械行业的发展状况、取得的成绩和经验，为行业从业者和研究者提供了指导和参考。

《中国医疗器械行业发展报告（2023）》热诚欢迎您加入编撰的行列中。2023版蓝皮书仍将延续前六版的结构，对报告质量的要求还是一如既往的严格，您可以参照前六版的报告体例进行准备。我们欢迎热爱医疗器械行业、自愿为行业奉献知识、有较高专业水平的各级政府机构、协会、院校，尤其是企业的行业研究者，撰写署名专题报告。报告的题目和内容可以自行申报，通常在每年的11月底完成。

蓝皮书报告要求：①应是对医疗器械行业年度热点和焦点问题进行较深入研究后形成的专项学术研究报告。通过借鉴国内外理论研究成果和对比研究，以一定的理论高度和全面的视角，对相关决策、行动提出观点、思考和建议。请注意报告的知识性、资料性、借鉴性。②文章的观点、思考和建议等要有依据（有理论或数据支持）、全面（尚无定论或倾向性结论的问题要尽量顾及各方面甚至是相反的观点，或与作者主张不一致的立场，以利于读者全面了解）、有前瞻性或指导性。③文章引用的数据资料，要力求可靠和合法，一般宜引用已公开（如文章、公报、会议、讲义等）或可以公开的内容，对于敏感或不宜公布的数据，尽量回避。

可通过邮箱 ylqxlps2017@163.com，或扫描以下二维码与编委会联系。

此致

敬礼

医疗器械蓝皮书编委会

2022 年 6 月

Abstract

Facing the impact of the epidemic in recent years, China's medical device industry has maintained a good trend of healthy and rapid development under the guidance of national policies. The industry still faces more opportunities than challenges and is still in the "golden development period". In the next decade, China's medical device industry will continue to maintain a good momentum of healthy and rapid development. In 2021, the scale of the industry exceeded trillion, with a growth rate of about %, with remarkable achievements.

Based on the development status of China's medical device industry in 2021, this report expounds the development status of the industry with detailed materials, data and charts from the four dimensions of industry policy, industry development, provincial and municipal conditions, practice and application, points out the deficiencies and challenges existing in the development of the industry, forecasts the future development of China's medical device industry, and gives suggestions or solutions. The report is divided into six parts and 33 special reports. The general report summarizes the policies and regulations, review and approval, production and operation, import and export of China's medical device industry in 2021, analyzes the challenges faced by China's medical device industry, and points out that the opportunities faced by China's medical device industry in the next two years are far greater than the challenges, the market will further expand and continue to maintain a high speed of development. In addition, innovative medical devices will accelerate the emergence; Merger and reorganization of enterprises will increase, China's medical device industry is still in the "golden development period". The policy part, including nine special reports, analyzes and expounds the progress of the reform of the national medical device evaluation system in

Abstract

2021, the registration and self inspection management of medical devices, the post market supervision of medical devices, the detection of adverse events of medical devices, the centralized purchase of medical consumables, the configuration management of large equipment in medical institutions, the risk management standards of medical devices, the management of clinical trials and the introduction of the overall industry policy documents in 2021. Industry chapter, including nine special reports, gives a comprehensive overview of the industry development, market status, existing problems and development trend of some subdivided fields of the medical device industry, such as international trade, investment and financing and orthopedic consumables, artificial membrane lung, endotracheal tube, atrial fibrillation and stroke, proton therapy, cochlear implant, hyaluronic acid, etc. Part of the report also introduces the development of the global industry, which is of guiding significance to the development of China's medical device industry. The regional part, including seven special reports, selects five provinces such as Henan, Hunan, Shandong, Jilin and Hainan, Ningbo and Taizhou to discuss the development status, problems and challenges and future development of the regional medical device industry. In the practice part, seven reports were selected to introduce the experience of risk prevention and control in the transfer of scientific and technological achievements in the medical device industry, the cases of the construction of bidding information system of medical institutions and the use quality evaluation of medical devices, the transformation practice under the quality control and registrar system of medical device operating enterprises, as well as the technical breakthrough and clinical application of nuclear medical imaging equipment and radiotherapy technology. The appendix summarizes the medical device industry policy documents issued by National Medical Products Administration in 2021.

The report, which has important practical value, can comprehensively and systematically show and understand the overall situation and future trend of the development of China's medical device industry, provide regulatory reference for government agencies, provide professional research reference for industry researchers, and provide market reference for production, operation and R & D enterprises.

Contents

Preface   *Shao Mingli* / 001

Foreword   *Wang Baoting, Geng Hongwu* / 001

Ⅰ General Report

B.1 Analysis of China's Medical Device Industry in 2021 and Prospect in 2022—China's Medical Device Industry Continues to Develop Healthily and Rapidly

Wang Baoting, Geng Hongwu / 001

Abstract: In 2021, COVID-19 continues to prevail, and there are frequent local epidemic cases in China, which poses a major threat to public health and life safety. In the face of the grim situation, China's medical device industry is faced with significant opportunities for development, as well as severe challenges on how to ensure the quality, safety and effectiveness of medical devices, especially those used for COVID-19 prevention and control. Under the leadership of the CPC Central Committee and the State Council, China's drug regulatory authorities at all levels have vigorously implemented scientific supervision. The medical device manufacturers have strengthened their internal management, and have satisfied the market demand well under the premise of ensuring the quality, safety and effectiveness of the medical devices. They have made great contributions to the prevention and control of the new crown pneumonia and the treatment of patients. At the same time, the innovation and development of China's medical device industry also made good achievements in 2021.

National Medical Products Administration approved 35 innovative medical devices on the market, an increase of 9 compared with 26 in the previous year. China's medical device industry faces more opportunities than challenges and is still in the "golden development period". In the next decade, China's medical device industry will continue to maintain a good momentum of healthy and rapid development.

Keywords: Medical Device; Supervision and Administration; COVID-19

II Policy Reports

B.2 Progress and Prospect of China's Medical Device Approval System Reform in 2021 *Zhang Hao* / 019

Abstract: In 2021, National Medical Products Administration is guided by Xi Jinping Thought on Socialism with Chinese Characteristics for a New Era. We implemented the major decisions of the CPC Central Committee and The State Council. We fully applied the Regulations on Supervision and Administration of Medical Devices, in accordance with the requirements of Understanding the New Development Stage, Applying the New Development Philosophy, and Creating a New Development Dynamic, in accordance with the "four most strict" requirements. On one hand we kept the bottom line to ensure safety, on the other hand we pursued high line to promote development. We deepened reform of the review and approval system for medical devices, at the same time complied with the overall situation of epidemic prevention and control. We will continue to strengthen the registration and management of medical devices, trying our best to ensure the safety and effectiveness of the medical devices, to promote high-quality development of the industry. In 2022, the reform of the review and approval system for medical devices will be further promoted. The focus will be on implementing major national development strategies, strengthening basic capacity building for medical device registration and fully supporting high-quality innovation development and so on.

Keywords: Medical Device; Approval; Registration; Reform

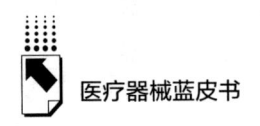

B.3 Current Situation and Prospect of Post Market Supervision of Medical Devices in China in 2021

Ma Zhongming, Yang Bo / 028

Abstract: In 2021, the national drug administration system has made concerted efforts to resolutely meet the "four strictest" requirements of the general secretary of the internship and encourage the innovation policy of pharmaceutical machinery. Made every effort to ensure the quality and safety of medical devices. The NMPA has continued to strengthen postmarket supervision of medical devices, such as continuously strengthening the construction of regulatory systems, continuing to carry out in-depth investigation and management of potential risks, problem-oriented strengthening of medical device safety supervision, and strengthening of medical device safety supervision capacity building, etc., and achieved remarkable results. However, the new development stage, new development concept, and new development pattern have put forward new requirements for medical device supervision and brought new challenges and risks. In 2022, it is necessary to continue to strengthen the supervision of medical devices for epidemic prevention and control in the production and operation links; strengthen industry rectification norms, and continue to carry out investigation and management of potential risks; Improve regulatory capacity.

Keywords: Medical Device; Post Market Supervision; Safety of Medical Device

B.4 Analysis of China's Medical Device Adverse Event Monitoring in 2021

Yue Xianghui / 038

Abstract: In 2021, the national medical device adverse event surveillance personnel were actively engaged in the novel Coronavirus prevention and control work, and actively provided services and technical support to the clinical medicine and medical device industry, making important contributions to the success of the epidemic prevention and control work. At the same time, actively cooperate with the implementation of the revised Regulations on the Supervision and Administration of Medical Devices, promote the revision of Measures for the Management of the Monitoring and Re-Evalutaion of Medical Device Adverse Events, issue relevant guidance documents, urge registrants to further improve the adverse event monitoring system, and implement the responsibility of the subject of adverse event monitoring. Adverse event monitoring has achieved remarkable results, and the quantity and quality of suspicious adverse event reports collected have been significantly improved. Through adverse event monitoring, new progress and achievements have been made in product risk detection and disposal, which has played an important role in ensuring the safety and effectiveness of medical devices.

Keywords: Medical Device; Adverse Event; Risk Management

B.5 Discussion on Self Test of Medical Device Registration

Yuan Peng / 046

Abstract: In 2021, the revised Regulations on the Supervision and Administration of Medical Devices were issued and implemented. The newly revised regulations allow enterprises to submit self test reports at the time of registration. In order to ensure the full implementation of the requirements of the corresponding regulations and strictly standardize the self test of medical device, NMPA organized and formulated the Regulations on the management of self test of medical device registration. This paper makes a detailed analysis of the basic requirements, deepens the understanding of the requirements that the self test needs to be carried out under the control of the QMS and have the corresponding self test ability, and puts forward some suggestions for the manufacturer to carry out self test, that is, to complete the self test ability and fomulate the management requirements of self test work under the control of the QMS; Determine how to entrust test according to the actual situation; continuously improving self test ability. At the same time, this paper emphasizes that the self test work is the requirement for the manufacturer to fully implement the first responsible person of the registrant, and makes a detailed analysis on how to carry out the self test in the group company. In addition, it discusses the follow-up work after the self inspection work is started.

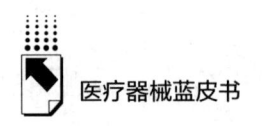

Keywords: Medical Device; Registration Management; Self Test

B.6 Current Situation and Trend of Centralized Procurement of Medical Consumables in China in 2021

Geng Hongwu, Dai Bin and Ye Xiaofang / 054

Abstract: This report combs the relevant policies of centralized procurement in the medical device industry in 2021 and the data of centralized procurement of consumables in 31 provinces and 333 prefecture level cities in China, analyzes the three main modes of centralized procurement in the field of medical devices in China, and discusses the hot spots such as annual volume procurement, alliance procurement, access admittance & online procurement and price impact, whereas future development trend is predicted. In 2021, the state put forward new requirements for the centralized volume procurement of high-value medical consumables. The centralized volume procurement of medical consumables entered a new development stage of "normalization and institutionalization". 113 centralized procurement projects of medical consumables were added throughout the year, including national, provincial and municipal procurement, in which 69 items of volume procurement, accounting for 61% total amount, and the overall decline of volume procurement was more than 65%, in which highest decline was 99.21%. The larger the scope of procurement, the higher the average decline. In 2022, the centralized procurement of medical consumables will be accelerated and expanded, the rules will be continuously improved, the inflated high prices will be further restrained, the import substitution will be accelerated, and the stock market pattern will change. The medical device industry will enter the fast track of healthy development.

Keywords: Centralized Procurement; Access Network; Medical Consumables

B.7 Application Status and Implementation Evaluation of Medical Device Risk Management Standards in China in 2021

Wang Meiying, Chang Jia and Li Zhaohui / 067

Abstract: Regulations on the supervision and administration of medical devices (2020) takes risk management as the primary principle and focuses on the risk management of medical devices. Through the reference of YY/T 0316 in the guiding principles of Product technology and mandatory standards, it further strengthens the application of risk management standards, continuously improves the effectiveness of risk management, and provides a more dynamic technical support for the supervision of medical devices. Through the evaluation and analysis of standard implementation, it can be seen that the implementation of risk management improves the safety of products, reduces equipment failures caused by use errors, and enhances customer satisfaction; At the same time, in the whole life cycle of medical devices, organization pay more attention to the design and development stage, production process, procurement process, post-market supervision and other processes with high degree of attention to regulatory requirements and system requirements, while they have insufficient awareness and implementation of risk management such as resource provision and use process. The sampling results of QMS certified enterprises show that the risk management implementation issues are focused on the collection and review of production and post production information, followed by the risk evaluation of design and development changes. The new version of risk management standard has been upgraded to a national standard, which puts forward higher requirements for the implementation of risk management: (1) strengthen the use of risk management standards at all stages of the life cycle of medical devices to ensure the safety and compliance of medical devices; (2) Take ISO 14971 as the core and combine with other basic general standards to systematically implement risk management.

Keywords: Risk Management; YY/T 0316-2016; Regulatory Requirements

B.8 The Status and Trends of Medical Device Clinical Trials in China in 2021 *Wu Yujia, Li Xuening* / 076

Abstract: In 2021, China's medical device industry developed rapidly with the release of the new version of the Regulations for the Supervision and Administration of Medical Devices, which further standardized the supervision and management of medical device production. According to the new version, National Medical Products Administration has updated the Good Clinical Practice of Medical Devices (Revised Draft for Public Comments) to strengthen the management of medical device clinical trials and the protection of subjects' rights and interests. In 2021, provincial and municipal drug administrations conducted supervision and sampling checks on medical device clinical trials, and there are still many problems with medical device clinical trials, including the failure to implement the details of the implementation of the scheme in the clinical trial, the non-standard ethical review, the incomplete signing of the informed consent process or the informed consent form, the non-standard management process of the use of medical devices, etc. In order to improve the quality of clinical trials of medical devices, NMPA has issued several guiding principles. At the same time, with the gradual improvement of the supervision and management policy of innovative medical devices, some achievements have been made in the first trial, which greatly enhanced the hard strength of China's independent innovative medical device research and development. This paper summarizes the common issues of medical device clinical trials from the filing of medical device clinical trial institutions and the supervision and sampling results of medical device clinical trials by the provincial and municipal drug administrations, introduces the laws and regulations and guidelines issued by National Medical Products Administration in 2021, summarizes the current medical device clinical trials, and analyzes the future development of the medical device clinical trial industry.

Keywords: Medical Device; Clinical Trials; Institutional Filing System

B.9 Situation of Medical Device Industry Policy in China in 2021

Liu Qiang / 084

Abstract: 2021 is the first year of "14th Five-Year Plan". In the field of medicine, the country and various provinces, autonomous regions, and municipalities have issued a series of relevant policy documents to promote the development of the medical device industry. This report collects, organizes and classifies the policy documents issued by the medical device industry during the "13th Five-Year Plan" period and 2021, and deconstructs the policy themes and priorities that affect the development of the industry. The analysis found that the number of policy documents in the medical device industry from 2016 to 2021 showed a gradual increase trend, and the number of medical device documents was also on the rise compared to the overall. The top five keywords for policy calibration in 2021 are: centralized procurement, medical insurance policy, registration management, technology incentives, and the "14th Five-Year Plan". Policies including these 5 keywords will become the focus of medical device companies in 2022. In 2022, the development direction of medical devices will be fully clarified; the centralized procurement of the medical device industry will be accelerated; innovation-driven will accelerate the development of the medical device industry.

Keywords: Medical Devices; Industry Policy; The 14th Five-Year Plan

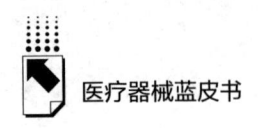

B.10 Configuration Management and Prospect of Iarge Medical Equipment in Medical Institutions in 2021　*Peng Xiongjun* / 094

Abstract: Large medical equipment is a kind of special medical resources, which has the characteristics of complex technology, large capital investment, high operation cost, great impact on medical expenses and included in catalog management. Since 1995, China has implemented the allocation system of large medical equipment. After 27 years, the management of large medical equipment has been incorporated into the system of laws and regulations from department management, and a legalized and standardized working system has been formed. The allocation licensing matters have been adjusted from non administrative approval matters to administrative licensing matters. With the in-depth promotion of decentralization and decentralization, in order to meet the requirements of the development of health care, the configuration management of large medical equipment will focus more on the medical equipment with huge investment, high technical requirements and regional configuration, give play to the role of localized configuration management, and relax the items of conventional or "unpopular" medical equipment. In terms of management mode, the health administrative department will standardize the implementation of administrative license for large medical equipment, and strengthen the supervision during and after the event.

Keywords: Large Medical Equipment; Configuration Management; Administrative Licensing

Ⅲ Industry Reports

B.11 Current Status and Trends of the Internationalization of China's Medical Devices in 2021　*Meng Dongping* / 102

Abstract: The prolonged spread of Covid-19 around the world in 2021 has left profound impact on world economic dynamics. Since the outbreak of the coronavirus, the world has seen changing international climate, sluggish economic growth, and difficult and challenging international trade conditions, all of which are embodied by the "reshaping of industrial chains". In China, the industry and market environments of the medical and health care sector have shown new characteristics, such as the pursuit of deeper foreign trade relations, breakthroughs in bilateral, multilateral and regional cooperation, and steady progress in international trade cooperation amid the building of the new development paradigm featuring both domestic and international circulations. The pandemic has stimulated enormous market demand for global response to major public health crises. Faced with the pandemic, domestic medical device companies have seized opportunities presented by China's strategies of "going global and bringing in" and the integrated development of domestic and foreign markets, and strived to get through this testing time to achieve high quality development through innovation transformation. In 2021, China's foreign trade posted steady growth, with both the scale and global share hitting record highs. Covid-related trade also showed remarkable performance. Our medical device industry, which has gone from strength to strength, manifests its advantages in the international division of labor and cooperation. Nevertheless, in the pursuit of the new development paradigm with new strategies in the new era, China is advancing deeper reform at a higher level, and the issue of public health has been elevated to a strategic height. The health and wellness industry is on the cusp of a golden period of development. We are convinced that as our medical device industry grows stronger globally, it will embrace even bigger historic opportunities and make greater achievements in the future.

Keywords: Medical Device; Trade; Epidemic Prevention and Control

B.12 Current Status and Development Trend of Chinese
Orthopedic Implant Industry in 2021　*Xu Shufu, Li Renyao* / 112

Abstract: In 2021, in the face of the severe test of the century epidemic and the double challenges of the beginning of the "14th Five-Year Plan", China's orthopedic implant industry has come to a new stage of development. Benefiting from the improvement of China's epidemic prevention and control situation, the production and operation of the pharmaceutical industry and the gradual recovery of medical services, the overall market for orthopedic implants in China exceeded 30 billion yuan that year, reaching 34 billion yuan, an increase of 14% over the previous year. Combined with the guidance issued by eight departments such as the National Medical Insurance Bureau and the National Development and Reform Commission on the centralized procurement and use of high-value medical consumables organized by the state, orthopedic implants meet the characteristics of large clinical consumption, higher procurement amount, more mature clinical use, fuller market competition, and higher homogenization level. In 2021, the orthopedic implant market welcomed the centralized procurement of trauma, spine and artificial joints. In the future, the entire orthopedic implant industry will be concentrated in enterprises with strong innovation and research and development capabilities and good comprehensive operating cost control. Only when doing a good job in cost control, can enterprises do a good job in distribution and supply with quality and quantity, and actively carry out innovative research and development work, promote product diversification and development, improve brand competitiveness, in order to maintain their own sustainable development.

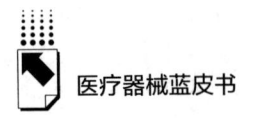

Keywords: Population Ageing; Orthopedic Implant; volume-based purchasing; robotic surgery

B.13 Industry Status and Development Trend of Tracheal Tube in China in 2021

Han Guangyuan, Zhang Zhao and Chen Lei / 122

Abstract: The value of the global tracheal tube market is projected to grow at a CAGR of 6.4% from 2022 to 2032. The market for tracheal tubes and airway products is driven by an aging population, chronic respiratory diseases and increased surgical procedures. Developing new products has been identified as a key growth strategy for mainstream brands in the face of fierce competition, while reducing complications such as airway injury caused by tracheal tube intubation remains a core innovation strategy. With the rapid increase in the penetration rate of general anesthesia surgery in China, the demand for tracheal tube will continue to increase, and the market capacity of tracheal tube is estimated to be 17.06 million. New tracheal tubes are more about structural design improvement and development of new functions to reduce the occurrence of complications and meet the special needs of specific surgeries. Among them, the market demand for visual tracheal tube and low-injury tracheal tube is expected to increase continuously. With the implementation of national policies on bidding and purchasing, clinical rational use, medical insurance payment and related supervision of medical consumables, the production and circulation of medical consumables will surely face great challenges. The cost leadership, management efficiency and policy orientation of production enterprises will become important competitiveness. Technological innovation and industrial upgrading will also become important strategic winning factors for production enterprises.

Keywords: Tracheal Tube; Industry Status; Medical Consumables Policy

B.14 ECMO Market Status and Development Trend of China in 2021　　*Xu Jian, Zhu Chenqi and Guo Yuan* / 130

Abstract: Extracorporeal Membrane Oxygenation (ECMO) was officially incorporated into respiratory support therapy in 《Diagnosis and Treatment Protocol for Human Infection with H7N9 Avian Influenza (2013 Edition 1)》 by National Health and Family Planning Commision of the People's Republic of China, mainly used for the treatment of patients with cardiopulmonary failure. Especially since the outbreak of COVID-19 in early 2020, ECMO has played a key role in saving the lives of a large number of critically ill patients, and has been hailed as the last "lifesaver". At the same time, as the only high-end medical device that cannot be domestically controlled in epidemic prevention, ECMO has received great attention from the country. As many as 22 enterprises have sprung up to carry out relevant projects with the trend of sustainable growth. This paper investigates, summarizes and analyzes the domestic and foreign ECMO market situation, relevant domestic research teams and their research progress by 2021. ECMO has technical difficulties in hemolysis and thrombosis and has great development potential in clinical and emergency. In the future, ECMO will develop in the direction of pump head membrane lung integration, highly functional integration and microfluidic membrane lung.

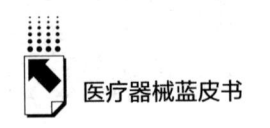

Keywords: Extracorporeal Membrane Oxygenation; Cardiopulmonary Support; Blood Pump; Membrane

B.15 Market Status and Development Trend of Hyaluronic Acid Medical devices in 2021   *Guo Xueping, Fu Jie and Ren Xia* / 140

Abstract: This article introduces the market status and development trend of hyaluronic acid in medical devices. The application of hyaluronic acid in the field of aesthetic medicine, wound dressings, ophthalmology and adhesion prevention is the most mature market. In 2021, hyaluronic acid aesthetic injection fillers maintained strong growth, the market size of wound dressings continued to expand, and the application in contact lens care/lubricant gradually increased. Hyalutonic acid has also been applicted and developed in other new fields, such as assisted reproduction, device coating, and tissue engineering. Looking forward to the future, with the continuous and stable growth of China's economy and people's requirements of life qulity, it can be predicted that the development of hyaluronic acid medical devices in the future will be very broad.

Keywords: Hyaluronic Acid; Soft Tissue Filler; Ophthalmic Viscoelastic Device

Contents

B.16 China Cochlear Implant Market Development Report in 2021

Huang Sui, Han Yan and Sun Xiao'an / 150

Abstract: The cochlear implant market in China has made great progress in all aspects since 30 years ago, which brings the gospel to the majority of severe or severe hearing impaired people. With the advent of domestic cochlear implants, the domestic cochlear implant market has entered a stage of benign competition in terms of volume, price and quality. In the future, with the further improvement of the national economic level and the coming of the aging era, cochlear implantation on both sides and elderly implantation will become the main growth points of market capacity expansion. At the government policy level, on one hand, the government has introduced various policies at both the industrial and technological aspects to support the development of domestic cochlear implant brands; on the other hand, at the regulatory level, the administration is more standardized, and the relevant standards have also completed the integration with international standards, ensuring the quality of cochlear implant products in the Chinese market. Although the current marketing environment for cochlear implants in China is facing a shortage of surgeons, audiologists and rehabilitation schools, with the support of the national medical insurance and disability federation policies and relevant non-profit organizations, the cochlear implant market in Chinese will remain vigorous and thriving for a long time in the future.

Keywords: Cochlear Implant; Hearing Impairment; Domestic Replacement

B.17 Market Status and Development Trend of Atrial Fibrillation and Stroke-related Devices in China in 2021

Ma Zhiwei, Zhou Qingliang and Meng Jian / 159

Abstract: The treatments for atrial fibrillation and stroke are divided into drug therapy, cardiology device therapy and cardiac surgery device therapy. Drug therapy for atrial fibrillation is to take antithrombotic and ventricular rate control drugs; medical devices therapy for atrial fibrillation is classified into cardiology medical devices therapy and cardiac surgery medical devices therapy. Cardiology medical devices include radiofrequency/cryo/pulse (PFA) catheters and cryoballoons; cardiac surgery medical devices include radiofrequency clamp/pen and cryoprobes. The current drug treatment for stroke is oral anticoagulant drugs; the surgical intervention for stroke is divided into interventional left atrial appendage occlusion in cardiology department and left atrial appendage internal suture, ligation or cutting and external clipping in cardiac surgery. In China, the market share of intracardiac catheter ablation devices in cardiology is relatively high, and the market shares of intracardiac cryoablation devices in cardiology and radiofrequency ablation devices in cardiac surgery are equal. At present, the surgical treatment of the left atrial appendage for stroke treatment in China is the main operation. According to the international market, it is inferred that medical interventional occlusion of the left atrial appendage and surgical closure of the left atrial appendage will become the main way to treat the left atrial appendage and prevent stroke in the future. With increasing of Chinese population, there are more and more patients suffering atrial fibrillation and stroke, the market demand capacity of related medical devices is correspondingly increasing. "Heart-brain treatment and stroke intervention" is a brand-new treatment method, which is highly compatible with the most advanced international treatment concepts, and is scientific and advanced.

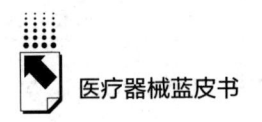

Keywords: Atrial Fibrillation; Stroke; Combination Treatment of Heart and Brain; Stroke Prevation

B.18 Current Status and Development Trend of Proton Radiotherapy Device Industry in China 2021

Ti Yalin / 168

Abstract: Along with increased aging, China is facing the pressure of cancer occurrence and death rate ranking in the first place in the world as well as the patients' ever-increasing demand for high-quality medical care. Compared with conventional photon radiotherapy, proton radiotherapy has significant physical and biological advantages, which provides a high degree of conformity to the target volumes gradients, reduces the dose delivered to surrounding normal tissues, and enhances the protection of organs at risk (OAR), so as to obtain better tumor control probability (TCP) and reduce normal tissue complications probability (NTCP). Globally, the product technology and industrial development of proton radiotherapy systems have passed into the maturity state, yet the clinical allocation and industrial development in China are still in the growth stage. Currently, the domestic proton centers, either in operation or under construction, mainly adopt the proton radiotherapy systems of mainstream international manufacturers. The localization level of the entire equipment industry chain needs to be improved urgently. In recent years, under the stimulation of market demand and the support of government policies, domestic manufacturers have gradually made crucial breakthroughs in key core technologies and product development and established their industrial bases. It is believed that, by taking the late-mover advantages, identifying the gaps, and catching up with the cutting-edge trends of proton radiotherapy technology and product development, the domestic industry of proton radiotherapy device in China will accelerate in the next 5-10 years, with promising prospects.

Keywords: Proton Radiotherapy Device; Proton Radiotherapy Technology; Proton Accelerator; Tumor Treatment

B.19 Current Situation and Development Trend of Investment and Financing in China's Medical Device Industry in 2021

Liu Songling, Ji Lei and Zhang Min / 179

Abstract: Capital is the most active market element in the development of the medical device industry. The research on the value orientation and development direction of investment and financing in China's medical device industry is the key and guarantee to realize the high-quality and high-end development of the industry. By reviewing the investment and financing activities of the industry in 2021, this paper summarizes the development of investment and financing in the industry as a whole and the main sub-sectors and the status of industry mergers and acquisitions, summarizes the characteristics of the industry in financing rounds and regional distribution, and analyzes the project characteristics and growth logic of the industry by introducing typical financing events. On the basis of analyzing and evaluating the problems of "misplacement of ideas" and "misplacement of services" in industry investment and financing, this paper clearly puts forward: to deal with the current market uncertainty, we must grasp the most essential characteristics of the industry-innovation and development; To pursue high-quality development, we must start from the fundamental aspects of improving the vitality, innovation and competitiveness of enterprises. To improve the efficiency and value of industry investment and financing, it is necessary to improve people's ability, chain service and optimize the development model in the process of industrialization of scientific and technological achievements. It is a gradual process for China's medical device industry to achieve high-quality development. Adhering to "being yourself" is fundamental, and choosing the right development direction and path is the key.

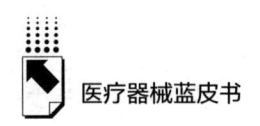

Keywords: Medical Device; Investment and Financing; Innovative Development

Ⅳ Regional Reports

B.20 The Development Status and Trend of the Medical Device Industry in Henan Province in 2021

Cheng Wenhu, Cui Shuyu and Chen Min / 188

Abstract: The paper analyzes the specific data and policy reform and innovation of the development of medical device industry in Henan Province, and lists the overall development status, advantages, existing problems and what needs to be improved of medical device industry in Henan Province. In 2021, the government of Henan and the provincial food and Drug Administration in accordance with the policy formulated by the state and the Provincial Drug Administration Bureau, combined with the existing enterprise situation, formulated a series of policies suitable for promoting the development of Henan local enterprises in a timely manner, so as to serve the enterprises more efficiently and accelerate the innovation and development of enterprises in the new era. "COVID-19" At the same time, we will further deepen the reform and opening up of the medical device industry. We will continue to open wider, wider and deeper to the outside world, promote international cooperation, achieve mutual benefit and win-win results, deepen the reform of medical device regulatory system and industrial policies, and stimulate the vitality of various market players. Actively guide leading medical device enterprises to become bigger and stronger through merger and reorganization and improve industrial concentration. At the same time, for the problems encountered in the development of enterprises, such as product R&D capacity, supporting capacity of finished products, export trade, etc., put forward corresponding development suggestions, and strive to achieve high-quality leapfrog development of Henan medical device industry.

Keywords: Henan Province; Medical Device Industry; Innovation

B.21 Development Status and Prospect of Medical Device Industry in Hunan Province in 2021

Song Guangzheng, Liu Xiang and Guo Wu / 196

Abstract: In recent years, Hunan province brought the medical equipment industry into the focus of local government guidance and the support of the emerging industries, a series of policies to promote the development of medical instrument quality released, the implementation of the reform and medical equipment system of registrant, forged to build medical equipment "industry highlands" in hunan province, accelerated the high quality and rapid development of medical device industry in the province. Hunan Changsha's "14th Five-year Plan" is to make the biomedical industry into a national industrial base. Relying on policy advantages and undertaking industrial transfer, a new round of industrial layout and the "window period" for the rise of emerging industries has been formed, and the medical device industry in Hunan province has ushered in a "golden period" of development.

Keywords: Medical devices; Hunan province; Industry Agglomeration

B.22 Development Status and Prospect of Medical Device Industry in Shandong Province in 2021 *Wu Shifu, Zhang Bin / 206*

Abstract: In recent years, the Shandong provincial committee of the Communist Party of China and the Shandong provincial government have attached great importance to the medical care and health industry, incorporated it into the "top ten" industries, and issued a series of policies and measures to promote industrial development. At the same time, they have continued to strengthen the quality supervision of drugs and medical devices, vigorously implemented three major projects such as "safety improvement", and further promoted three major plans such as "innovation of drugs and medical devices". The level of supervision and service has been steadily improved, and the industrial development environment has been continuously optimized. As an important part of the medical care and health industry, the medical device industry in Shandong Province has shown a trend of rapid development. A medical device industry system with a relatively complete range of products has been preliminarily established, forming an industrial pattern with Jinan, Zibo and Weihai as the core and multi-point layout in Qingdao, Yantai, Heze, Jining and Weifang, and the emergence of leading enterprises such as Weigao Co., Ltd and Xinhua Co., Ltd has cultivated a number of superior products with excellent brands and high market share. Shandong medical device industry has important influence in China, but at the same time, there are some important problems which restrict the innovation ability of medical device industry. This paper introduces the development status of medical device industry in Shandong Province from the aspects of industrial scale, concentration and advantageous products, and puts forward some suggestions to promote the high-quality development of medical device industry.

Keywords: Shandong Province; Medical Device; The Plan of "Innovation of Drugs and Medical Devices"; High-quality Development

B.23 Development Status and Prospect of Medical Device Industry in Jilin Province in 2021　　　　*Lan Wengchi* / 216

Abstract: In accordance with the requirements of the National Medical Products Administration for supporting the overall revitalization of Northeast China, Jilin Province has put into a lot of efforts to implement the spirit of general Secretary Xi Jinping's important speech and instructions on the comprehensive revitalization of Northeast China, like consciously bearing the mission of promoting innovative and high-quality development of industries, strengthening the capacity building of medical device supervision and modernizing it. With such active deployment, we're enjoying a sound momentum of growth in the medical device industry. In the future, with the obvious geographical advantage, strong basic scientific research strength and the help of the Jilin service station and investment policies, we will actively promote innovation-driven development and build geographical advantages. We would make cultivating leading enterprises and establishing a demonstration park our priority. Besides, we would also encourage talent gathering and build a service platform just for keeping vigorously promoting the high level and sustainable development of medical device industry in Jilin Province.

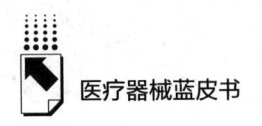

Keywords: Medical Device Industry; High-quality Development; Jilin Province

B.24 Development status and Prospect of Medical Device Industry in Hainan Province in 2021　　*Yu Qingming, Cui Lun* / 224

Abstract: At present, the Medical Device Market in Hainan Province is small, with small scale of operating enterprises, small number of manufacturing enterprises, the ability of technology R & D, product replication and innovation is extremely weak, and there is a lack of scientific research talents and skilled labor force. There are no well-known brands and products with high market share. The products mainly serve medical institutions in the island, and part of the products are sold outside the island. The industrial cluster and supply chain system of medical devices has not been formed. However, as the largest free trade port in China, hainan province attaches great importance to the medical, pharmaceutical and medical equipment industries, and offers many preferential policies in terms of industry and investment promotion. In this paper, how to combine the policy of Hainan Free Trade Port with the development of the medical apparatus and instruments effectively, and carefully design and rationally match the product introduction, development, production and marketing, so as to promote the rapid development of hainan medical device industry cluster and other related issues will be discussed.

Keywords: Hainan Province; Free Trade Port; Boao Medical Pioneering

B.25 Current Situation and Outlook for the Medical Device Industry in Taizhou City Jiangsu Province in 2021　　*Li Ping, Jiang Weihua and Yue Cun* / 233

Abstract: Taizhou is the only national pilot of the development of the

Yangtze River Economic Belt large health industry cluster and the pilot of the development of the new vaccine and specific diagnostic reagent industry cluster. Based on the analysis of the development status of Taizhou medical device industry in terms of scale, spatial layout, innovation capacity, sales platform, technical support and intellectual property rights, this paper analyzes the shortcomings of Taizhou in terms of advantage cultivation, project construction and policy incentive, and makes suggestions on suggestions on the next step of Taizhou medical device industry development: in terms of industrial development mode, Taizhou should adhere to both high-end and high-speed, actively encourage leading pharmaceutical production enterprises to actively develop medical device products and strengthen leading enterprises; in terms of talent and intellectual property rights cultivation direction, Taizhou should take into account high-level talents and pragmatic talents, and focus on promoting medical device intellectual property rights protection, application and achievement transformation; in terms of innovation policy support, Taizhou should achieve both clinical value orientation and market orientation, and strive to create IVD regulatory scientific research bases, etc.

Keywords: Taizhou; Medical Device Industry; Specific IVD; CMC

B.26 Status and Prospect of Medical Device Industry in Ningbo

Zhou Yan, Liang Wenyu / 241

Abstract: After years of development, Ningbo medical device industry has become a sunrise industry with more than 400 production enterprises, more than 8000 operating enterprises, three industrial agglomeration areas and many development parks, basically covering all categories of medical device industry and all counties and cities in Ningbo. It is expected to further develop into one of the important industries of Ningbo economy. Starting from the analysis of the current situation of Ningbo medical device industry, this paper briefly introduces the basic situation, product characteristics, technological innovation, development layout, industrial agglomeration and other aspects of Ningbo medical device industry, and points out that the focus of industrial development is not prominent enough, and the scale of leading enterprises urgently needs to be enlarged. Industrial development supporting services are not complete; The contradiction between the function of market resource allocation and the centralized procurement system; Three problems restricting the further development of Ningbo medical device industry. And then from the policy support strength, location advantage, industrial chain conditions, advantages of capital and talent on the development of Ningbo medical device industry are discussed, and the development trend of Ningbo medical device industry is forecasted.

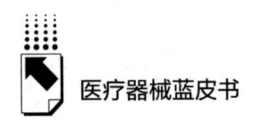

Keywords: Medical Devices; Centralized Purchasing; Ningbo

V Practical Reports

B.27 Risk Control Measures in the Transformation of Scientific and Technological Achievements of Medical Devices

Chen Tao, Yu Yang and Jiang Haihong / 249

Abstract: Medical device is a multidisciplinary, high value-added, knowledge-intensive strategic emerging industry, the needs of clinical application and the iterative innovation of science and technology is the key driving force to promote the sustainable development of the industry, the transformation of scientific and technological achievements is the only way to achieve medical device "technology research and development" to "industrial upgrading". The medical device registrant system established by the 2021 edition of the Regulations on the Supervision and Administration of Medical Devices (Decree No. 739 of the State Council) provides an important regulatory basis for solving the pain points in the transformation of medical device scientific and technological achievements. Since 2019, the author has begun to transform the scientific and technological achievements of medical devices based on the registrant system, and has undertaken the transformation of nearly 30 scientific and technological achievement projects such as scientific research institutes, clinical medical care, and entrepreneurial teams, and has successfully completed the transformation of 6. This paper will expound on the risk control in the practice of the registrant system from four aspects, such as intellectual property protection, transformation path planning, design and development engineering transformation, and quality system management and operation, and put forward effective suggestions.

Keywords: Achievement Transformation; Compliance Research; Registrant System; Risk Control

B.28 Smart Multi-modality Nuclear Medicine Imaging Equipment: Applications and Evolutions *Chen Si, Deng Xiao* / 256

Abstract: By incorporating advanced computation technology such as artificial intelligence (AI), smart medical imaging equipment significantly improve the performance and reduce the workload for operators. AI can be applied to the whole workflow of imaging to comprehensively upgrade the key performances for the equipment such as image quality, efficiency and stability. The aspects AI applicable to include patient positioning, automatic acquisition protocol selection with parameter optimization, image reconstruction and post-processing, automatic quality assurance and finally image analysis and diagnosis. Multimodality nuclear medicine imaging equipment is typical large-scale medical imaging equipment of high cost and complexity, of which the research progress towards smartness is currently behind the radiological counterparts. Targeting on the demand of advanced and widespread nuclear medicine technologies by China, our team developed the first-in-China and world-leading smart full-ring SPECT/CT system, which is under clinical evaluation. We firmly believe that the era of smart medical imaging equipment is coming soon.

Keywords: Smart Medical Imaging Equipment; Multi-modality; Nuclear Medicine; AI

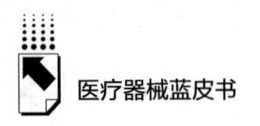

B.29 Development and Application of Multimode Integrated Radiotherapy

Wang Junjie, Li Baosheng, Zhang Fuquan, Zhao Lina and Li Junyao / 263

Abstract: Malignant tumor (cancer) is one of the major public health problems that seriously threaten human health, and radiotherapy is one of the three main means to treat tumor. Multimode integrated radiotherapy is the development trend of radiotherapy in recent years, including image-integrated radiotherapy and multiple treatment modes integrated radiotherapy. Currently there are mature image-integrated radiotherapy products. In the field of multiple treatment modes integrated radiotherapy, OUR United Corporation, as a representative of the domestic innovation radiation manufacturers, is at the forefront of the world. Its new-developed product "TaiChi", the world's first multiple treatment modes integrated radiotherapy product, has entered the clinical trial stage, showing great clinical value and application potential. The multimode integrated radiotherapy technology is about to enter the critical development stage of commercialization and industrialization.

Keywords: Radiotherapy; Multimode; Clinial Application

B.30 Practice and Prospect of Medical Device Use Quality Evaluation in Medical Institutions

Li Yang, Qi Jianwei and Xu Qing / 269

Abstract: As a medical device using unit, medical institutions should ensure the safety and effectiveness of the process of using medical devices and ensure the safety of the public in using medical devices. With the gradual improvement of national regulations on the supervision and management of medical device using quality, it's urgent to evaluate and improve the medical device quality management level of hospitals objectively. As a set of quantitative evaluation standards, the

Medical Equipment & Supplies Quality Capability Maturity Model (MES-QCMM) specifies the requirements for the evaluation of medical equipment quality management maturity in medical institutions in five dimensions: structural quality, process quality, result quality, policy response and innovation improvement, and provides evaluation methods, which providing evaluation guidelines for medical institutions to pursue excellence in medical equipment quality management. According to the evaluation results, the quality management level of medical institutions is classified into five levels to assist regulators and hospitals in accurately identifying problems in medical device quality management, scientifically quantifying the quality management capability of medical institutions, and continuously improving the quality management process to reduce the risk of medical device using at the same time.

Keywords: Quality Management Maturity; Quality of Medical Device Using; Quantitative Evaluation

B.31 Construction Practice and Prospect of Information System for Bidding and Bid Evaluation of Medical Devices in Medical Institutions   *Zhu Zihan, Zhang Ping / 278*

Abstract: Carrying out bidding activities for medical devices legally is not only an important part of risk prevention in the operation and management of medical institutions, but also the internal requirement for efficiency and economy in hospital operation and management. Based on the analysis of the present situation of the hospital self-bidding management mode, this paper constructs the hospital bidding management system platform, and introduces the structure and application effectiveness of the system. The system adopts B/S (Browser/Server) architecture which is designed and developed based on the bidding business process. The function of online registration and submission of bid documents reduces the time cost of suppliers and economic costs such as transportation and printing, and avoids direct contact between suppliers and tenderers. The functions of online project installation, remote audit, decryption, bid announcement and electronic bid evaluation can improve hospital bidding efficiency, realize paperless office and reduce the pressure of paper archives, and achieve the purpose of green bidding. Through full-process information management, full-cycle closed-loop management and whole-process dynamic supervision, the risk of government economic activities can be effectively controlled. Also, the solution can improve bidding efficiency and fund use. Finally, it provides technical support for the standardization, specialization and intelligent development of medical devices bidding.

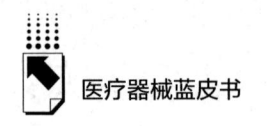

Keywords: Self-bidding; Electronic Bid Evaluation; B/S (Browser/Server) Architecture

B.32 Practice and Measures of Quality Management for Medical Devices Distribution Enterprises *Gong Yihua, Yue Hailong* / 286

Abstract: Medical devices distribution process is important to its lifecycle. But due to the distribution limitation like complex management mode, low concentricity, and distinctive regional characteristics, the professionality of medical devices quality management is weak. In addition, it is blowout growth of medical devices business enterprises in recent two years with small company size and weak quality management ability, which has brought safety risks to medical devices. From the year of 2019, NMPA has published Rules for unique identification system for medical devices and revised The Regulations for the Supervision and Administration of Medical Devices and other relevant laws and regulations to implement the "Four Most Strictest" policy to enhance the quality and safety supervision of medical devices. This article has analyzed current situation and parsed problems as well as raised strategies from the perspective of medical devices quality management practices during distribution.

Keywords: Distribution Enterprise; Quality Management; Medical Device

B.33 A Case Study on the Transformation of Business Enterprises into Medical Device Registrants　　*Wang He* / 295

Abstract: Medical device registrant system is a great achievement of medical device supervision Science in China. It encourages enterprises and research institutions with medical device quality management ability to become registrants. Medical device enterprises with strong sales and distribution advantages have both rare opportunities and great challenges under the registrar system. The operating enterprise should carefully select the registered and declared products, form the quality management ability, make up for the defects of technology research and development, and find a suitable entrusted production enterprise, so as to successfully go through its own road of transformation and development. At the same time, it should strengthen the study and understanding of the medical device registrant system, so that theory guides practice and practice feeds back the development of theory.

Keywords: Registrant; Operating Enterprise; Medical Device

Ⅵ Appendix

B.34 Important Regulatory Documents of Chinese Medical Device Industry in 2021　　/ 301

Postscript　　/ 308

Letter of Requisition of *Annual Report on the Development of Medical Device Industry in China* (2023)　　/ 310

社会科学文献出版社

皮 书

智库成果出版与传播平台

❖ 皮书定义 ❖

皮书是对中国与世界发展状况和热点问题进行年度监测,以专业的角度、专家的视野和实证研究方法,针对某一领域或区域现状与发展态势展开分析和预测,具备前沿性、原创性、实证性、连续性、时效性等特点的公开出版物,由一系列权威研究报告组成。

❖ 皮书作者 ❖

皮书系列报告作者以国内外一流研究机构、知名高校等重点智库的研究人员为主,多为相关领域一流专家学者,他们的观点代表了当下学界对中国与世界的现实和未来最高水平的解读与分析。截至2021年底,皮书研创机构逾千家,报告作者累计超过10万人。

❖ 皮书荣誉 ❖

皮书作为中国社会科学院基础理论研究与应用对策研究融合发展的代表性成果,不仅是哲学社会科学工作者服务中国特色社会主义现代化建设的重要成果,更是助力中国特色新型智库建设、构建中国特色哲学社会科学"三大体系"的重要平台。皮书系列先后被列入"十二五""十三五""十四五"时期国家重点出版物出版专项规划项目;2013~2022年,重点皮书列入中国社会科学院国家哲学社会科学创新工程项目。

皮书网

（网址：www.pishu.cn）

发布皮书研创资讯，传播皮书精彩内容
引领皮书出版潮流，打造皮书服务平台

栏目设置

◆ **关于皮书**
何谓皮书、皮书分类、皮书大事记、
皮书荣誉、皮书出版第一人、皮书编辑部

◆ **最新资讯**
通知公告、新闻动态、媒体聚焦、
网站专题、视频直播、下载专区

◆ **皮书研创**
皮书规范、皮书选题、皮书出版、
皮书研究、研创团队

◆ **皮书评奖评价**
指标体系、皮书评价、皮书评奖

◆ **皮书研究院理事会**
理事会章程、理事单位、个人理事、高级
研究员、理事会秘书处、入会指南

所获荣誉

◆ 2008年、2011年、2014年，皮书网均在全国新闻出版业网站荣誉评选中获得"最具商业价值网站"称号；

◆ 2012年，获得"出版业网站百强"称号。

网库合一

2014年，皮书网与皮书数据库端口合一，实现资源共享，搭建智库成果融合创新平台。

皮书网　　"皮书说"微信公众号　　皮书微博

权威报告·连续出版·独家资源

皮书数据库
ANNUAL REPORT(YEARBOOK) DATABASE

分析解读当下中国发展变迁的高端智库平台

所获荣誉

- 2020年，入选全国新闻出版深度融合发展创新案例
- 2019年，入选国家新闻出版署数字出版精品遴选推荐计划
- 2016年，入选"十三五"国家重点电子出版物出版规划骨干工程
- 2013年，荣获"中国出版政府奖·网络出版物奖"提名奖
- 连续多年荣获中国数字出版博览会"数字出版·优秀品牌"奖

皮书数据库　　"社科数托邦"微信公众号

成为会员

登录网址www.pishu.com.cn访问皮书数据库网站或下载皮书数据库APP，通过手机号码验证或邮箱验证即可成为皮书数据库会员。

会员福利

- 已注册用户购书后可免费获赠100元皮书数据库充值卡。刮开充值卡涂层获取充值密码，登录并进入"会员中心"—"在线充值"—"充值卡充值"，充值成功即可购买和查看数据库内容。
- 会员福利最终解释权归社会科学文献出版社所有。

卡号：914921792859
密码：

数据库服务热线：400-008-6695
数据库服务QQ：2475522410
数据库服务邮箱：database@ssap.cn
图书销售热线：010-59367070/7028
图书服务QQ：1265056568
图书服务邮箱：duzhe@ssap.cn

S 基本子库
SUB DATABASE

中国社会发展数据库（下设12个专题子库）

紧扣人口、政治、外交、法律、教育、医疗卫生、资源环境等12个社会发展领域的前沿和热点，全面整合专业著作、智库报告、学术资讯、调研数据等类型资源，帮助用户追踪中国社会发展动态、研究社会发展战略与政策、了解社会热点问题、分析社会发展趋势。

中国经济发展数据库（下设12专题子库）

内容涵盖宏观经济、产业经济、工业经济、农业经济、财政金融、房地产经济、城市经济、商业贸易等12个重点经济领域，为把握经济运行态势、洞察经济发展规律、研判经济发展趋势、进行经济调控决策提供参考和依据。

中国行业发展数据库（下设17个专题子库）

以中国国民经济行业分类为依据，覆盖金融业、旅游业、交通运输业、能源矿产业、制造业等100多个行业，跟踪分析国民经济相关行业市场运行状况和政策导向，汇集行业发展前沿资讯，为投资、从业及各种经济决策提供理论支撑和实践指导。

中国区域发展数据库（下设4个专题子库）

对中国特定区域内的经济、社会、文化等领域现状与发展情况进行深度分析和预测，涉及省级行政区、城市群、城市、农村等不同维度，研究层级至县及县以下行政区，为学者研究地方经济社会宏观态势、经验模式、发展案例提供支撑，为地方政府决策提供参考。

中国文化传媒数据库（下设18个专题子库）

内容覆盖文化产业、新闻传播、电影娱乐、文学艺术、群众文化、图书情报等18个重点研究领域，聚焦文化传媒领域发展前沿、热点话题、行业实践，服务用户的教学科研、文化投资、企业规划等需要。

世界经济与国际关系数据库（下设6个专题子库）

整合世界经济、国际政治、世界文化与科技、全球性问题、国际组织与国际法、区域研究6大领域研究成果，对世界经济形势、国际形势进行连续性深度分析，对年度热点问题进行专题解读，为研判全球发展趋势提供事实和数据支持。

法律声明

"皮书系列"（含蓝皮书、绿皮书、黄皮书）之品牌由社会科学文献出版社最早使用并持续至今，现已被中国图书行业所熟知。"皮书系列"的相关商标已在国家商标管理部门商标局注册，包括但不限于LOGO（ ）、皮书、Pishu、经济蓝皮书、社会蓝皮书等。"皮书系列"图书的注册商标专用权及封面设计、版式设计的著作权均为社会科学文献出版社所有。未经社会科学文献出版社书面授权许可，任何使用与"皮书系列"图书注册商标、封面设计、版式设计相同或者近似的文字、图形或其组合的行为均系侵权行为。

经作者授权，本书的专有出版权及信息网络传播权等为社会科学文献出版社享有。未经社会科学文献出版社书面授权许可，任何就本书内容的复制、发行或以数字形式进行网络传播的行为均系侵权行为。

社会科学文献出版社将通过法律途径追究上述侵权行为的法律责任，维护自身合法权益。

欢迎社会各界人士对侵犯社会科学文献出版社上述权利的侵权行为进行举报。电话：010-59367121，电子邮箱：fawubu@ssap.cn。

社会科学文献出版社